OS LUGARES DA PSICANÁLISE NA
CLÍNICA E NA CULTURA

Blucher

OS LUGARES DA PSICANÁLISE NA CLÍNICA E NA CULTURA

Wilson Franco

Os lugares da psicanálise na clínica e na cultura
© 2020 Wilson Franco
Editora Edgard Blücher Ltda.

Imagem da capa: iStockphoto

Série Psicanálise Contemporânea
Coordenador da série Flávio Ferraz
Publisher Edgard Blücher
Editor Eduardo Blücher
Coordenação editorial Bonie Santos
Produção editorial Isabel Silva e Luana Negraes
Preparação de texto Ana Maria Fiorini
Diagramação Negrito Produção Editorial
Revisão de texto Alessandra Borges
Capa Leandro Cunha

O autor e a editora se empenharam com todos os esforços para dar os devidos créditos aos detentores dos direitos autorais de quaisquer materiais utilizados na realização deste livro e comprometem-se a incluir os devidos créditos e corrigir possíveis falhas em edições subsequentes.

Blucher

Rua Pedroso Alvarenga, 1245, 4º andar
04531-934 – São Paulo – SP – Brasil
Tel.: 55 11 3078-5366
contato@blucher.com.br
www.blucher.com.br

Segundo o Novo Acordo Ortográfico, conforme 5. ed. do *Vocabulário Ortográfico da Língua Portuguesa*, Academia Brasileira de Letras, março de 2009.

É proibida a reprodução total ou parcial por quaisquer meios sem autorização escrita da editora.

Todos os direitos reservados pela Editora Edgard Blücher Ltda.

Dados Internacionais de Catalogação na Publicação (CIP)
Angélica Ilacqua CRB-8/7057

Franco, Wilson

Os lugares da psicanálise na clínica e na cultura / Wilson Franco. – (Série Psicanálise Contemporânea / coordenada por Flávio Ferraz) – São Paulo : Blucher, 2020.

286 p. : il.

Bibliografia
ISBN 978-85-212-1911-8 (impresso)
ISBN 978-85-212-1912-5 (eletrônico)

1. Psicanálise. I. Título. II. Ferraz, Flávio. III. Série.

20-0261 CDD 150.195

Índice para catálogo sistemático:
1. Psicanálise

Conteúdo

Abertura ou Não há começo   7

Parte I. Da inscrição   **21**

1. O tempo da escrita e a inscrição na tradição   23

2. Os métodos e seu valor   43

Parte II. Da história   **69**

3. A historiografia psicanalítica e as incidências políticas que a atravessam   71

4. Retrato de Freud quando jovem   109

5. Psicanálise é muita gente: autorização, dispersão e filiação   135

6. Topografias do pensamento psicanalítico enquanto teoria e movimento   149

Parte III. Da práxis   175

7. Introdução à metapsicologia do analista do ponto de vista tópico   177
8. Do ponto de vista tópico ao dinâmico   211
9. Do dinâmico ao genético ou Enfim um começo   233

Encaminhamentos   257

Referências   265

Agradecimentos   283

Abertura
ou
Não há começo

João Guimarães Rosa, "A terceira margem do rio"[1]

Textos não começam do começo. Este, por exemplo: apesar de essas palavras serem as primeiras, elas provavelmente serão acolhidas pelo leitor segundo uma disposição mais abrangente que as precede; essa disposição pode incluir uma relação pessoal do leitor com o autor ou com alguém que indicou o livro, uma trajetória de pesquisas e/ou leituras que o trouxe a este texto, algum encanto perante a capa, as palavras da quarta capa, o autor do texto de apresentação da orelha do livro. Seja como for, podemos contar com o fato de que um texto, qualquer texto, conta com seu contexto como parte integrante da experiência de leitura, de forma que essa divisão (entre texto e contexto) não consegue jamais "purificar" plenamente o texto, permitindo o acesso ao seu sentido último ou definitivo.

---

1 Guimarães Rosa, João. (2001). *Primeiras estórias*. Rio de Janeiro: Nova Fronteira. (Ilustrações de Poty e Luís Jardim, publicadas originalmente pela Editora José Olympio Ltda.)

Essas colocações não são estritamente minhas: baseio-me em outros autores e pessoas quando digo o que digo, e é por fiar-me no fato de eles já terem dito isso antes de mim que posso dizê-las com alguma tranquilidade. Essa disposição estratégica do autor em relação às asserções que faz é, inclusive, regulada e normatizada pela prática intelectual usual: ao final do parágrafo, ou ao final de cada asserção, eu, enquanto autor, deveria referir-me a esses autores, que vieram antes de mim, que disseram antes de mim o que eu disse, de forma a garantir a razoabilidade do que estou dizendo: não porque a simples menção a alguém me dê "cobertura" ou garanta minha verdade, mas porque oferece a medida para medir minhas palavras, oferece a *ratio* (razão = medida, proporção) a partir da qual minhas asserções poderão ser avaliadas. Nesse caso, por exemplo, eu deveria referir-me a algum dos tantos autores que operam a partir dessa grade referencial, dessa problematização acerca da inscrição do texto na comunidade. Fica posto *a priori* que eu divirjo de autores que acreditam na possibilidade de acesso a um texto puro ou definitivo, mas o leitor fica ainda sem saber a partir de qual grade referencial estou pautando essas considerações.

O leitor precisaria, então, que eu especificasse as referências em que me baseio, a partir de onde retiro o lastro que oferece consistência às minhas colocações. E isso porque, uma vez mais, textos não começam do começo: à medida que faço recurso a autores, à medida que cito e referencio, vai-se consolidando ao redor do texto a grade referencial que organizará a leitura; o que significa, inclusive, que o texto não só não começa no começo, mas também não se resume à largueza determinada pelas palavras que o materializam: o leitor lê as palavras, mas ele também lê o jogo de determinações que acolhe o texto, e a partir desse jogo de determinações ele "lê" o texto, não pelo ato mecânico de leitura, mas pelo ato gestáltico de leitura, pela consolidação de um anteparo formal a partir do qual o texto se oferece ao leitor. O texto não é lido palavra a palavra, portanto: ele é lido estrategicamente, com a construção de mecanismos que "leem" o texto, preparando-o para ser lido, fazendo com que, se tudo der certo (ou errado), o texto já tenha sido lido quando enfim for lido.

Acredito ser isso o que permite a alguns leitores situarem-se na posição de querer avaliar, a partir do sumário, se um trabalho os interessa ou não, se foi bem feito ou não (como ouvi certa vez de um professor numa aula sobre metodologia de pesquisa); também é isso o que faz com que leitores busquem ver se têm interesse por um texto a partir das referências bibliográficas (acredito, inclusive, que muitos leitores deste texto terão percorrido as referências bibliográficas antes de "começar", e estejam na expectativa de que eu cite, enfim, aqueles autores que eles entendem "estarem por trás" do que estou afirmando até aqui).

É claro que isso pode "constranger" o texto e a própria experiência de leitura, reduzindo o ato-ler à incorporação de uma massa de palavras a um horizonte já pronto para recebê-lo, numa leitura destituída de abertura para a surpresa e o imprevisto. Isso poderia induzir o autor a "tentar fugir", quebrando as regras e as grades que estariam ali a tentar acolher/constranger o texto – mas uma ideia como essa evidentemente só pode ocorrer ao autor que não percebe essa inscrição e essa vinculação como inevitáveis. Um autor que as percebesse como inevitáveis poderia, ainda assim, inscrever-se de forma criativa nesse contexto, não tentando quebrar a grade, mas tentando incluí-la em seu gesto, tentando "surfar" nessa onda disposicional que o leitor investe sobre o texto. E então o autor poderia dizer:

> *Gostaria de me insinuar sub-repticiamente no discurso que devo pronunciar hoje. . . . Ao invés de tomar a palavra, gostaria de ser envolvido por ela e levado bem*

além de todo começo possível. Gostaria de perceber que, no momento de falar, uma voz sem nome me precedia há muito tempo: bastaria, então, que eu encadeasse, prosseguisse a frase, me alojasse, sem ser percebido, em seus interstícios, como se ela me houvesse dado um sinal, mantendo-se, por um instante, suspensa. Não haveria, portanto, começo; e, em vez de ser aquele de quem parte o discurso, eu seria, antes, ao acaso de seu desenrolar, uma estreita lacuna, o ponto de seu desaparecimento possível (Foucault, 2004, pp. 5-6).

Não um autor qualquer, como se nota, mas *monsieur* Michel Foucault. É assim que ele abre sua conferência inaugural no Collège de France em 1970 – inspirando-se em Beckett e Borges, recorrendo explicitamente aos seus estudos sobre a arqueologia dos saberes (que fizeram sua fama ao longo dos anos 1960), manipulando o que poderia ser um recurso clichê diante do embaraço de começar uma conferência para pôr em cena o fato de que autores de textos (e falas) são efetivamente acolhidos/engolidos por vozes que há muito tempo os precedem. Afinal, as instituições, como prosseguirá Foucault, respondem ironicamente a esse desejo do autor, cercando-o de toda solenidade e pompa ao mesmo tempo que lhe garantem que não há o que temer, visto que ele terá sido efetivamente antecedido de há muito por séries de discursos, vozes, regulações e disposições que acolhem e encobrem sua voz (o poder que as vozes eventualmente têm advêm "de nós, só de nós", ou seja, das instituições, do poder instituído) (Foucault, 2004, pp. 6-7).

Foucault é um dos principais autores a discutir essa complexa relação do texto com a circunstância em que ele "acontece" – não só no referido *A ordem do discurso*, mas em diversos momentos de sua obra e sob diversas perspectivas. Em outra conferência, proferida em 1968 (um pouco antes de *A ordem do discurso*, portanto) e intitulada "Que é um autor?", Foucault se dedica integralmente a essa questão, tratando do lugar estratégico que a figura do autor ocupa no contexto da "recepção" da obra, ou seja, de como a imago do autor (a expressão, no caso, é minha) organiza as disposições do leitor, seja ele leigo ou especialista (Foucault, 2001). Um especialista em um determinado autor, por sinal, está plenamente inscrito nessa trama: seu trabalho será construir, discutir, habitar essa grade referencial que modula a experiência de leitura, fazendo com que cada texto seja "recheado" com elementos confeccionados a partir do "entendimento" acerca do "autor" – e autor, aqui, não é a pessoa que escreveu os textos e está por aí ou em sua casa ou morta, mas sim uma imago, um dispositivo de leitura que regula a circulação do texto, o que é dizível ou indizível a partir dele.

Nesse mesmo texto, Foucault cunhará a expressão "hermenêutica da suspeita", que diz respeito justamente à questão em causa até aqui. Nietzsche, Freud e Marx, dirá Foucault, são representantes inaugurais dessa forma de escrita e leitura que se desdobra sobre si mesma, desconfiando das superfícies e aparências, redobrando os contatos e asserções, mergulhando o ato escrevente/de leitura em um torvelinho interpretativo. "Não há começo", portanto: o começo é um ponto qualquer num acontecimento-texto que se espraia antes, depois e além da materialidade das inscrições a que chamamos "texto". É claro que o recurso de Foucault a esses autores também se inscreve nesse jogo, fazendo de seus procedimentos de suspeita "representantes filiais" dos pais fundadores que seriam Nietzsche, Freud e Marx; ainda que haja, como sempre, movimento e luta entre o autor e a grade que o acolhe (para que seu texto não seja completamente destituído de significação singular e "faça" alguma coisa, mesmo que docilmente inscrito sob uma grade referencial posta e consolidada institucionalmente), ainda que haja luta, os jogos de filiação estarão sempre lá. A suspeita de que trata a "hermenêutica da suspeita" não teria como objetivo o arrombamento definitivo das grades, mas o aprofundamento do exercício de construção de grades referenciais, reconstituindo e suspeitando e aprofundando essas grades como o ato mesmo de ler o texto.

Nesse contexto, não havendo começo, e não estando nós (leitor e texto) a sós, pudemos já reconhecer algumas figuras a habitar espectralmente nosso convívio – esse seleto séquito de senhores brancos europeus: Nietzsche, Freud, Marx, Foucault, Beckett e Borges (notável única exceção latino-americana até o momento). Desse meio, há de se enfatizar, por sua importância relativa, a "discursividade" inaugurada por Freud, a psicanálise – além de ser um dos pais fundadores da hermenêutica da suspeita, Freud figura aqui como fundador dessa teoria, ciência, práxis, clínica, dessa discursividade a que chamamos psicanálise. E há de se trazer à mesa uma figura deliberadamente omitida por Foucault: mais um excelentíssimo falecido senhor branco europeu (franco-argelino, na verdade), Jacques Derrida. Derrida, ainda que se dedicasse às mesmas questões tratadas por Foucault, à mesma época e na mesma cidade, não foi mencionado, e não por mero acaso, mas porque estavam à época "de mal", por força de um desentendimento cujo estopim foi um texto crítico de Derrida acerca de *História da loucura*, grande obra inaugural de Foucault; há que se lembrar, afinal, que esses nomes não se referem apenas a imagos autorais e às escolas intelectuais especializadas por elas organizadas, mas também a pessoas, vivendo em momentos específicos, fazendo coisas e interagindo entre si.[2] Pois bem, Derrida opera a partir de seus textos, tidos em geral como centro tectônico da chamada "desconstrução",

---

2 Não tenho nenhum interesse por patografias ou pelos pendores biografistas que achatam experiências de pensamento, mas acho importante evitar mergulhos abissais nas etéreas nuvens conceitualistas, ocultando as condições materiais de surgimento do pensamento.

algo que nos parece em grande medida mais uma "hermenêutica da suspeita", mais uma discursividade nesse regime.

A despeito das diferenças entre esses notáveis senhores, e a despeito das diferenças conceituais entre seus esforços, acredito ser possível situar, ainda que em termos gerais, a forma como eles interagem com o presente texto, como o induzem e interpelam. Parece-me haver um ímpeto comum movendo essa hoste de espectros, esse conjunto de autores e textos em sua generalidade abstrata, e é a esse ambiente intelectual, a esse modo de *fazer pensamento* que declaro, como ponto de começo, pertinência.

É possível que eu tivesse gostado, como Foucault, de me insinuar sub-repticiamente, de ser apenas um ponto fugaz numa rede a me acolher como se eu não fosse nada que não continuidade; nesse ponto, no entanto, gostaria de algo mais: gostaria de me apropriar da ocasião que é um texto, gostaria de fazer desse acontecimento ocasião de um engajamento, e gostaria de que esse acontecimento que é o encontro do texto com seu destino fosse expressão de uma práxis. Mas os contornos dessa práxis exigem ainda alguma qualificação – não por conta da necessidade de pontualizar, mas no sentido de precisar estrategicamente a dispersão de campos de *praxae* em foco aqui: mais do que um acontecimento literário, tenho em vista com esse texto um acontecimento dirigido aos campos da ciência, da história, da política e da clínica.

Uma dispersão como essa pode passar a impressão de falta de foco, ou de excesso de pretensão – como se me faltasse clareza, humildade ou bom senso para saber onde quero que meu texto aconteça. Pode parecer improcedente ou desajuizado querer impactar áreas tão diversas com um só texto; o que entendo, no entanto, é que a plataforma "Não há começo" põe sob suspeita essa forma de interrogar e enquadrar textos, tornando não só procedente como necessário que se proceda assim.

Podemos compreender isso, exemplarmente, a partir da práxis psicanalítica: cada sessão analítica inicia sob a marca da "associação livre" e da "atenção flutuante", não por acreditar no acaso ou na sorte, mas por saber que a associação não é livre e que a atenção não flutua ao léu; a sessão pode começar por onde for, portanto, porque *não há começo*. Quando um paciente faz associações, ainda que ele opte por falar do trabalho ou do trânsito, não se supõe que o foco esteja errado, mas que é por aí que o que tinha de começar, e já começou, começou; a sessão pode, por isso, começar por onde for, porque ela desde sempre já começou, o início sendo, como diz Foucault, "ao acaso de seu desenrolar, uma estreita lacuna, o ponto de seu desaparecimento possível". Com isso, independente da forma como a narrativa flua, sabe-se que ela está regulada por um lastro afetivo que sub-repticiamente a organiza (o chamado "determinismo psíquico") e que, por isso, o movimento analítico tenderá, em seu desenrolar, a se aproximar de um nexo determinante que organiza essa dispersão para além de sua dispersão aparente. Ou seja: não há dispersão efetivamente dispersa, o trabalho "hermenêutico" sendo justamente o de endereçar-se ao ponto de articulação inaparente a partir do qual a dispersão se organiza.

Algo muito semelhante se passa com a "desconstrução" de Derrida: a habitação de um texto a ser "desconstruído" não se dirige às passagens claras e dogmáticas, às passagens de "trabalho conceitual" forte, organizativo e programático, mas sim às oscilações, aos desvios, aos deslizes e repetições, aos pontos em que o texto, por assim dizer, "vacila". E a ideia por trás disso não é, obviamente, apreço pela denúncia nem pela exuberância, mas a suposição de que essas passagens, esses lapsos, fazem falar o texto do ponto de vista de suas continuidades e inscrições, de suas habitações inconfessas, de sua operacionalidade fina. "Fazer falar" o texto a partir dessa habitação de sua constituição é, evidentemente, evadir-se à sua disposição formal/estrutural mais clássica, desconfiando não só de seus "começos", mas também de seus "meios" e "fins"; e "fazer falar" o texto dessa forma é, acima de tudo, abrir-se a um modo interpretativo que se evade às interpretações "clássicas", "canônicas" e, em geral, usuais do texto, o que, por sua vez, rompe definitivamente com a pretensão de um modo de leitura adequado às disposições disciplinares e especializadas.

O ponto, portanto, é que um trabalho imbuído de tais propensões será insubmisso às disposições disciplinares estabelecidas, tendo que estar aberto à forma como seu desdobrar-se desembocará em outras, por vezes estranhas, paragens — respondendo aos ímpetos e impulsos originados do encontro do autor com o corpo a corpo da pesquisa e da escrita, desse "terceiro" que se constitui pelo encontro das disposições afetivas do escritor com a práxis da escrita. E a práxis da escrita, em função dos potenciais que seu desenrolar abre diante de si, *constitui* a inscrição comunitária e atual de seu impacto. Isso quer dizer que não existe, em se tratando de um texto decorrente de uma pesquisa animada por esse tipo de espectros e disposições – uma pesquisa psicanalítica e/ou inspirada pela desconstrução –, "pesquisa normal": não se replica, não se progride por acúmulo, não há teleologia experimental. Não entendo, por isso, que deixe de se tratar de práxis pesquisante, pois a práxis científica não me parece requerer fidelidade inquestionada à replicabilidade, à submissão ao desenho experimental ou à demonstração; o que entendo, por outro lado, é que a práxis pesquisante se articula com outras dimensões e outras habitações, fazendo com que esse texto habite uma superfície de inquietações que evoca questões e convoca a inquietações em campos diversos (que seriam dispersos do ponto de vista da taxonomia das especialidades e disciplinaridades que organizam as instituições de ensino e pesquisa contemporâneas). Os campos em causa neste trabalho, como sinalizei, são o da ciência, da história, da clínica e da política – no contexto desses campos há, por parte do autor, desejo de participação e engajamento, e há, por isso, trabalho engajado, ou seja, práxis.

Um recurso imaginário da literatura pode nos ajudar a ilustrar esse ponto: a geografia fantástica que abriga a trama de *A cidade & a cidade*, de China Miéville (2014). A história se passa num espaço ocupado ao mesmo tempo por duas cidades, que são, nessa medida, de acordo com o neologismo empregado por Miéville, "brutopicamente" vizinhas – elas não se sobrepõem, mas se entrecruzam, com as ruas de cada uma se atravessando e às vezes uma mesma rua sendo de uma cidade em uma mão e de outra em outra. O ponto importante aqui é que essas cidades são duas, e não uma, porque as separações são rigorosamente observadas pelos cidadãos: habitantes de Beszel, por exemplo, jamais "atravessam" para o espaço da cidade vizinha, Ul Qoma – eles nem sequer "enxergam" o que se passa na outra cidade, tamanha a disciplina em "desver" o que se passa na outra cidade; além da disciplina autoimposta, evidentemente, há a disciplina institucionalizada: cidadãos que infringem a separação brutópica, o muro imaginário, cometem um crime transcitadino, chamado "brecha", e estão sujeitos à Brecha, a "polícia da fronteira". Um elemento que organiza essas divisões, propicia o "desver" adequado e facilita a fiscalização, é que as cidades, apesar de "brutapostas", não são separadas apenas pelo trabalho de apercepção dos transeuntes e pela fiscalização – e isso porque a história das cidades é diferente, as condições econômicas e políticas são diferentes, mesmo os costumes das populações divergem, e por isso há diferenças importantes em jogo para além do "muro imaginário", diferenças reais na construção das casas, na pavimentação das ruas, nos modos de andar e nos trejeitos dos habitantes.

Pois bem, algo semelhante se passa com as separações de que tratamos: entre os saberes "científicos" e os "não científicos", entre uma psicanálise e as demais, entre a psicanálise e a psicologia e a psiquiatria, entre a "boa" clínica e as "não boas" (a "oficial" ou "regular" e as "charlatãs") há uma separação, nítida e observada por todos, e há diferenças nítidas entre "cá" e "lá", mas "cá" e "lá" não são "fundamentalmente" distintos, e eventualmente (como no caso do livro de Miéville, e no nosso) é imprescindível que se possa "cometer brecha" para poder habitar o espaço de forma efetiva, construtiva e/ou produtiva, a depender do que se quer produzir. Isso não significa "abrir mão" das normas e aderir ao *laissez faire*, mas significa ter a coragem de observar o caráter factício dos muros, a nudez dos reis e o caráter convencional dos processos regulatórios, perseguindo adiante as boas questões para além das questões institucionalmente chanceladas.

Esse, em suma, é o contexto que me permite sustentar a pertinência de um texto endereçado *ao mesmo tempo* à clínica, à história, à política e à epistemologia: é necessário poder ver a despeito dessas separações convencionais, é necessário habitar a brecha, porque é aí que se poderão elucidar com mais clareza as questões em pauta.

Enfim, posta a justificação e contextualização, convém dizer que os campos trabalhados (em meu entendimento) são mais especificamente os da epistemologia (e não da ciência em geral), da história da psicanálise (e não da história em geral), da clínica psicanalítica (e não da clínica em geral) e das políticas acadêmico-institucionais e psicanalíticas (e não de política em geral) – há dispersão, ainda assim, mas a dispersão emana a partir de um centro problemático claramente discernível: a psicanálise, psicanalítica/desconstrutiva/miévillianamente interrogada.

No contexto específico da psicanálise trata-se, ainda, de começos, e de questionar os começos, ou melhor: habitar os começos como questão.

Primeiro do ponto de vista histórico: para a psicanálise, como vimos, não há começo – tudo começa tendo sempre, desde sempre, estado começando; a notável exceção para isso, curiosamente, seria a própria psicanálise, que teria, segundo o relato de muitos psicanalistas e historiadores, surgido como uma ruptura abrupta com o contexto, revolucionando e/ou subvertendo profundamente a ordem vigente. A canônica biografia de Jones embarca animadamente nessa toada, narrando a épica de Freud, herói solitário, fundando a ciência psicanalítica a despeito de tudo e de todos; o próprio Freud, tanto na "História do movimento psicanalítico" (1914a/1996) como em seu "Um estudo autobiográfico" (1925/1996), segue um rumo bastante semelhante, narrando o ceticismo diante de sua ciência nascente e o isolamento dos seus primeiros anos de trabalho psicanalítico. Mas eles não estão sozinhos: é corriqueiro encontrar passagens em textos psicanalíticos que reafirmam o caráter excepcional da psicanálise e a radicalidade da inovação freudiana – Ellenberger trata desse ponto com algum cuidado ao retraçar a história da famosa conferência sobre a histeria masculina proferida por Freud em 1886 (aquela que abre o filme *Freud além da alma* [Huston, 1962]): abundam relatos em que, como no caso do filme, Freud teria sido ridicularizado por suas asserções e teria tido que se recolher à solidão na perseguição dos fundamentos de sua revolucionária teoria; há indícios abundantes, no entanto, para crer que as coisas não se passaram exatamente assim (Ellenberger, 1995). Há ainda aqueles que não tratam diretamente do caráter historiograficamente revolucionário da psicanálise, mas afirmam todavia seu caráter clínico-politicamente revolucionário (um exemplo notável pode ser encontrado em Figueiredo, 2003, ao qual retornaremos adiante); essa postura foi assumida pelos teóricos da antipsiquiatria inglesa, por exemplo (cf. Bosseur, 1976, e Laing, 1978), mas pode ser encontrada nas palavras de praticamente qualquer autor da psicanálise: existe a ciência, mas a psicanálise é diferente; existe a clínica, mas a psicanálise é diferente; existe pensamento político, mas a psicanálise é diferente.

Parece-me óbvio que a psicanálise é diferente das coisas que não são psicanálise, mas o que está em jogo nessas afirmações é algo mais que isso: entendo que se trata da postulação de um "começo, começo mesmo" para a psicanálise. Ou seja: os começos, as origens, os umbigos são inacessíveis do ponto de vista da psicanálise, mas a psicanálise, em si, disporia de um começo e de um umbigo – a criação épica e mítica da psicanálise a partir de Freud, entre 1886 e 1895. Pois bem, um dos pontos em jogo nesta obra será habitar esse começo e poder pensá-lo.

Não me interessa, evidentemente, negar a importância da psicanálise, mas justamente poder pensá-la: na clínica psicanalítica, nós não negamos os sintomas, nem os relatos, nem os traumas, mas insistimos em poder pensá-los; minha proposta aqui será a mesma – não nego que tenha havido uma incubação solitária e sofrida por parte de Freud no contexto da formulação dos postulados básicos da psicanálise, nem que haja especificidade, inovação e valor em sua criação, mas acredito que seja possível sustentar tudo isso sem *isolar* a psicanálise dos determinantes de sua inscrição social (ou seja: sem "desver" a vizinhança); e para não isolá-la é necessário poder pensá-la *em meio* aos determinantes, sem medo de extingui-la ou perdê-la entre eles. Eu não tenho esse medo, e em função disso disponho-me, aqui, a considerar a psicanálise em meio a seu contexto.

O contexto a que me refiro transcende aquele de sua gestação e criação, nos idos do século XIX, dizendo respeito também à dimensão "atual" dos começos – a formação dos psicanalistas, a autorização de um sujeito enquanto psicanalista, o estabelecimento de seu modo de pensar em psicanálise, a transmissão da psicanálise. Em outros termos, a questão é: como se devém psicanalista? O que se passa para que alguém comece a pensar como psicanalista? Como a psicanálise passa a habitar também aquele espaço onde aquele sujeito pensa, trabalha, fala e escreve?

Esse campo, como se sabe, é dos mais espinhosos – atravessa o campo institucional e normativo, as querelas entre escolas e gangues, é fraturado pelos "ismos", enfim: é uma estrada de transcurso praticamente inviável nos termos em que nos propomos aqui. É claro que se houvesse interesse em comentar como se devém psicanalista do ponto de vista lacaniano, ou winnicottiano, ou ipeano, kleiniano, isso tudo seria mais viável[3] – mas não é disso que se trata aqui, porque não tenho o menor interesse em operar circunscrito a algum "ismo" específico. O que veio em meu auxílio nessa enrascada, curiosamente, é que eu nem sequer cheguei à questão pelas vias de acesso que desembocam na estrada: o problema se me afigurou com maior clareza a partir de outros itinerários, a partir de outras pesquisas e leituras; quando pude organizar para mim mesmo que esse era um tema privilegiado de minhas inquietações naquela altura de meu percurso, tudo que tive a fazer foi consolidar leituras pertinentes ao trabalho que eu, àquela altura, já tinha feito, e adequar o material em vista do que encontrei naquele percurso. Dessa forma, e não por coincidência, eu cheguei a essa questão *não pelo começo*.

---

3 "Viável" no sentido restrito, segundo o qual "há uma via" para acessar essa questão – para além dos "ismos" deixa de haver uma via, é necessário criá-la.

Parte I
Da inscrição

Vou vendo o que o rio faz
Quando o rio não faz nada
Vejo os rastros que ele traz
Numa sequência arrastada
Do que ficou para trás
Vou vendo e vou meditando
Não bem no rio que passa
Mas só no que estou pensando
Porque o bem dele é que faça
Eu não ver que vai passando
Vou na ribeira do rio
Que está aqui ou ali
E do seu curso me fio
Porque se o vi ou não vi
Ele passa e eu confio

Fernando Pessoa, "Na ribeira desse rio"

1. O tempo da escrita e a inscrição na tradição

Introdução: a inscrição deste trabalho na tradição que o acolhe

Pretendo tratar aqui acerca de como este trabalho se inscreve na tradição *através de mim*, ou seja, como eu incorporo elementos de tradição que sinto determinarem meu trabalho, ao mesmo tempo em que tento prestar contas sobre como me apropriei desses elementos e os dispus, intencionalmente, de forma a compor os elementos determinantes deste meu trabalho enquanto afirmação endereçada à comunidade pertinente. Entendo esses dois elementos como faces de um só relato.

Este é, evidentemente, um trabalho sobre psicanálise. Há um esforço ativo em evitar sua submissão a qualquer tradição escolar estabelecida, porque tenho um interesse efetivo em lutar para que as escolas deixem de nos constranger a ver a psicanálise e o mundo de acordo com seus cabrestos. Apesar disso (porque não quero levar esse interesse ao ponto em que ele me levaria à hipocrisia), há uma marca mais clara de alguns autores psicanalíticos que de outros: recorro mais a Freud e a Winnicott, em primeira mão, e a Ferenczi e Lacan, de forma mais indireta e mediada por comentadores, como meus principais autores "canônicos" de referência. Apesar disso, tenho claro que meu Winnicott é muito pouco adequado às escolas consolidadas de winnicottismo; isso não é por acaso e pretendo que continue assim.¹ Quanto a Freud, recorro a uma ênfase deliberada nos textos dos anos 1910, e numa abordagem bastante marcada pela análise da instituição então nascente (a futura International Psychoanalytical Association, IPA); não tenho interesse nenhum em "sociologizar" Freud, mas essa foi a perspectiva que me ajudou a construir o texto e, além disso, dei-me o direito de não fazer nenhum "show de erudição", em que demonstrasse que "li meu Freud".² No contexto da análise de extração mais "so-

---

1 Entendo como "escolas consolidadas de winnicottismo" aquelas vinculadas à International Winnicott Association (IWA), representada no Brasil pela Sociedade Brasileira de Psicanálise Winnicottiana (SBPW). Trata-se de uma leitura de Winnicott com que não estou de acordo, e se essa associação se pretende a legislar sobre o winnicottismo correto, fico feliz em alinhar-me aos incorretos e aos não winnicottianos; devo notar, contudo, que minha leitura de Winnicott é fortemente influenciada por Daniel Kupermann (2008) e Luis Cláudio Figueiredo (2009), além de Adam Phillips (2007), Robert Rodman (2003), Bezerra e Ortega (2007) e mesmo Alison Bechdel (2013), a cujas leituras devo muito na constituição da minha.

2 Em se tratando do Freud lido: recorri à edição *Standard Brasileira*, publicada pela Imago, para a versão em português dos textos cotejados – penso, pessoalmente, que ela não é tão asquerosa quanto se a tem pintado, particularmente de 2009 para cá, quando os direitos se tornaram públicos e outras editoras passaram a oferecer edições concorrentes. Há problemas, evidentemente, mas eles são em grande medida notoriamente conhecidos e, por isso, facilmente contornáveis. De qualquer forma, cotejei as passagens mais significativas com as edições em alemão (Freud, 1952), disponíveis on-line em https://www.psychotherapie-graz.info/freud-gesammelte_werke-graz/. (Usei, enquanto trabalhava, a versão que encontrei em http://freud-online.de/index.php?page=445644700&f=1&i=445644700, mas durante a revisão do livro descobri que o site havia retirado do ar todos os arquivos; por isso remeto o leitor interessado ao outro site mencionado).

ciológica" acerca da psicanálise, sinto-me decisivamente influenciado por Kupermann, de quem extraí o conceito (central nessa tese) de "retorno transferencial a Freud" (Kupermann, 1996); também reconheço forte presença dos trabalhos de Zaretski (2004) e Grosskurth (1992) nesse contexto.

Outro ponto que merece algum destaque é que, neste trabalho, a psicanálise não concorre apenas como objeto, mas também como método – o que significa que se trata de um trabalho a um só tempo *psicanalítico* e *sobre psicanálise*. Entendo o método psicanalítico de fazer pesquisa basicamente conforme Loureiro (2002) e Figueiredo (2002a), para quem o método habita a mesma temporalidade que a escuta psicanalítica – temporalidade do *a posteriori*, da deriva associativa pautada pelos efeitos (des)organizadores do traumático. É claro que isso faz com que a pesquisa psicanalítica pareça peculiar (e potencialmente esquisita e duvidosa) a um primeiro olhar, já que se compromete menos com a predição, a previsão e o controle experimental do que o que normalmente se imagina "científico". Entendo esse como um falso problema, derivado em grande medida da crença no mito da ciência como um ente monolítico – como diz Feyerabend (2016), se "ciência" fosse um só bicho, seria certamente um monstro. É claro que a disposição da pesquisa psicanalítica tem consequências – particularmente em sua relação com a leitura estrutural de textos e com a submissão a uma temporalidade previsível a reger o caminhar da pesquisa –, mas essas consequências não me parecem problemas, e sim características próprias, peculiaridades. Ainda no campo de minha relação com a metodologia, sinto-me fortemente influenciado pela leitura dos trabalhos do "grupo Trans" e de sua metodologia cartográfica (Passos, Kastrup e Escóssia, 2015 e Passos, Kastrup e Tedesco, 2016); apesar de não entender minha pesquisa como cartográfica nem como transdisciplinar, sinto-me marcado por uma interlocução próxima (e implícita) em relação a esses textos, que de alguma maneira me deram coragem para afirmar alguns dos recursos mais ousados no estabelecimento estratégico da tese.

Apropriei-me da pesquisa psicanalítica em grande medida a partir da articulação desta à desconstrução, formulada originalmente por Derrida (e que instrui de alguma maneira o pensamento de Figueiredo a esse respeito, até onde posso perceber e deduzir a partir de Figueiredo, 2002b e 1994). A desconstrução, nessa medida, ocupa um lugar de destaque aqui – e um índice claro disso é o fato de uma versão preliminar deste texto ter recebido o título "Psi: espectros da clínica", em referência direta ao livro *Espectros de Marx* (Derrida, 1994). Se o título do livro não traz mais essa referência ao espectro, isso não se deve à diminuição de seu papel ou presença – apenas percebi que um espectro trabalha melhor fora dos holofotes. Em geral, o trabalho subscreve à lógica da espectralidade, herdeira do pensamento desconstrutivo da *différance* na obra tardia de Derrida, período em que a desconstrução se aproximou de temas ético-políticos como o marxismo, a democracia, a hospitalidade (Peeters, 2013).

Mais justo, por sinal, seria dizer que habita esta tese um certo espectro de Derrida: aquele que, no contexto de sua apropriação nos países de língua inglesa, associou-se ao campo dos chamados "*studies*". Esse campo diz respeito às perspectivas críticas avançadas nesse período que se convencionou chamar pós-moderno, disperso em plataformas críticas endereçadas a questões de gênero, raça (no contexto dos ditos estudos pós-coloniais) e mesmo epistemológicas (se incluirmos os estudos chamados de "*science studies*" no campo mais abrangente dos *studies*). Ainda que só tenha me dado conta dessa influência tardiamente, estou convencido hoje em dia de que a desconstrução que me inspira neste trabalho é fortemente determinada pela apropriação do "espírito" de Derrida por autores como Said (2007 e 2011), Anderson

(2008), Still (2012), Spivak (1976), Beardsworth (1996), Bennington (1993) e Bhabha (2013).

Voltando ao papel ilustrativo dos títulos, por sinal, devo dizer que o título *Os lugares da psicanálise...* é uma referência direta a *O local da cultura* de Bhabha (meu *The locations of psychoanalysis...* seria uma paráfrase de seu *The location of culture*, digamos). De qualquer maneira, o ponto para o qual chamo atenção aqui é que sinto esse trabalho fortemente inspirado por perspectivas críticas como as dos autores citados, e acredito que "meu" Derrida seja fortemente marcado por essas leituras. Além disso, como disse, articulo esses autores com aqueles que organizei sob a alcunha dos *science studies* – dentre os quais empatizo acima de tudo com Feyerabend (2011), Latour (1994), Latour e Woolgar (1997), Hacking (1999) e Camargo Junior (2005a). Nesse contexto dos estudos sobre a ciência, devo dizer ainda que fiz retroagir a genealogia desses meus autores de referência, compondo esses autores mais "contemporâneos" com os "clássicos" Kuhn (2013) e Fleck (2010), que nitidamente os inspiram, e também que me amparei no já clássico *The science studies reader* de Mario Biagioli (1999).

Ainda no contexto dos "ares" que habitam o texto, devo mencionar aqui o papel decisivo (ainda que apenas implícito) das perspectivas históricas em medicina e psicanálise que encontrei em Ellenberger (1970), Porter (2004), Scull (2011), Bynum (2008, 2012) e Grmek (1999).

Passando, agora, ao arco mais amplo da trajetória do texto: um eixo decisivo em sua disposição estratégica é o das autorias canônicas em psicanálise e de seu efeito na organização comunitária, política e na possibilidade de metapensamento clínico dos psicanalistas acerca de sua práxis. Minha primeira incursão nesse campo já tinha acontecido em um trabalho anterior (Franco, 2014). O que tento aqui é levar adiante esse trabalho, abordando-o de forma mais frontal, mais aguda e mais ousada. Meu ponto de partida a esse respeito, dito em bom português, é que os autores canônicos impõem um recenseamento do campo psicanalítico que por vezes obstrui a adequada discriminação dos contornos dos problemas que nos tocam. Na história, por exemplo: não haverá leitura "isenta" da história da psicanálise, e no mais das vezes as histórias são contadas sem consciência crítica acerca dos determinantes que as pautam. Aqui estou em pleno debate com Lima (2015), para quem a questão é lutar "por uma historiografia da psicanálise" que tenha "o poder como método" – só acredito que essa historiografia não deve ser ligada ao foucaultismo ou a qualquer outro "ismo", dependendo, portanto, de uma análise crítica sistemática da influência das autorias canônicas no próprio estabelecimento do debate. É por isso que retomo, na Parte 2 deste trabalho, a forma como o "retorno transferencial a Freud" pode ter composto toda uma topografia que dispõe os regimes de visibilidade – e meu ponto aqui é o da pertinência de mapear os contornos para que se possam habitar os limites (porque habitar os limites reconfigura o campo de visibilidade e, portanto, a topografia toda). A ideia é que não se pode seguir adiante sem ter confrontado devidamente aquilo que nos obstrui, mas – ao mesmo tempo – é necessário enfrentar o que nos obstrui sem ser engolido por esse embate, já que esse embate é, ou deve ser, preliminar ao verdadeiro embate, aquele a que nos queremos endereçar "lá na frente".

O mesmo tipo de posicionamento estratégico pauta minhas investigações acerca da relação entre a psicanálise e a ciência. Assim, em franco debate com Beer (2017) (e com a saudável e habitual divergência de estratégia), para quem é necessário "sentar à mesa para poder tomar parte no debate", proponho que se possa pôr o debate sob suspeita a partir de seus limites – situando-se lá e, de lá, trabalhando para apontar que a mesa é viciada, há regras ocultas e o jogo inclui subversões. Às vezes brinco com Beer dizendo que, se ele propõe que se possa sentar à mesa, eu proponho que se deva virar a mesa. É claro que isso não significa negar ou desistir do debate: significa mapear o debate de forma a pô-lo em movimento, e sob suspeita, *a partir de suas margens*. Oponho-me, nessa medida, à ideia de que a psicanálise é intrinsecamente estranha ao procedimento científico – entendo, isso sim, que a ciência é estranha a si mesma, e a psicanálise é uma ciência tão estranha quanto todas as demais (quando observadas com proximidade suficiente). Como mencionei, não tiro essas ideias do nada, mas de meu contato com autores ligados à história da ciência (como Feyerabend, Latour, Hacking) e à história da medicina e da ciência (como Grmek, Bynum e Porter).

Estendo ainda o campo de debate à dimensão da práxis clínica psicanalítica, que é objeto privilegiado da parte final de nosso percurso. Nesse campo tomei a práxis de consultório individual como modelo, por questões de antecedência histórica e comodidade, mas tenho em mente e em vista a relação clínica do psicanalista com qualquer campo em que desenvolva uma práxis. Minha ideia aqui, uma vez mais, foi a de pôr sob suspeita as topografias usuais – nesse caso a da formação clínica sob a égide de uma autoria canônica, por um lado, e da formação como "resto" de um processo institucional que "transmite" a psicanálise, por outro. Esse duplo referenciamento usualmente situa e pauta os debates sobre a formação psicanalítica, e opera como "ponto de fuga" a situar as perspectivas e o próprio debate acerca da práxis clínica – meu posicionamento aqui (de novo buscando o bom português) é que essa topografia não ajuda. Proponho então, sobretudo na parte quatro, um entendimento acerca da "instalação" do pensamento psicanalítico como resto de um processo de luto, e não de consolidação. Não estou sozinho nisso, já que Fédida (1978), Pavanelli (2007) e Landa (1999) já apontaram para isso – o que tentei fazer de novo foi organizar esse modelo como articulador de toda a plataforma crítica para rever os regimes de mapeamento topográfico e de visibilidade em psicanálise.

Além de tudo que disse, creio haver dois recursos estratégicos centrais em operação na proposta de inscrição desse trabalho relativamente à tradição: a *posterioridade* e a *habitação da cesura*. Posterioridade é um tema caro à psicanálise, e também comparece em Bloom (2002 – que ampara minha leitura crítica acerca das autorias canônicas em psicanálise), Said (1975) e Derrida (2001, 2013); aqui recorro à posterioridade por supor que não há começo, que tudo que começa sempre esteve desde sempre começando e que, portanto, toda crítica é uma reinvenção da tradição. Quanto à cesura, explicitamente trabalhada por Bhabha (2013) e Bion (1975/2014): cesura é o espaço (e/ou tempo) ocupado pelo corte; a estratégia deste trabalho será sempre a de tentar habitar a cesura, porque a partir dali se podem reconstruir, *a posteriori*, as próprias disposições das topografias e dos jogos de força que pautam os debates. Assim, pode-se dizer que é só a partir da cesura que se pode virar a mesa.

É preciso continuar: o tempo e a escrita

> *É preciso continuar, eu não posso continuar, é preciso continuar, é preciso pronunciar palavras enquanto as há, é preciso dizê-las até que elas me encontrem, até que me digam – estranho castigo, estranha falta, é preciso continuar, talvez já tenha acontecido, talvez já me tenham dito, talvez me tenham levado ao limiar de minha história, diante da porta que se abre sobre minha história, eu me surpreenderia se ela se abrisse.* (Foucault, 2004, p. 6.)

Eis *monsieur* Foucault, no mesmo *A ordem do discurso*, numa passagem que segue quase imediatamente aquela do "gostaria de me inserir sub-repticiamente" que mencionei na Abertura, citando, por sua vez, Beckett. A passagem, que vem entre aspas mas sem referência a Beckett (ao menos na edição da Loyola que consultei), é retirada por Foucault do final da novela *O inominável*. No texto de Beckett, a passagem segue assim: "[Eu me surpreenderia, se ela abrisse,] serei eu, será o silêncio, onde eu estou, eu não sei, jamais saberei, no silêncio que não o conhece, é preciso continuar, não posso continuar, eu vou continuar" (Beckett, 2006, p. 407).[3] É assim que termina a novela, por sinal: eu vou continuar.

Na apropriação que Foucault faz do trecho de Beckett, pode-se vê-la sendo endereçada aos mecanismos que regulam o discurso, que garantem sua ordem (como sugere o título da conferência), aquilo que acolhe o discurso e garante sua inscrição num regime discursivo que o antecede e extrapola. Nesse sentido, o enunciador que diz não poder continuar precisa continuar porque há algo inscrevendo-o ali, e ele estabeleceria com a ordem do discurso uma relação kafkiana, como aquela que sr. K estabelece com os avatares do ordenamento jurídico em *O processo* (Kafka, 2005) – sr. K não pode continuar, não quer continuar, mas precisa continuar, precisa encontrar palavras, precisa que as palavras o encontrem.

Há algo importante em jogo nesse contexto, que é a relação das palavras com a busca de si, com a busca da dizibilidade, com a busca de se fazer dizer – e Beckett me parece articular (e empreender) a proposta de mobilizar a escritura como forma de buscar o que se precisa dizer, o que se precisa ser ao dizer, o que se precisa encontrar em meio às palavras (para que elas digam o que precisa

---

[3] No original em inglês: "[that would surprise me, if it opens,] it will be I, it will be the silence, where I am, I don't know, I'll never know, in the silence you don't know, you must go on, I can't go on, I'll go on".

ser dito). Uma das razões pelas quais considero esse ponto importante é que essa relação entre a dizibilidade, a temporalidade e a possibilidade de se dizer, enfim, o que não se saberia dizer é uma problemática cara à psicanálise e à desconstrução, e organizou de maneira decisiva minha trajetória e (por decorrência) as escolhas retóricas e narrativas por trás deste texto. A outra razão (ligada a essa) é que por vezes percebo um certo "ordenamento" do discurso acadêmico e universitário que impele à brevidade e à compactação da trama argumentativa – por vezes articulada com uma defesa da objetividade, por vezes articulada com uma defesa do "trabalho do texto" do ponto de vista de seu endereçamento efetivo.

No contexto da objetividade, trata-se de sustentar que o discurso científico não deve receber ornamentos retóricos nem volteios narrativos, compondo-se o máximo possível de postulados, fundamentações e demonstrações. Nesse sentido, todo movimento que não vá "direto ao ponto" pode ser considerado excessivo e pernicioso, por escapar à objetividade e com isso gastar tempo e desviar a atenção.

No contexto do "trabalho do texto", trata-se da suposição de que o texto há de ser fruto de uma apropriação reflexiva, por parte do autor, acerca do que está em jogo, qual campo de interlocução acolherá o texto e qual será o trabalho exigido do texto para que essa inscrição opere de forma efetiva; e essa lógica fará com que os movimentos mais sinuosos do texto sejam considerados como derivados de insegurança, incerteza, falta de clareza ou falta de senso tático por parte do autor, levando o trabalho conceitual e textual a paradeiros alheios ao "campo de batalha" que deveria ser foco e propósito do texto. Ou seja: um bom texto localiza claramente adversários, aliados e destinatários, montando uma plataforma retórico-argumentativa e trabalhando nisso e a partir disso – meandros, volteios e reviravoltas são deturpações e desvios.

Há uma curiosa confluência dessas maneiras de encontrar-se com o texto, que levarão à suposição de que o texto sinuoso não foi "quarado" o suficiente, supondo-se que o bom texto é aquele que foi batido na pedra e torcido até que não pingasse dele uma gota sequer, como diz Graciliano Ramos em sua comparação do ofício escrevente ao ofício das lavadeiras à beira-rio em Alagoas;[4] o bom trabalho de texto torna o texto "seco" e livre de excessos como uma roupa seca, afiado e cortante como uma lâmina bem trabalhada.

Espero que esteja evidente ao leitor que estamos transitando por essas estranhas paragens em função da possibilidade de que este texto, meu texto – nosso texto – seja considerado excessivo, tortuoso, sinuoso e impertinente. Estaríamos, aqui, perdendo nosso tempo, e não só porque o texto é longo, mas porque ele é longo do jeito errado: deveríamos estar indo direto ao ponto, em vez de estarmos às voltas com questões laterais. E é por isso que estou propondo esse desvio: porque os desvios não me parecem desvios, porque entendo que esse jeito não é errado e, mais que isso, esse jeito me parece o único jeito. Ou seja: além de termos começado não pelo começo, acredito que tenhamos que seguir não direto ao ponto.

Isso é evidentemente um problema para os leitores que têm pressa, e a esses peço desculpas pelo desconforto causado. Compreendo, no entanto, que o trajeto sinuoso deste texto se justifica por dois motivos: um deles, já insinuado acima, diz respeito ao modo como a escrita se desenvolve enquanto *locus* de

---

4 Encontrei a metáfora de Graciliano em um texto de Júlio Aquino dedicado à escrita, cuja leitura recomendo por sua pertinência à discussão que aqui proponho (Aquino, 2011). A metáfora de Graciliano encontra-se na página 649: ele sugere que o bom escritor deve trabalhar como as lavadeiras, "batendo" e lapidando o texto com a mesma insistência e devoção com que elas batem as roupas contra as pedras à beira-rio, até que não "sobre" um pingo sequer (ou seja: até que tenhamos um texto "bem sequinho").

pensamento, e o segundo diz respeito à implementação de uma espacialidade e de uma temporalidade textual acolhedoras aos espectros e oscilações.

Como conviver com os espíritos: da transferência ao texto

Partamos de uma recapitulação em direção à complexidade da cena: como o eu-lírico do texto de Beckett, compreendo que "é preciso pronunciar palavras enquanto as há, é preciso dizê-las até que elas me encontrem, até que me digam", e o que está em jogo nesse caso é uma concepção específica acerca das relações entre a escrita, o escrevente e o pensamento. Diferentemente de toda uma tradição que supõe que o escritor escreve o que ele sabe que vai escrever, aquilo que ele já pensou, como se fosse a exteriorização de pensamentos que ele já tem consigo, estou supondo aqui que o escritor se encontra com seu texto como quem se encontra com um outro, e esse encontro, além de possibilitar a expressão de palavras e frases e ideias que ele tinha consigo, será ocasião de pensamento *em si mesmo*. Entendo que o escritor escreva (em geral) sobre uma tela em branco, mas entendo que essa tela não é ausente de estímulos só por ser branca: ela é investida pelo escritor, que ao olhar para a tela em branco vê mobilizados e postos em cena os elementos com os quais dialoga no processo de pôr em ato a pretensão de escrever – isso faz com que a tela branca seja habitada por expectativas, interlocutores, referências, ideais, medos e tantas outras fantasmagorias. É claro que não chega ao ponto de transformar a cena de escrita em um filme de terror, mas ainda assim é de espectros, emanações e diálogos imaginários que se trata, antes mesmo de surgirem sobre a tela branca as primeiras inscrições-escrita. Em função dessa circunstância (desse modo de compreender a circunstância que é a escrita) compreendo que o ofício escrevente é, em si, ocasião de pesquisa: quando se põem em movimento as imagens, os motivos e as perguntas que a pesquisa convoca, a escrita põe a pesquisa a trabalho, por força dos encontros, das revelações, das surpresas e dos impasses que são a fôrma e dão a forma do texto. Entendo ainda que a psicanálise e a desconstrução habitarão a escrita e o pensamento conceitualista para além de sua pretensa objetividade e neutralidade – habitando, assim, a fantasmagoria que é a origem e a ocasião do texto para além de onde este se reconhece.

"Pois bem, que seja: então faça isso, pesquise, pense e, uma vez tendo pensado, escreva *outro* texto, esse sim comunicativo, esse sim claro, esse sim objetivo", poder-se-ia dizer nessa altura, e com justiça. Acontece apenas que isso suporia um uso, no sentido utilitarista do termo, dessa concepção de escrita – como se fosse possível mobilizá-la segundo essa concepção pesquisante, enquanto práxis, apenas para descartá-la depois, retornando a uma concepção passivo-utilitarista e a um texto morto; uma vez que se reconhece o encontro que ocasiona a escritura sob os termos que expus, no entanto, torna-se impraticável "desligá-lo" como se desliga um aparelho, "retornando" à suposição de uma tela em branco lisa e passiva, à espera da transposição pura e plena das ideias do escritor de si para o papel.

É evidente que o texto que o leitor tem consigo não é fruto de um processo de associação livre ou fruto "puro" da habitação da fantasmagoria textual – ele foi relido, reescrito, revisado, há todo um "polimento" e uma elaboração secundária que compõem a peça; se insisto na manutenção do movimento do texto e das sinuosidades do trajeto, a despeito da preparação secundária deste, é por não ver sentido em compactuar com a manutenção de uma aura de objetividade articulada a uma certa concepção da práxis pesquisante – sustento a sinuosidade do trajeto de escrita e desenvolvimento do texto e dos argumentos por entender que eles fazem parte da própria cientificidade do que se fez e do que se apresenta aqui, e além disso por entender que esconder os meandros e itinerários do trajeto seria compactuar com a parte menos científica (e mais ideológica) do ordenamento do discurso científico.[5]

De alguma maneira, trata-se de reconhecer a dimensão transferencial que a implementação da práxis escrevente mobiliza em si – uma vez reconhecido o movimento de atualização de motivos, a configuração de imagos e a implantação de modos de afetação carregados de propensões inconscientes, é preciso se responsabilizar pela situação, incorporá-la, pô-la em cena e dar-lhe ocasião de desdobramento. Fazer qualquer coisa diferente disso "seria exatamente como se, após invocar um espírito dos infernos, mediante astutos encantamentos, devêssemos mandá-lo de volta para baixo, sem lhe haver feito uma única pergunta" (Freud, 1915/1996g, p. 181). É bom notar, já que mencionamos Freud, que ele mesmo dizia a Fliess que muitas vezes começava um parágrafo sem saber como ele acabaria, dando indícios, portanto, de que ele também, nas palavras de Ogden, é do tipo de autor que pensa ao escrever (em contraste com aquele tipo que pensa *antes* de escrever e escreve apenas aquilo que já pensou, recorrendo à distinção proposta por Ogden, 2010).

Pode-se contestar, nesse ponto, que Freud, apesar de subscrever a essa concepção, escrevia de forma primorosamente clara e lógica, ponderando longamente acerca dos motivos em causa na proposição do texto antes de entregar-se ao corpo a corpo com o

---

5 Houve um movimento nas redes sociais (especialmente o Twitter) chamado #overlyhonestmethods ("métodos excessivamente honestos", em tradução livre), em que pesquisadores postavam os motivos ocultos por trás de seus posicionamentos metodológicos e escolhas na condução das práticas de pesquisa.

texto, de forma que sua confecção, ainda que portasse consigo os vestígios de um processo de escrita pensante, mantivesse ainda a consistência e a coerência de um cuidado e de uma ponderação. Nesse ponto, tudo que posso levantar em defesa do texto (e de mim mesmo, autor) é que, bom, eu também tomo esse cuidado. É certo que esse meu cuidado será modulado pela diferença evidente de talento entre mim e Freud, mas é modulado também pela consideração da temporalidade enquanto elemento em jogo no contexto do trabalho conceitual e do trabalho textual que aqui se propõem, levando a um ritmo narrativo menos "pedagógico" e mais sinuoso do que se poderia, provavelmente, esperar de um trabalho tão ligado à etiqueta científico-acadêmica. O que estou dizendo, no fim das contas, é que eu quero escrever dessa forma, porque quero que o texto seja marcado por essa topografia trabalhosa, porque acredito que deve ser assim – porque isso imprime, no encontro entre texto e leitor, a marca de uma temporalidade disjunta, de um movimento de busca de sentido que é um movimento de busca de si, de um sentimento de excesso que conclama a diferir de si em função da leitura enquanto gesto e experiência.

A problemática da temporalidade se revelará decisiva em nosso caminho, dentro da seguinte configuração paradoxal: temos em vista o desenvolvimento de um trabalho do tempo *out of joint* ou "fora do eixo".[6] O que quero dizer com isso é que o elemento *temporalidade* será objeto de grande atenção, mas será interpelado a partir de uma concepção de temporalidade disjunta, sujeita a modulações afetivas e descontinuidades.

---

6 É Hamlet quem apresenta a ideia de um "tempo fora do eixo" ao ouvir o fantasma de seu pai falar de sua missão; a ideia de um tempo fora do eixo ("fora de seus gonzos", segundo a estranha tradução consagrada) foi trabalhada por Derrida em *Espectros de Marx*.

Isso rompe efetivamente com a maneira mais intuitiva, prosaica e usual de se tratar e lidar com a temporalidade, em que se supõem as considerações temporais como indicativas de um fluxo contínuo, de variações que articulariam as dimensões harmônica e melódica do ponto de vista de sua recepção por parte de quem sente o tempo passar. Aqui, pelo contrário, a temporalidade será interpelada em vista da forma como o passado determina o presente, e da forma como o presente se faz habitado em vista de sua investidura pelo passado, e da forma como a aparente continuidade existencial temporal é possuída por rupturas e saltos que definem "sub-repticiamente" nossos modos de habitá-la afetiva e cognitivamente.

Essa questão talvez fique mais clara quanto cotejada com a concepção de continuidade existencial postulada por Winnicott por meio de sua ideia de *going-on-being*. Podemos dizer, nesse contexto, que vamos privilegiar a *pressuposição* dessa continuidade existencial como plataforma a partir da qual se constitui um modo vivencial marcado por rupturas e descontinuidades. Assim, *going-on-being*[7] é uma conquista necessária no processo de desenvolvimento, mas justamente porque permitirá que o sujeito vivencie de forma potente os estados de não integração e as modulações ao largo do *espectro* do espaço potencial. Essa vivência permitirá, então, uma vida criativa em meio às ocasiões que se lhe apresentam e das quais o sujeito da experiência se apropria. O ponto aqui, evidentemente, é que os paradoxos trabalhados por Winnicott, ao movimentar as barreiras entre o intrapsíquico e o intersubjetivo e entre o mental e o emocional, deverão ser postos em interação

---

7 Para Winnicott, uma das principais conquistas subjetivas do desenvolvimento emocional primitivo é aquela da continuidade existencial – consolidada a partir das interações satisfatórias continuadas entre o bebê e seu ambiente, que favoreçam a integração e o desenvolvimento de um espaço transicional; para mais detalhes cf. Winnicott (1991).

recíproca com a *inscrição* do vivente no meio que o acolhe, permitindo interrogar psicanaliticamente a própria configuração de um pensamento psicanalítico a respeito de uma subjetividade. Para além disso: do ponto de vista da inscrição do sujeito no contexto que o acolhe, reconheceremos oscilações na percepção temporal, descontinuidades e disjunções temporais a partir da modulação do *going-on-being* ao sabor de sua habitação intensiva – o sujeito estará por vezes mais ou menos atento, mais ou menos disponível, mais ou menos entregue à experiência, e essa modulação afeta a própria disposição temporal da vivência do ponto de vista de sua inscrição.

Antes mesmo de Winnicott, se pensarmos na temporalidade do trauma em Freud, no caráter *a posteriori* (*Nachträglich*) do trauma, seremos convocados a uma concepção de temporalidade não continuísta, que é o lastro de inteligibilidade por trás da efetividade do expediente clínico psicanalítico clássico (a narrativa em associação livre, o "é preciso continuar" da cena clínica, só faz sentido porque se conta com a possibilidade de um encontro com a porta que se abriria para a própria história e a possibilidade de, por ter sido preciso continuar, ter-se podido encontrá-la aberta, desde sempre aberta).

É de espectros, enfim, que se trata. É preciso poder habitar uma escritura sinuosa, porque os problemas se nos apresentam *não pelo começo*. É preciso poder habitar uma interrogação sinuosa, porque é necessário poder habitar as indagações para além dos territórios que se prestam a constrangê-las disciplinarmente. É preciso poder habitar uma territorialidade (des)contínua e processualmente desterritorializada, porque é necessário poder fazer mover as balizas que induzem os problemas aos territórios cartografados que lhes inibem o potencial disruptivo. É preciso poder deflagrar o potencial disruptivo, porque é necessário reinscrever as questões que nos tocam para além dos especialismos e das disciplinaridades que as domesticam. E é preciso ir além dos especialismos, porque é preciso continuar, ainda que não seja possível continuar, até que essas coisas se digam, até que a porta se abra, é preciso continuar. A indicação de que *é preciso continuar*, por fim, nos remete uma vez mais à ênfase conferida à temporalidade, ao caráter excessivo da temporalidade, à habitação da temporalidade de um modo descontínuo, em busca de uma fratura interna através da qual o tempo se excederá a si mesmo – é preciso continuar até que a continuidade rompa consigo mesma, até que algo a faça diferir.

Um sentir entre o sentir: dos meios

Pela mão de Clarice, digamos então que "entre duas notas de música existe uma nota, entre dois fatos existe um fato, entre dois grãos de areia por mais juntos que estejam existe um intervalo de espaço, existe um sentir que é entre o sentir" (Lispector, 1998, p. 98), e digamos então que é para lá que vamos. Entre duas pessoas que se encontram por ocasião da práxis que é a clínica psicanalítica existe uma pessoa, e essa pessoa é o entre que é uma pessoa. Ogden chamou esse espaço de "terceiro analítico", referindo-se a "uma forma de vivenciar a eu-dade (uma forma de subjetividade), na qual (por meio da qual) analista e analisando se tornam outros do que foram até aquele momento" (Ogden, 2003, pp. 4-5); Green, em *Orientação para uma psicanálise contemporânea*, associará esse "espaço" (essa "pessoa" entre duas pessoas) ao "enquadre interno", que ele entende como a *dimensão virtual* do enquadre por trás da regra fundamental da análise (Green, 2008).

Pois bem, a ideia que move esta obra é interrogar a constituição mesma desse espaço no contexto da apropriação que dela faz o analista como o nó/estofo por meio do qual ele se apropria de sua práxis enquanto psicanalista. Tal problema pode ser compreendido como eminentemente clínico – que estaria associado, como mencionei, ao problema da formação do analista ou à questão "como se devém psicanalista?", embora seja necessário reconhecer que ele não se deixe esgotar sob essa compreensão, na medida em que se inscreve (no contexto da formulação que estou dando ao problema) aquém do campo institucional e aquém da psicanálise enquanto disciplina estabelecida. É importante reconhecer que essa constituição não poderá ser interrogada de um ponto de vista temporal contínuo/continuísta. Assim, teremos em vista aqui (ainda que eventualmente recorramos à temporalidade contínua como modo de expressão e organização da narrativa) a instalação desse espaço no contexto de uma temporalidade disjunta. No interior desse contexto, o que foi instalado lá é continuamente reinstalado, porque está lá enquanto espectro, e o que foi uma vez instalado não está efetiva e definitivamente instalado, visto que a fábula de uma origem pontual para a constituição desse espaço (virtual) se apresenta apenas enquanto fábula.

Fédida, tratando de um contexto contíguo a este, sugere que "[a teoria] não poderá senão ser transmitida e descoberta na própria análise, que se refaz continuamente, em cada cura, entre o analista e o analisando" (Fédida, 1978, p. 301).[8] Isso não implica, evidentemente, uma concepção relativista e solipsista de formação, segundo a qual nada se poderia falar que não fosse acerca da própria experiência – o que isso implica é que a habitação da questão do devir-psicanalista exige a devida colocação (em suspensão) do aparato institucional, social e disciplinar da psicanálise, sob risco de hipostasiá-la como o lastro a partir do qual o pensamento

---

[8] No original francês: "[La théorie] ne peut être que transmise et découverte par la seule analyse, qu'elle se refait toujours, en chaque cure, entre l'analyste et l'analysant". Diferentemente de Fédida, não tomaremos estritamente a teoria psicanalítica como objeto, e não atribuiremos à análise pessoal o lugar privilegiado para esse exercício (auto)crítico.

psicanalítico se funda. Interrogar a formação do espaço de pensamento do psicanalista, portanto, não diz respeito à forma como ele estuda teorias psicanalíticas ou as compreende (por mais complexo que possa ser considerado o conceito "compreensão") – há mais em jogo, operando de forma disjunta e paradoxal na constituição desse espaço.

2. Os métodos e seu valor

"Um método tão bom quanto qualquer outro"

> *Não pretendo apresentar em primeiro lugar uma resenha histórica, mostrando o desenvolvimento de minhas ideias a partir das teorias de outras pessoas, porque minha mente não funciona dessa maneira. O que ocorre é que eu junto isto e aquilo, aqui e ali, volto-me para a experiência clínica, formo minhas próprias teorias e então, em último lugar, passo a ter interesse em descobrir de onde roubei o quê. Talvez este seja um método tão bom quanto qualquer outro (Winnicott, 2000, p. 218).*

Há um caminho pouco percorrido quando se parte dessa famosa colocação de Winnicott: aquele que começa com "não, Winnicott, não é um método tão bom quanto qualquer outro". E é curioso, já que, se pensarmos no mundo acadêmico, essa sequência é praticamente inescapável – de fato, uma das poucas coisas mais conhecidas que essa passagem de Winnicott é a diretriz acadêmica segundo a qual devemos citar os lugares de onde retiramos aquilo a que nos referimos, devemos apresentar uma resenha histórica e devemos mostrar o desenvolvimento de nossas ideias a partir das teorias de outras pessoas. Sabe-se, é senso comum que é assim que deve ser. Deve-se trabalhar, diligente e humildemente, sobre os ombros de gigantes, mas sempre olhando para baixo, para eles, prestando-lhes homenagem como forma de garantir manter-se sob(re) suas graças. Isso significa que, num mundo acadêmico, o método de Winnicott não passa: se, na ocasião da defesa de sua tese, ele apresentasse essa famosa colocação como sua divisa metodológica, passaria um aperto danado.

É claro que não se trata de uma divisa metodológica a respeito de uma pesquisa *strictu sensu*: trata-se de uma comunicação apresentada perante a Sociedade Britânica de Psicanálise, publicada depois numa revista dessa mesma Sociedade e, por fim, numa compilação comercial de seus artigos mais famosos; em momento algum, portanto, Winnicott pretendeu que esse trabalho se inscrevesse na tradição universitária, e por isso pode parecer despropositado discuti-lo nesses termos. Acontece que a relação entre a Universidade e o mundo à sua volta vem mudando – no mesmo ano de 1945 em que Winnicott proferiu sua palestra na Sociedade, as bombas atômicas despejavam o auge do desenvolvimento técnico-científico sobre as populações de Hiroshima e Nagasaki, por exemplo; não muito tempo depois, Lacan levaria seu "ensino" ao Collège, e depois a Vincennes, articulando indissoluvelmente a psicanálise e a Universidade (fenômeno que já vinha sendo avançado pelo mesmo Lacan em função de seu diálogo próximo com a nata intelectual parisiense); a leitura de Winnicott no Brasil, por fim, será fortemente marcada por sua circulação universitária e pela formação de grupos de pesquisa operando como frentes avançadas de política institucional winnicottiana. Digo isso tudo porque o método de Winnicott, ainda que não precise ser referido à cena universitária e à rotina de pesquisa acadêmica *strictu sensu*, na prática acaba em debate próximo com a pesquisa acadêmica *strictu sensu*, de uma forma ou de outra – deixar de ver os cruzamentos operando aqui é deixar de ver as trilhas do pensamento em nosso mundo, é deixar de se posicionar diante dessas trilhas e, em resumo, é alienar-se. Assim, ainda que não convenha tomar pesquisa e pesquisa-acadêmica-universitária-*strictu-sensu-status-quo* como sinônimos, convém reconhecer que quando Winnicott fala de sua divisa metodológica ela tem de poder ser pensada em cotejamento com as práticas de pesquisa universitárias – para benefício de ambas as partes envolvidas, e porque na prática essa ligação acaba operando, quer a pensemos ou não.

Seria simplista, no entanto, supor que Winnicott simplesmente não está à altura do mundo acadêmico, que sua postura é uma postura pura e simplesmente alheia ao empreendimento científico e às suas normas. Afinal, Winnicott não se diz alheio ou indiferente ao lastro histórico ou conceitual por trás de suas contribuições: o que ele diz é que ele não pretende fazer isso *primeiro*.[1]

Devemos supor que haja pesquisadores, no meio universitário, que recorrem a esse tipo de inversão, fazendo primeiro uma espécie de *brainstorming* para depois reconhecerem a origem de suas articulações. No caso de Winnicott, no entanto, a situação é digna de nota (no mínimo) porque ele não dá conta de fazer a devida menção e articulação depois: é sabido, e inclusive é assumido pelo próprio Winnicott, que ele não fazia todas as referências que talvez devesse em relação a seus interlocutores e antecedentes. Isso faz

---

1 É fácil reconhecer em sua referência ao que ele "pretende" fazer um recurso meramente retórico, já que ele de fato o faz e não se pode imaginar que ele estivesse disposto a mudar sua comunicação naquela ocasião se alguém tivesse se oposto; então a questão não passa pelo fato de ele dizer *pretender* fazer o que faz, mas ao fato de ele não pretender fazer *primeiro* o que seria esperado.

com que não se trate simplesmente de uma escolha acerca do que fazer primeiro, mas sim de uma escolha acerca do que *privilegiar* (ele prefere juntar as coisas de maneira idiossincrática, ainda que isso implique não estabelecer todas as referências e fontes). Podemos supor que, caso Winnicott conseguisse roubar as coisas, juntar isso, aquilo etc. e depois efetivamente descobrir de quem roubou o quê, então ele nem precisaria fazer menção ao fato, porque seu método não afetaria em nada a etiqueta intelectual e ele estaria perfeitamente adequado ao *status quo*. Em função disso, podemos entender que ele só explica o que pretende fazer primeiro porque isso afeta decisivamente o resultado, já que o que ele faria depois é afetado por sua "escolha".

Plateia e leitores, portanto, só são informados acerca desse método de Winnicott porque ele influencia decisivamente o resultado: depois que Winnicott terminou de juntar, articular e roubar tudo, ele já não tem mais como referir adequadamente suas influências e interlocutores. Digo isso porque seria possível (não para Winnicott, mas, digamos, num universo paralelo) que ele roubasse, pensasse, voltasse, juntasse e, enfim, articulasse adequada e suficientemente suas ideias e teorias aos lugares em meio aos quais ela se desenvolveu e assumiu os contornos que acabou por assumir. Isso significaria que Winnicott teria trabalhado do seu jeito – dando-se toda a liberdade de que ele parece necessitar para poder pensar –, mas teria tido o cuidado de manter empilhados em algum lugar os livros, notas e apontamentos dos diálogos em meio aos quais transitou naquele período. Ele estaria, evidentemente, a anos-luz de distância do tipo de procedimento padrão indicado, por exemplo, por Umberto Eco em "Como se faz uma tese" (Eco, 2005), que estabelece tão claramente as normas e parâmetros que passa a ser impossível roubar o que quer que seja de onde quer que seja – o pesquisador/pensador se transforma em uma espécie de secretário executivo de seu tema, produzindo fichas e notas e sinopses que se reverterão em uma tese sem que o pesquisador tenha tido que juntar, formar ou pensar nada; ainda assim, no universo paralelo a que nos referimos, a comunicação de Winnicott teria podido prestar contas dos lugares por onde ele passou, e a plateia e os leitores teriam tido condições de articular o que está sendo veiculado ali com os contextos em meio aos quais aquilo se desenvolveu.

Tudo isso significa que Winnicott só compartilha seu método com seu público porque ele sabe que ele não pôde fazer o que disse que faria *depois*: ele diz o que faz primeiro porque o que ele teria de fazer em segundo lugar acaba não acontecendo como deveria. Mas isso não significa, como foi afirmado de passagem anteriormente, que seu método altera necessariamente o *resultado* do que ele construiu a partir de seu "método": simplesmente não sabemos se altera o resultado ou não, tudo o que sabemos é que isso altera decisivamente a *comunicação*. O que quero dizer com isso é que, no universo paralelo a que me referi, a inclusão das referências devidas por parte de Winnicott após o processo de *brainstorming* não implicaria necessariamente uma transformação no argumento – é possível que sim, caso o retorno a algum texto que o tivesse influenciado, em busca da referência, trouxesse a ele maior clareza, ou a reformulação de sua hipótese, ou mesmo a desmontagem de seu *insight* e de toda a comunicação; mas também é possível que não: Winnicott apresentaria um texto recheado de referências a diversos autores, e manteria os conceitos e expressões utilizados pela tradição, e faria as pontes e articulações necessárias para que sua hipótese fosse devidamente inscrita na tradição, e nada disso teria resultado em alterações no seu argumento.

Parece-me que não sabemos, e nunca poderemos saber, se um tal retorno às fontes alteraria o resultado; o que sabemos, sem sombra de dúvida, é que alteraria dramaticamente a comunicação: se o texto de Winnicott usasse as expressões e conceitos e se referisse a todos os autores e pessoas pertinentes, o texto de Winnicott seria outro, teria outro ritmo, outra estrutura, outra voz. Em função disso, parece-me que a divisa metodológica de Winnicott diz respeito a um posicionamento quanto a sua estratégia *retórica*, a seu *estilo de comunicação*, muito mais que a seu estilo de pensamento e pesquisa. Ou seja: o modo como ele comunica seus achados determina o entendimento que se fará dos achados, e a interação destes com a comunidade que poderá (ou não) fazer uso dela.

O mais provável, por sinal, é que Winnicott não só soubesse disso como tenha se posicionado em relação a isso: tudo indica que ele estava bastante ciente das consequências de citar Klein ou autores kleinianos, por um lado, Anna Freud ou autores annafreudianos, por outro, autores independentes ou Freud sênior ou estrangeiros, por fim. O mais provável é que Winnicott estivesse atento a esses elementos de antemão, e tenha adotado esse posicionamento como uma estratégia, em seu sentido mais amplo – ou seja: um modo de estar ativamente em comunidade, modo que imbrica um método de pesquisa, um modo de pensamento, uma forma de comunicação e um posicionamento comunicacional.

Nesse contexto, o método adotado por Winnicott não seria tão bom quanto qualquer outro: seria *o melhor possível* em vista de seus propósitos e da inscrição que ele pretendia para si. Afinal, parece claro que, se Winnicott tivesse explicitado suas fontes, articulado conceitos e efetuado uma minuciosa inscrição no debate em vista, ele teria necessariamente sido associado a um grupo ou subgrupo específico em meio à guerra de trincheiras que era a Sociedade da época, e com isso teria perdido o lugar elocutivo que pleiteava para si.

O gênio e a tradição

T. S. Eliot, poeta e crítico bastante apreciado por Winnicott,[2] dizia no texto "A tradição e o talento individual" (1919) que o pensador capaz consegue fazer-se partícipe da tradição na medida em que se faz atravessar por ela, incorpora-a a si mesmo e atua a partir dela – "a tradição" não melhora ou "engorda" com o tempo, mas faz-se presente, e é em função de seu lastro nela que o pensador assume seu lugar na história (ou não). Em função disso, pode-se dizer que o pensador que trabalha a partir de seus pendores e predileções pessoais está fadado à mediocridade, da mesma forma que o pensador que trabalha imerso na necessidade de se adequar à tradição. A tradição atua incorporada no trabalho do pensador, que nessa medida passa a não ser ele mesmo, sem com isso passar a ser alguma outra coisa – o pensador tem a tradição *"in his bones"*, em expressão empregada tanto por Eliot quanto por Winnicott.[3] Quando, por fim, "o pensador pensou", o que se passou não é da ordem da pessoalidade dele, enquanto pensador,

---

[2] A expressão "Home is where we start from", título de um dos livros de Winnicott, é de um dos poemas de T. S. Eliot, por exemplo.

[3] "Em seus próprios ossos" seria a tradução literal para "in his bones", mas a expressão soa menos estranha (e macabra) em inglês do que em português por ser idiomática; Winnicott usa a expressão na apresentação de *Consultas terapêuticas em psiquiatria infantil* (1984). Só tive acesso à frase de Winnicott – "In order to use the mutual experience, one must have in one's bones a theory of the emotional development of the child and the relationship of the child to the environmental factors" – por conta do livro de Goldman (1993), que recorre à expressão no próprio título do livro; digo isso porque na tradução brasileira de *Consultas terapêuticas em psiquiatria infantil* a expressão some, sendo substituída por "o clínico deve *levar em conta* a teoria do desenvolvimento emocional" (Winnicott, 1984, p. 15, grifo meu). Menciono tudo isso porque a expressão (e a ideia de levar algo consigo de forma íntima e não pensada) será valiosa ao longo de nosso trajeto neste livro.

embora não seja estritamente uma "psicografia" da tradição em si mesma – esse atravessamento da tradição pelo pensador e do pensador pela tradição torna-os contemporâneos, num acontecimento singular e irrepetível. Winnicott só pode olhar para seus interlocutores, de onde ele roubou o que roubou, quando sabe que já pôde roubá-los – mas a essa altura já não se trata de roubo, e ele já não teria como dizer onde está exatamente o que ele roubou; as coisas que tiverem vindo da tradição em suas ideias são tanto tradição como são suas ideias.

Mais que essa divisa "metodológica", todo o pensamento de Winnicott parece amplamente marcado por esse tipo de lógica, na qual a habitação do "entre" redetermina as separações, os limites, toda a lógica subjacente ao fechamento em entidades e identidades. E esse modo de pensamento terá consequências, evidentemente, para a inscrição do pensador no tempo e no contexto que o abriga. Afinal, como já mencionamos, Winnicott parece ter estado bastante atento ao fato de que sua forma de pensar, enquanto ato culturalmente inscrito, estaria em relação intensa com o ambiente da Sociedade Britânica de Psicanálise, por exemplo – nesse sentido, as referências a Anna Freud S/A ou a Melanie Klein S/A seriam mais do que o reconhecimento de uma influência, mas um posicionamento estratégico. Todo o trabalho será para, nos termos de Winnicott, fazer "a mente funcionar" – poder pensar, poder roubar, poder voltar à clínica e, acima de tudo, poder dizer (e poder ser ouvido quando diz). Esse tipo de posicionamento estratégico determina a inscrição pleiteada por Winnicott, mas define também aquela que ele *não tem como* pleitear: a sua inscrição na tradição, a maneira como ele vai passar a ser parte do caldo tradicional. A partir de seus posicionamentos e da consolidação de um *corpus winnicotticum*, outros pensadores passarão a referir-se a ele e a tê-lo incorporado em suas circulações, de formas variadas e nem sempre consistentes com as proposições que faziam Winnicott justificar suas posições.[4]

É evidente que estou pensando aqui, entre outras coisas, no que me parecem maus usos e desvios no recurso a Winnicott, muitas vezes efetuados no seio do que se convencionou chamar de "winnicottismo". Espero, no entanto, que esteja claro que, da forma como estou organizando a discussão, deixaríamos de ter na consistência entre a incorporação e a proposição inicial o melhor parâmetro para pensar a questão. Ou seja: entendo que o melhor caminho não passa pela ponderação acerca do "bom" e do "mau" winnicottismo – esse, por sinal, é justamente o caminho que leva ao enrijecimento dos winnicottismos, já que vai levar às ortodoxias; é por isso, até onde posso ver, que os "ismos" vão proliferando em vez de, como quereriam os bem-intencionados críticos, convergirem em benefício do pensamento crítico. Eles proliferam à medida que se chocam e encontram resistências (inclusive aquelas resistências propostas por críticos bem-intencionados, como aqueles que criticam os "maus" winnicottismos).

Erramos, então, ao esperar que críticas aos "ismos" levem à superação dos erros e limitações dos maus "ismos"; erramos ao querer (nós, os "justos", os leitores bem-intencionados) que as leituras "erradas" (as heterodoxias) sejam estancadas, desacreditadas e abandonadas, correndo o risco de nos decepcionarmos ao ver

---

4 Nesse sentido, Winnicott e Lacan podem dar-se as mãos: a adesão doutrinária ao *corpus* de seus escritos parece tão insistente e intensa quanto a afirmação deles de que não gostariam de ser doutrinariamente seguidos. A hipocrisia de Lacan nesse sentido parece ter sido mais claramente apontada que a de Winnicott, apesar de ambos parecerem bastante interessados em serem, sim, seguidos; acredito, no entanto, que o que chamo de hipocrisia possa ser visto de forma menos moralista se imaginarmos que a insistência de ambos dizia respeito à busca por um legado pensante, e não a uma repetição morta-viva (em cujo caso é necessário reconhecer um maior erro que acerto, já que eles são nitidamente muito mais repetidos que incorporados criativamente).

que nossas críticas levam a um novo "ismo", o "nosso ismo", em vez de fazer cessar o ismo a que nos opúnhamos.

Esse é o imbróglio winnicottiano (e lacaniano, e foucaultiano, e deleuziano) por excelência – Winnicott (para ficar só nele), interessado no pensamento criativo e no abandono dos paroquialismos e corporativismos, torna-se efígie de movimentos autoidentitários, ortodoxamente dedicados a opor-se a alguma ortodoxia que os vele. Seu meio era marcado por paroquialismos e disputas de poder, e um dos caminhos para entendermos sua insistência no tema da criatividade e do pensamento criativo é a imensidade de pensamento não criativo com a qual tinha de conviver – sem falar nas ameaças, no isolamento, no pouco reconhecimento a que se expunha quando falava de fora das paróquias estabelecidas. Muito desse ambiente devia estar em jogo no tom levemente apologético (ainda que triunfalmente confrontativo) por trás da "divisa metodológica" com que começamos: sua mente "simplesmente não funciona" como era esperado que ela funcionasse, como funcionavam as mentes dos tantos "soldados" do *front* kleiniano e annafreudiano; além disso, ajuda-o a sustentar um texto que percorre ambas as frentes: quando se dá conta, Winnicott – veja só! – lançou mão de elementos de Anna Freud *e* de Melanie Klein, "sem querer querendo" rompendo com a cisão que imperava.

A pauta, até onde podemos compreendê-la, é "poder pensar" – Winnicott lançava mão dessa retórica e dessa estratégia para poder trabalhar mesmo estando nesse ambiente carregado de constrangimentos e jogos de força; mas qual é a força por trás *dele*, Winnicott? Sabemos que ele sustentava que o interesse por trás de seu posicionamento era suspender os jogos de poder para que a verdade pudesse eclodir, a partir da dedicação circunspecta dos psicanalistas a suas práticas clínicas, às suas formações, análises pessoais e à comunicação sóbria e dedicada de seus resultados; ele explicita esse programa positivista na carta endereçada a Anna Freud e Melanie Klein em 1954[5] (Winnicott, 2005, pp. 87-90), mas outros indícios apontam para esse tipo de postura. Essa postura, justamente, entendi-a por muito tempo como uma postura ingênua: esperar que a *verdade* eclodisse quando Klein e Anna Freud se dessem as mãos, abrindo mão da disputa em nome da ciência, deixando que as evidências e o progresso do conhecimento dessem razão a quem de direito e dirimissem os mal-entendidos, isso parecia-me absolutamente *ingênuo*. Até que, recentemente, deparei com a passagem a seguir de Agamben, que me fez perceber que a ingenuidade de Winnicott pode igualmente bem ser qualificada de *genial*:

> *A maioria dos homens foge aterrorizada frente à parte impessoal própria, ou procura, hipocritamente, reduzi-la à própria estatura minúscula. Nesse caso, pode acontecer que o impessoal rejeitado volte a aparecer em forma de sintomas e tiques ainda mais impessoais, de trejeitos ainda mais exagerados. Mas tão ridículo e fátuo é também quem vive o encontro com Genius*[6] *como um privilégio, o Poeta que faz pose e se dá ares*

---

5 As menções mais claramente positivistas são "a Sociedade se reconciliou, como qualquer outra sociedade, com o fato de existirem diferenças científicas que acabam por se resolver automaticamente com o decorrer do tempo" (p. 87) e "a Sociedade, tal como é hoje, só faz sentido se for a base para uma Sociedade científica em desenvolvimento que continuará a servir à causa da ciência e do estudo da natureza humana" (p. 89).

6 Agamben faz uso aqui de uma noção de "gênio" retirada da Roma Antiga. Segundo ele, "os latinos chamavam Genius ao deus a que todo homem é confiado sob tutela na hora do nascimento. . . . Genius era, de algum modo, a divinização da pessoa, o princípio que rege e exprime a sua existência inteira. . . . Mas esse deus muito íntimo e pessoal é também o que há de mais impessoal em nós, a personalização do que, em nós, nos supera e excede" (Agamben, 2007, pp. 13-14).

> *de importante, ou, pior ainda, agradece, com fingida humildade, pela graça recebida. Frente a Genius, não há grandes homens: todos são igualmente pequenos. Alguns, porém, são suficientemente inconscientes a ponto de se deixarem abalar e atravessar por ele até que caiam aos pedaços. Outros, mais sérios, mas menos felizes, rejeitam personificar o impessoal, emprestar os próprios lábios a uma voz que não lhes pertence (Agamben, 2007, p. 18-19).*

A passagem é cheia de colocações judicativas e moralizantes, situando os homens entre os hipócritas, os ridículos, os menos felizes, toda uma humilhação quando da avaliação dos homens diante de Genius. Uma frase breve no meio da passagem oferece alguma esperança: "alguns são suficientemente inconscientes a ponto de se deixarem abalar e atravessar até que caiam aos pedaços" – parece desagradável ser atravessado e cair aos pedaços, mas ao mesmo tempo parece ser o único caminho que não inclui desqualificação da parte de Agamben, e nos pegamos "torcendo" por essa alternativa.

A adesão compacta aos juízos, no entanto, não nos ajuda a entender o ponto em causa: a possibilidade de um encontro com Genius convoca a maioria dos homens a uma resposta, uma reação, e é somente em virtude de alguma inconsciência, alguma abertura ao impessoal, que o atravessamento por Genius (a aparição do gênio) se dá. E o gênio não será aquele que se destaca,[7] mas aquele

---

[7] É evidente que a pessoa atravessada pelo gênio em geral se destaca, visto que a maioria dos homens reage e deflete, fazendo dele alguém que literalmente se destaca; mas a questão principal não é seu destaque, e sim sua abertura ao impessoal. Estamos aqui num terreno francamente alheio ao senso comum, que retrata o gênio como aquele *pessoalmente* dotado de atributos que o destacam,

que se abre ao impessoal; o gênio de Agamben, portanto, é nada mais nada menos que a tradição de Eliot.

No texto já referido, Eliot recorre a outra metáfora quando tenta descrever o homem que contribui para a tradição: o catalisador (químico); o bom catalisador é aquele que contribui para uma reação, a possibilita e potencializa, mas não deixa resíduos de sua participação no produto final. Semelhantemente, para Eliot, o homem que contribui para a tradição é aquele que se deixa atravessar por ela, sem incutir à sua contribuição marcas e "assinaturas" de seu pendor individual e de sua pessoalidade. O bom poema, por exemplo, não retrata necessariamente vivências do poeta ou emoções com as quais ele é familiarizado, mas retrata vivências e emoções que extrapolam a sensibilidade imediata e acessível ao poeta, fazendo-o falar de coisas que ele mesmo não saberia se tivesse de sabê-las.

Acredito que esse tipo de "reação" nunca ocorre nos termos puros proferidos por Eliot, pois parece-me que a produção de um homem porta as marcas daquele homem; mas concordo que as boas produções não se esgotam e não se definem pelo homem que as produziu, permitindo-se alargar e dissolver em um campo de recepção maior do que aquele que ele dominaria ou pretenderia. É evidente que o homem envolvido na criação deve poder pensar, mas as condições para poder pensar vão justamente permitir que o homem possa pensar o que ele não pensou ainda. Essa "estrangeiridade" do pensamento em relação ao homem que profere os pensamentos (uma vez pensados) aparece, na passagem da "divisa metodológica" de Winnicott, na frase "minha mente simplesmente não funciona dessa maneira": o que vemos aqui é uma mente

---

fazendo da propriedade, do domínio técnico e da autoconsciência os parâmetros para a genialidade. Mas esse é o virtuose narcisista, ao passo que o gênio agambeniano é o oposto disso: não próprio, não técnico, não autoconsciente.

maquínica, alheia aos desígnios do pensador – o que ele pode fazer é fazer o necessário para que sua mente possa pensar, e fazer o possível para adequar o que tiver ocorrido a partir daí com o mundo que receberá o que ele pôde pensar.

Isso significa que o homem engajado na tarefa de pensar terá de trabalhar para poder pensar, e terá de trabalhar para fazer com que aquilo que tiver pensado siga em direção ao mundo (que o acolherá ou não). Nos dois "polos" (trabalhando para poder pensar e trabalhando para comunicar), Winnicott parece ter "fugido" da tradição: para poder pensar ele teve de não sistematizar, "roubando" as coisas, e depois, na hora de comunicar, ele deixou de fazer as articulações, não dizendo exatamente de quem roubou e o quê (salvo indicações pontuais, em geral genéricas, endereçadas a Klein e a Freud – mas há grandes, recorrentes omissões). Essa "fuga", no entanto, parece ser justamente o que teria sido necessário para que Winnicott pudesse fazer falar sua genialidade – o tipo de articulação paradoxal sintetizada na (genial) denominação que o trata como "líder da tradição independente".

Deve haver psicologismos e biografismos por trás das escolhas de Winnicott, de sua estratégia, de sua relação com suas influências; mais importante que isso, parece-me que o posicionamento de Winnicott, independente do motivo, deixou-o "suficientemente inconsciente" para que ele pudesse deixar uma marca criativa mesmo naquele meio tão carregado. No meio em que Winnicott trabalhava nessa época, como em tantos outros meios, existia a possibilidade de o ambiente (a tradição) apresentar-se denso e complexo a ponto de "a mente não funcionar" – isso aconteceria se o peso dos determinantes ambientais fizesse o pensador sucumbir (o que poderia torná-lo um papagaio de mantras tradicionais destituídos de vitalidade), ou se o isolasse na oposição e na recusa (o que poderia torná-lo um vociferante inconformado com tudo e com todos, soterrado pela tradição que ele não consegue incorporar e que o paralisa no inconformismo inerte). Nos dois casos, de acordo com a esplêndida formulação de Eliot, teríamos um pensador alijado da tradição e, com isso, incapaz de ser contemporâneo a si próprio.

O psicanalista circunstanciado pelo nome que lhe pesa: consequências do nominalismo dinâmico para os jogos de autoria em psicanálise

Ainda que Winnicott tenha estado "suficientemente inconsciente", ele certamente não deixou de ser alguém – não deixou, inclusive, de ser alguém trabalhando social e politicamente. Na mesma carta de 1954, endereçada a Anna Freud e Melanie Klein, a que já me referi de passagem, por exemplo, Winnicott mostra claramente como uma posição cientificista se concilia facilmente com o estrategismo político. A carta dizia respeito à proposta, defendida por ele, de que os programas de formação na Sociedade Britânica de Psicanálise (kleiniano e annafreudiano) fossem abolidos; sua ideia era que os candidatos continuariam aderindo e se filiando a suas líderes de preferência, informalmente, mas a abolição das linhas tornaria possível que as diferenças fossem superadas "automaticamente" "com o passar do tempo". Pois bem: Winnicott termina sua carta dizendo que apenas as duas e Sylvia Paine (presidente da Sociedade) estavam recebendo a carta, pois, segundo ele, "caso venham a se decidir pela abolição da ideia do reconhecimento oficial dos dois grupos, essa ideia deve partir das senhoras" (Winnicott, 2005, p. 90) – colocação que chama atenção pelo fato de que a ideia não teria, evidentemente, surgido delas, mas dele! O que temos aqui é Winnicott trabalhando, em nome do desenvolvimento "automático" da ciência, nos bastidores, usando cartas secretas e tramando abolições de instituições – em nome (nunca é demais frisar) do desenvolvimento "automático" da ciência! O que temos aqui, então, é uma ciência bastante complexa, que depende de articulações políticas e trabalhos de bastidores para que se possa garantir seu automatismo, sua isenção e sua neutralidade.

Nada disso é novo, e nada disso é específico da psicanálise, ou mesmo das ciências humanas: Isaac Newton rompeu com Robert Hooke e Gottfried Leibniz, ainda no princípio do século XVIII, em função de prioridade em descobertas e adequação no uso das referências (Hawking, 2015, Bynum, 2012), e se esse certamente não é o caso mais antigo ou mais contundente, ele deve bastar para lembrar-nos da extensão do problema, e com isso evitar que o tratemos como um problema exclusivo de uma ou outra disciplina ou tradição.

Além de bastar para isso, a inclusão do elemento da disputa e do crédito nos chama a atenção para a centralidade das questões de *poder* em jogo aqui; Newton, no caso em vista, parecia mais preocupado com a satisfação de seu inchado amor-próprio (se inchado por dor e inflamação, ou por excesso de amor a si, ou pelas duas coisas, é algo que jamais saberemos) do que com a influência nas redes sociais e políticas de seu tempo, mas ainda assim trata-se de poder. E se lembrarmos das disputas entre Koch e Pasteur, que nos anos 1880 entraram em disputa pela atribuição de prioridade na confirmação da teoria das infecções por germes (Principe, 2011), poderemos ver com clareza que os jogos de regulação discursiva no contexto científico mobilizam elementos claramente sociais e políticos. Afinal, Koch e Pasteur atuavam como representantes de suas respectivas nações e, mais ampla e concretamente, disputavam o acesso ao vasto mercado que sabidamente derivaria da descoberta.

Muitos pesquisadores estudaram esse tipo de interação entre processos científicos e seus contextos, e a maior parte desses estudos encontram-se vinculados à "tradição independente" conhecida como *science studies*. O entendimento usual é que essa "tradição" de pesquisa foi inaugurada com o trabalho de Bruno Latour e Steven Woolgar intitulado *A vida de laboratório* (1979), que relata a etnografia de Latour num laboratório de endocrinologia neurológica (um laboratório, portanto, altamente dedicado às ditas *hard sciences*, com suas pipetas, seu maquinário, seus ratos experimentais etc.); é fácil perceber, no entanto, que Latour lança raízes em uma tradição, ainda que ele efetivamente proponha inovações significativas nela. Um "antepassado" significativo para *A vida de laboratório* é *Gênese e desenvolvimento de um fato científico*, de Ludwik Fleck – livro escrito em 1935, mas que esteve relegado ao esquecimento até 1962, quando Thomas Kuhn lhe fez uma menção elogiosa na abertura de seu *Estrutura das revoluções científicas*, e com isso reinscreveu-o no campo e no imaginário dos pesquisadores em teoria e filosofia da ciência. Curiosamente, Latour parece muito mais conectado a Fleck (que ele pouco cita, se é que cita) que a Kuhn, ainda que este tenha sido mais impactante na "preparação" do meio científico à problematização acerca dos processos envolvidos na pesquisa e proposição do que chamamos de "ciência".[8]

---

8 O livro de Kuhn, como se sabe, investiga o desenvolvimento científico, afirmando, contra o consenso de sua época, que esse desenvolvimento não é progressivo e cumulativo, mas cíclico: um consenso científico acumula crescentemente anomalias que tornam eventualmente inevitável uma "crise" naquele paradigma científico, levando-o ao esfacelamento diante de uma proposição "revolucionária", que desloca aquela ciência em relação aos consensos até então estabelecidos e formula novos consensos – ao redor dos quais começarão a se acumular, crescentemente, anomalias etc. O livro de Fleck, por sua vez, relata o processo de pesquisa e "descoberta" do fundamento bacteriológico da sífilis terciária ou neurossífilis, descoberta que revolucionou a prática e a institucionalidade psiquiátrica (por fazer eclodir um otimismo quanto à fundamentação biológica e, portanto, "verdadeiramente médica e científica" da psiquiatria); Fleck foca sua análise nos jogos em causa no avanço das pesquisas e avança uma teoria da "esoterização" do saber científico.

Acredito que, apesar de Kuhn ter sido decisivo na criação de uma brecha em meio ao imaginário "positivista e variantes" que dominava a cena,[9] é sem dúvida com Fleck que Latour mais se parece em sua práxis pesquisante, ao propor um debate de propensões teóricas e filosóficas lançando mão de recursos sociológicos e antropológicos; vale lembrar ainda que Latour se beneficiará da convivência, "celebrada" em citações e deferências ou não, com outros pensadores críticos acerca do processo de investigação, descoberta e instituição social da ciência e seus produtos (por exemplo, Bachelard, Foucault e Serres, a quem ele cita profusamente, e Feyerabend, a quem ele pouco cita).

O ponto principal a se reter aqui é que Latour ocupará o centro estratégico na constelação de trabalhos que, a partir de meados dos anos 1970, abordará criticamente a regulação interna de processos em causa no desenvolvimento e proposição de fatos científicos – que nesse sentido deixam de ser "fatos" e passam a ser "produtos": produtos da práxis científica.

O que gerou maior repercussão é que essas discussões punham em xeque a concepção ideológica, mas amplamente favorecida e utilizada pelo *establishment* científico, segundo a qual a ciência produz "verdades verdadeiras", conhecimentos que estariam para além do lastro individual, grupal ou institucional dos pesquisadores – a velha questão acerca da "objetividade" da ciência. Os chamados *science studies* ameaçam essa concepção ao abordar e apontar determinantes circunstanciais – de ordem sociológica, antropológica, política, linguística: a ciência produzida depende do lugar onde é produzida, as circunstâncias afetam e, em maior ou

---

9 É bom notar que o positivismo "*hard*" do início do século XX já estava em descrédito nesse momento, tendo sido abandonado inclusive pelo grupo do chamado "círculo de Viena", organizado ao redor de Carnap, quando tiveram de reconhecer a inviabilidade de seu projeto de um "compêndio científico" abrangente e exaustivo (isso se deu ainda antes da Segunda Guerra Mundial).

menor grau, determinam o enunciado científico. O embate entre os *science studies* e os defensores da pureza ou autonomia científica será chamado por muitos (mas não por Latour) de *science wars* – embate crescentemente ríspido e explícito à medida que o tempo, os combatentes e os argumentos proliferam.

É bom manter em vista que não se trata de uma questão nova – sempre se soube que os cientistas são pessoas e que eles dependem de suporte e trabalho social para conduzir suas pesquisas; essa percepção frequentemente se articulava, no entanto, com a suposição segundo a qual esses elementos emolduram a pesquisa, mas não determinam seu resultado: esse é o ponto "atacado" pelos *science studies*. Segundo a vulgata positivista, Galileu precisou "negociar" com a Igreja de sua época para poder avançar suas proposições, mas suas proposições eram *verdadeiras* e estavam *para além das circunstâncias* – a Igreja atrapalhou, mas enfim a ciência descobriu, formulou e fez prevalecer a verdade. É essa suposição que a tradição dos *science studies* põe sob suspeita, defendendo que o enunciado é condicionado pelas circunstâncias do trabalho pesquisante – e é por isso que Latour e Woolgar proliferam (a despeito das dificuldades ligadas à ética e ao sigilo) exemplos de citações "forçadas" ou "omitidas" nas publicações do laboratório Salk (onde Latour fez sua pesquisa de campo) a partir de suas alianças e disputas, e vão mostrando como esse lastro vai deixando um rastro de induções, ao cabo das quais as descobertas parecerão "neutras" mas terão sido, em inúmeros aspectos, determinadas (isto é, forçadas) pelas circunstâncias. O elemento de base, aceito por todos os envolvidos no debate, é que as pesquisas são lastreadas nas circunstâncias da tradição e do pesquisador; as divergências dizem respeito a quão longe elas vão em determinar o produto da investigação. Em outras palavras: sabemos que os cientistas dependem das coisas que leem e das pessoas com quem interagem para conduzir suas pesquisas;

o que não sabemos é quão profundamente os "fatos científicos" são definidos e determinados por essas circunstâncias.

Conflitos dessa ordem, ainda que em escala distinta, gravitam em torno dos jogos de autoria em causa na leitura psicanalítica regular (acima de tudo no meio universitário) –, e é nesse sentido que a adesão a Winnicott ou seja qual for o autor canônico em causa levará a consequências significativas na recepção da obra e no arco de influência que ela poderá desenhar. Nesse contexto fica mais claro que, se Winnicott citasse majoritariamente autores kleinianos (como provavelmente seria o caso), ele encontraria por consequência uma audiência annafreudiana indisponível a suas contribuições, e estabeleceria um debate mais técnico e *interno* na comunidade kleiniana; sua escolha de "esquecer" os autores evita essas consequências, ainda que obviamente porte consigo outras tantas consequências (não há "jogo neutro" nesse contexto). O ponto principal é que um "método" mais "clássico" faria com que o entendimento de sua teoria e, no limite, o próprio "fato", o próprio pendor heurístico e explicativo de suas formulações, fosse outro.

Há um elemento bastante problemático, e de consequências bastante dramáticas, sendo formulado aqui: *a retórica do pesquisador determina a coisa que ele está comunicando*. Pensemos, para ficarmos com um exemplo "radical", numa pesquisa quantitativa e "baseada em evidências": quando o pesquisador estabelece seu programa de pesquisa, ele precisa fazer uma leitura da "cena" do meio em que trabalha, e essa leitura não tem como não incluir disposições subjetivas, inclinações, pendores e predileções; quando, ao fim da coleta, discute e comunica os achados de sua pesquisa, ele inevitavelmente precisará "descolar-se" dos dados brutos e tirar consequências, avaliar o impacto, justificar a pertinência, avaliar os desdobramentos. Não por acaso, essas são as partes de uma pesquisa que em geral recebem maior atenção do público leigo, mas também da maior parte da comunidade científica; ainda que as informações acerca dos processos de produção de dados e de seu tratamento quantitativo e/ou qualitativo seja valorizado por sua função reguladora (garante a possibilidade de replicação e de análise crítica por aqueles que não "compram o argumento", checando a consistência e razoabilidade do trabalho "bruto"), a ênfase na absorção do trabalho científico em geral recai sobre a parte "mole" das publicações: a introdução do trabalho na tradição e a inscrição proposta pelo autor da pesquisa para seus achados (o que ele diz ter encontrado como resultado e sua aplicabilidade potencial).

No caso da psicanálise essa particularidade é ainda mais acentuada: na verdade, a maior parte do tesouro bibliográfico psicanalítico não passa nos critérios contemporâneos de prática científica "baseada em evidências", e isso é indicativo de que essa questão é mais acentuada do que no exemplo que usei no parágrafo acima. No exemplo da comunicação winnicottiana, por exemplo, parece-me claro que referências mais constantes a Klein ou a Anna Freud, e a conceitos delas, levariam a um entendimento radicalmente distinto acerca do que Winnicott estava efetivamente dizendo – e à consolidação de uma imago de autor bastante distinta daquela que disputamos hoje no meio. Isso quer dizer, para sermos claros, que se Winnicott citasse profusamente Anna Freud e Melanie Klein e recorresse a seus conceitos, entenderíamos que ele *disse outras coisas do que aquelas que ele disse* – independente de ele formular textos com a mesma evocação problemática, o mesmo trabalho conceitual e o mesmo campo heurístico.

Ian Hacking, pesquisador ligado à filosofia da ciência, apresenta uma distinção esclarecedora a esse respeito em seu artigo "Making up people" ("Inventando pessoas", 1999), representada por ele como "nominalismo dinâmico": a ideia do nominalismo dinâmico é que nossas representações científicas, independente de sua positividade ou não, agem sobre a comunidade e estabelecem uma influência (tendencial) em nosso modo de compreender as coisas de que falamos; com isso, algumas descobertas ratificam-se *a posteriori*, tornam-se necessárias apesar de poderem ser compreendidas como tendo sido, quando de sua formulação, contingentes. Há, assim, uma relação dinâmica entre as palavras e "as coisas" (ainda que não possamos estabelecer um limite claro entre coisas elas mesmas e coisas influenciadas por nosso modo de dizê-las), assim como há uma dinâmica na forma como "as coisas" se apresentam a nós em função de nosso repertório linguístico e do papel que ele desempenha no delineamento de nossa percepção das coisas. Nos termos (bem mais claros e prosaicos) de Hacking:

> *Seria absurdo sugerir que a única coisa que cavalos têm em comum entre si é o fato de que os chamamos de cavalos. Podemos traçar o limite de forma a incluir ou não pôneis Shetland, mas as similaridades e diferenças são suficientemente reais. . . . Luvas já são algo diferente: nós as produzimos. Não sei quem veio primeiro, a ideia ou a luva, mas elas certamente se desenvolveram de mãos dadas. Que o conceito "luva" sirva às luvas como uma luva não surpreende; nós os fizemos assim. Meu argumento quanto à invenção de pessoas é que em alguns aspectos bastante interessantes as personalidades múltiplas (e muitas outras coisas) funcionam mais como luvas do que como cavalos. [Em muitos casos] a categoria e as pessoas que se enquadram nela surgiram de mãos dadas (Hacking, 1999, p.165).*[10]

---

10 No original: "It would be preposterous to suggest that the only thing horses have in common is that we call them horses. We may draw the boundaries to admit or to exclude Shetland ponies, but the similarities and differences are

Podemos dizer que winnicottianos funcionam um pouco como luvas: nós os inventamos; como as pessoas diagnosticadas com personalidade múltipla (esse é um dos temas recorrentes de estudo de Hacking), winnicottianos interagem com o nome que lhes damos, e isso torna as discussões nominalistas mais dinâmicas e complexas. O fato de alguém ser chamado de winnicottiano impactará sobre sua maneira de circular, sobre sua forma de dizer, sobre quem lê seus trabalhos e tantas outras repercussões bastante significativas acerca de sua vida pública e comunitária.

Mas há um aprofundamento importante e decisivo nesse contexto: "Winnicott" funciona, também, um pouco como luvas, é "feito" por nós. Além disso, tanto "Winnicott" como "winnicottianos" são nomes dinâmicos no tempo e mesmo no espaço. Vimos como o próprio Winnicott trabalhou para erigir-se enquanto autor de forma a poder circular de uma determinada forma: fabricou-se de forma a encaixar-se, como uma luva, no debate de sua época de uma determinada maneira. As referências de Winnicott a Klein ou a Anna Freud não serão devidas apenas à sua necessidade ética de prestar contas "de quem roubou o quê": serão determinadas pela necessidade estratégica de fabricar a si mesmo, enquanto autor, de forma a promover uma determinada recepção, uma determinada atmosfera associada à sua imago e ao seu trabalho. E é essa plasticidade, modelada dessa forma, que prossegue ao longo da história da psicanálise, à medida que a imago "Winnicott" é modelada por outros tantos autores, interessados em citá-lo não porque "roubaram"

---

real enough. . . . Gloves are something else: we manufacture them. I know not which came first, the thought or the mitten, but they have evolved hand in hand. That the concept 'glove' fits gloves so well is no surprise; we made them that way. My claim about making up people is that in a few interesting respects multiples personalities (and much else) are more like gloves than like horses. The category and the people in it emerged hand in hand".

algo dele, mas porque convém citá-lo de forma a promover um certo texto, fabricar-se a si mesmo como se fabrica uma luva.

Parece-me evidente que a metáfora da luva não pode ser generalizada ou levada às últimas consequências – o que culminaria num relativismo inaceitável ou num nominalismo radical (e ingênuo) –, mas curvar-se à tendência a fazer vista grossa a esse aspecto por conta de seu incômodo e riscos seria algo pouco honesto intelectualmente e, no limite, muito pouco científico.

Acredito, como Hacking, que *em alguns aspectos* bastante interessantes a coisa se dê nesses termos – e isso significa que em alguns outros aspectos a coisa não se dá nesses termos; quero dizer, com isso, que acredito que em alguma medida autores citem ou deixem de citar por reconhecerem um impacto efetivo –, nem tudo são jogos de sombra e fumaça, e nem mesmo luvas podem ser fabricadas como se queira. No entanto, o fato de não sabermos onde uma coisa termina e a outra começa – onde se cita porque convém, onde se cita porque se deve – indica que o problema interessa, e deve poder ser abordado.

Esse tipo de debate (ainda que dificilmente se dê nesses termos) tem estado aquecido no meio psicanalítico que frequento (majoritariamente universitário e paulista) desde que passei a frequentá-lo; há "soldados" egressos das "divisas" mais claramente estabelecidas – lacanianos de procedências várias, winnicottianos idem, participantes de uma ou outra instituição de formação – e alguns "pós-grupos", que vão aos poucos configurando "escolas pós-escolas". O risco com esse estado de coisas do ponto de vista das práticas universitárias é que se consolida um mecanismo por meio do qual citar adequadamente *opera como se oferecesse lastro científico*, e isso obviamente não é verdadeiro: não é porque cito Winnicott como "se deve" do ponto de vista da escola hegemônica que meu trabalho é cientificamente procedente.

Uma vez mais, convém deixar claro: isso não é exclusividade do meio psicanalítico, e acontece mesmo nas publicações "baseadas em evidências" – esse é todo o ponto de Latour e Woolgar, ainda que na época a expressão "baseada em evidências" não estivesse tão em voga como está hoje. Meu ponto aqui, no entanto e muito mais restritivamente, é que no meio psicanalítico essa questão assume contornos peculiares: psicanalistas, como pessoas diagnosticadas com personalidade múltipla, interagem com o termo sob o qual são enquadrados – uma luva será o que é ainda que a chamemos de "elefante", ao passo que um psicanalista será afetado se em algum momento (num evento ou discussão de caso, por exemplo) for chamado de "lacaniano" ou "winnicottiano" (ou "psicologista", ou "desenvolvimentista"); além disso, diferentemente do que se passa com luvas, os psicanalistas articulam os nomes de autores e o "ismo" a que aderem com sua prática institucional, clínica e de pesquisa: luvas não "luvificam" os lugares por onde passam nem estabelecem movimentos ou associações, mas winnicottianos winnicottianizam seus pacientes, as universidades, os orientandos, os futuros analistas etc.

O processo de "winnicottianização" passa por uma série de lugares: há instituições, há professores, supervisores, analistas, há textos para ler, modos de ler "corretamente" esses textos, modos de se aproximar da clínica, de compreender os pacientes, de interagir com eles, de falar do que se faz na clínica – os "ismos" operam como dispositivos, como "nós" determinantes de processos ocorrendo ao redor do que eles regulam e dispõem. Esses dispositivos que são os "ismos" em psicanálise são capturados parcialmente pelas instituições que compõem o *habitat* psicanalítico, pelas universidades onde se ensina psicanálise, pelos psicanalistas notórios que falam em nome do movimento psicanalítico em suas zonas de influência, esses e tantos outros atores sociais se propõem a regular a psicanálise; o que acontece, no entanto, é que esses atores modulam a psicanálise como acontecimento social nesses lugares, não exatamente definindo o que ali acontecerá, mas sim conferindo particularidades ao modo como aquilo acontecerá naquele lugar.

Assim, o mais correto seria dizer que "winnicottianização" não é *um* processo, mas um modo de nomear uma multiplicidade de processos variados em função do recurso que eles fazem a um elemento específico: o nome de um autor e psicanalista falecido chamado Winnicott. As "winnicottianizações", no entanto, gerarão fenômenos muitas vezes incompatíveis entre si, de forma que os winnicottianos portam entre si diferenças notáveis em todos aspectos dignos de nota. Eu, por exemplo, posso ser chamado de winnicottiano (se for inevitável a quem quiser me entender usar algum "ismo", esse será provavelmente o menos impreciso), mas minha prática difere imensamente daquela de winnicottianos formados pela Sociedade Brasileira de Psicanálise Winnicottiana; o mesmo se passa entre lacanianos egressos de escolas distintas, ou entre um lacaniano egresso de uma (qualquer) escola e um lacaniano "pós-escola" que não esteja associado a nenhuma instituição lacaniana em específico. Agora, por fim, é necessário extrapolar essas ponderações para a "winnicottianização" (e variantes) de pacientes, de candidatos e de experiências clínicas. O cenário caótico que deriva desse panorama será objeto de nossa atenção nos capítulos subsequentes.

Parte II
Da história

Não saberia dizer nada a respeito de Aglaura além das coisas que os próprios habitantes da cidade sempre repetem: uma série de virtudes proverbiais, de defeitos igualmente proverbiais, algumas extravagâncias, algumas inflexíveis observâncias às regras. Antigos observadores – e não existe razão para crer que sejam inverídicos – atribuíram a Aglaura um constante sortimento de qualidades, comparando-as, claro, às de outras cidades da época. Pode ser que nem a Aglaura que se descreve nem a Aglaura que se vê tenham mudado muito desde então, mas o que era estranho tornou-se habitual, excêntrico o que se considerava a norma, e as virtudes e os defeitos perderam a excelência ou desdouro num ajuste de virtudes e defeitos distribuídos de maneira diferente. Deste modo, nada do que se diz a respeito de Aglaura é verdadeiro, contudo permite captar uma imagem sólida e compacta de cidade, enquanto os juízos esparsos de quem vive ali alcançam menor consistência. O resultado é o seguinte: a cidade que dizem possui grande parte do que é necessário para existir, enquanto a cidade que existe em seu lugar existe menos.

Ítalo Calvino, "As cidades invisíveis" (1990, p. 65)

3. A historiografia psicanalítica e as incidências políticas que a atravessam

História da psicanálise, história da clínica psi

Parto de um pressuposto crítico fundamental: Freud, apesar de ser tomado por muitos como um "excepcional", que funda a psicanálise a partir de experiências idiossincráticas e radicalmente distintas daquilo que se fazia à época, dialogava com colegas – médicos, filósofos e outros intelectuais –, e sua obra (ao menos até 1910) estava em franco debate com o que se fazia em seu tempo, contexto e meio. A psicanálise não é, portanto, um trabalho extemporâneo ou fundamentalmente estranho, não é fruto puro de um isolamento esplêndido do criador da psicanálise em relação a esses elementos (ainda que ele opte por afirmar sua autobiografia nesses termos).

Nesse sentido, se é verdade que um psicanalista interessado em história tem todo o direito e condição de manter seus estudos sob a rubrica e a especialidade "história da psicanálise", ele teria ainda assim de *não* tratar a história da psicanálise como se ela fosse *radicalmente* (ou seja, desde a raiz) distinta da história da psiquiatria e da psicologia, pelo simples motivo de que ela não é. Naturalizar a especialidade "psicanálise" como uma especialidade autônoma e isolada do ponto de vista histórico é hipostasiar uma especialidade disciplinar, produzindo uma independência e um isolamento que não procedem do ponto de vista histórico.[1] Isso não significa, obviamente, que o historiador da psicanálise teria de abdicar do objeto "história da psicanálise" em benefício de algum objeto mais abrangente – significa apenas que teria de respeitar a contextualidade de seu trabalho, apropriando-se de ou ao menos respeitando a existência de um ambiente intelectual e social que acolhe e inscreve seu objeto.

A ideia, por exemplo, de que a psicanálise rompe radicalmente com a psiquiatria assim que é formulada – adotada por muitos pesquisadores e teóricos – incorre nesse tipo de erro. Pensemos, de partida, no aspecto institucional: a primeira instituição psicanalítica formal nasce perto de 1910 (a IPV, de acordo com as iniciais do título da associação em alemão – Internationale Psychoanalytische Vereinigung –, posteriormente estabelecida e reconhecida como IPA – International Psychoanalytic Association), os periódicos exclusivamente psicanalíticos só começam a surgir em 1909 (com a inauguração da *Jahrbuch für psychoanalytische und psychopathologische Forschungen* – Anuário de Pesquisas Psicanalíticas e Psicopatológicas) e a primeira editora só surge em 1919 (a Internationale Psychoanalytische Verlag – Editora Psicanalítica Internacional –, ou, simplesmente, "Verlag"); até então os trabalhos de orientação psicanalítica circulavam entre editoras e periódicos médicos (às vezes psiquiátricos, às vezes não), em diálogo necessário e inevitável com as demais perspectivas, autores e tradições, e sem serem organizadas intencionalmente dentro de um campo ou

---

[1] Ainda que possa proceder, a partir de algum momento entre os anos 1960 e 1970, do ponto de vista sociológico e/ou institucional – a isso voltaremos adiante.

"bolha" próprios. É importante notar, a esse respeito, que as contribuições da "primeira geração" de psicanalistas ao pensamento psicanalítico conviviam com as publicações e pesquisas de outros profissionais e pesquisadores, que apesar de não se intitularem psicanalistas e não aderirem à "horda", estavam muitas vezes interessados no potencial clínico e científico das proposições avançadas e as incorporavam em sua agenda de trabalho.

Quando se sugere, então, que a psicanálise é um acontecimento "revolucionário" no sentido de que rompe com tudo que se praticava à época, promove-se nada mais nada menos que teleologia histórica. O que quero dizer com isso é que é mais plausível supor que a psicanálise rompeu com movimentos que tomaram outros rumos *ao longo* de seu desenvolvimento histórico, num processo que se desenvolveu progressivamente ao sabor da institucionalização do movimento psicanalítico (e não da psicanálise como "descoberta freudiana").

Isso não significa dizer, obviamente, que não há nada de revolucionário na psicanálise – quer dizer apenas que as diferenças que se estabeleceram entre a psicanálise e as perspectivas que dela divergiam foram se acentuando em virtude do desenvolvimento histórico dessas perspectivas em sua interação. Se tomarmos, por exemplo, o texto de Freud "Psicanálise e psiquiatria" (1917/1996h), veremos a caracterização de uma psiquiatria que não era, de modo algum, um fenômeno puro e monolítico em sua época. Pode-se dizer, em linhas gerais, que a psiquiatria a que Freud se refere seria mais bem representada pelo trabalho organizado sob a batuta de Kraepelin, em terras germanófonas, e por Magnan, em terras francófonas – perspectivas pouco inclinadas à busca por inovação clínico-terapêutica e mais preocupadas com a organização de quadros nosológicos confiáveis a reger um desenvolvimento vindouro de uma "psiquiatria positiva" (a expressão é minha). Essas perspectivas, no entanto, conviviam à época (como convivem, hoje, posturas derivadas ou ideologicamente associadas a estas) com outras perspectivas, inclusive com algumas francamente favoráveis à psicanálise. Isso significa, no contexto de nossa discussão, que a organização de "uma" psicanálise a dialogar (ou não) com "uma" psiquiatria é fruto em alguma medida de simplificação esquemática (no caso de Freud) e, *a posteriori*, de hipostasia histórica (no caso dos historiadores que repetem esse tipo de esquematização e a imputam retrospectivamente ao contexto). Situações semelhantes poderiam ser demonstradas em relação a outros campos de interlocução da psicanálise com a clínica e a cultura.

O ponto em pauta então seria que pode ter havido, sim, uma contribuição inovadora e altamente potente trazida pela psicanálise, mas nada indica que essa contribuição tenha chegado ao campo como uma "bomba", gerando rechaço e horror na comunidade estabelecida e atraindo a Freud a "horda" de insubmissos revolucionários que organizaria um campo psicanalítico a despeito (e a partir) da rejeição e não aceitação da comunidade. Não acredito que as coisas tenham ocorrido dessa maneira. Entendo, sim, que a psicanálise foi-se consolidando como especialidade inscrita em um movimento, e esse movimento foi-se conformando a uma narrativa de si pautada por uma ênfase em seu caráter inovador e isolado do contexto, e que é essa inscrição da psicanálise, no interior desse movimento, conformado a essa narrativa de si, que ajuda a compreender sua distância em relação a elementos que poderiam ser compreendidos como compondo seu meio.

Entendo que a criação da psicanálise foi um processo importante e decisivo na história da clínica psi, tendo trazido grandes contribuições para os avanços que se deram dali em diante; estaria inclusive de acordo com a proposição de uma dimensão revolucionária atrelada às proposições fundamentais da psicanálise em relação às práticas da época, se essa proposição fosse guarnecida de sua devida contextualização e fundamentação. Acho importante, no entanto, reconhecer que *havia* um contexto, que a psicanálise se inscreveu nesse contexto e que a honestidade intelectual deve pesar sobre a descrição do contexto tanto quanto deve pesar sobre a descrição da própria psicanálise. Isso importa, inclusive, porque evita colocações infelizmente comuns no trabalho acadêmico de orientação psicanalítica: colocações que entendem que a psicanálise é a primeira discursividade a valorizar o saber do louco, que a psicanálise é a primeira proposta terapêutica para a histeria e as neuroses etc.;[2] essas afirmações são falsas,[3] e é importante evitar que tenham condições favoráveis de proliferação porque elas prejudicam a seriedade do trabalho historiográfico em nosso campo.

Ao longo do século XIX e na entrada do século XX o que hoje chamamos de psicologia, psiquiatria e psicanálise não eram chamados por esses nomes da forma como o são hoje, e esses recortes ainda não estavam delimitados como os temos hoje; na França, por exemplo, o termo "alienista" era mais comum que o termo

---

2 Alguns exemplos desse tipo de posicionamento que me ocorrem podem ser encontrados em Figueira (coord., 1978), Bettelheim (1983), Mannoni (1971) e Bosseur (1976); meu ponto aqui, no entanto, não diz respeito àqueles que trabalharam para substanciar essas asserções, mas sim à dispersão desse tipo de posicionamento implícito quando se inscreve a psicanálise em um contexto histórico imaginário. Tratarei disso de maneira esparsa ao longo do livro, mas gostaria de deixar claro que não estou me referindo a uma determinada tradição ou perspectiva, mas a uma fantasia recorrente no discurso de psicanalistas quando inscrevem a psicanálise em um panorama histórico.

3 Alguns textos nos quais fica clara a existência de um trabalho clínico referido à saúde mental, à histeria e ao que os "loucos" têm a dizer podem ser encontrados em Berrios e Porter (2012), Grmek (1999), Goldstein (1987), Ellenberger (1970) e Cazeto (2001) – é bom apenas que se note que a existência de indicativos nesse sentido por parte desses autores não significa imediatamente que eles não se referem à "excepcionalidade intrínseca" da psicanálise de que trataremos com mais detalhe mais à frente, ainda nesta seção.

"psiquiatra", e não havia, obviamente, treinamento especializado por meio de residências (as especialidades médicas, em geral, surgiram ao longo do século XX). Charcot era um "internista" e um neurologista por especialização, mas estava tão qualificado para o debate acerca do alienismo quanto qualquer outro autor hoje tomado como precursor da "psiquiatria", ainda que não figure em nenhuma história da psiquiatria que eu conheça; Pinel, por sua vez, era tão versado em nosografia geral quanto o era em psiquiatria ("alienismo" – ele não se reconheceria sob a alcunha "psiquiatria", sem dúvida alguma, e era particularmente ligado a designações ligadas ao campo da "alienação" em função de sua preocupação com a função política de restauração da cidadania aos pacientes, em virtude de sua vinculação ideológica à Revolução Francesa). Complexidades e meandros semelhantes abundam igualmente em outras terras e tradições – em terras germânicas, por exemplo, as relações entre Wundt, Kraepelin e Freud são muitos mais complexas e entremeadas por muito mais atores e determinantes sociais e institucionais do que se costuma reconhecer; o mais comum, por sinal, é que nem se reconheça que esses três "pais fundadores" são contemporâneos e falam a mesma língua.[4]

Pode-se resumir o programa crítico que expus até aqui sob o seguinte esquema:

1. À época em que Freud trabalhava, as profissões ainda não se organizavam como hoje as vemos, as nações ainda não estavam organizadas como hoje, as interações institucionais no campo clínico e intelectual se davam sob características distintas daquelas que conhecemos, e isso impõe

---

[4] Freud e Kraepelin nascem no mesmo ano (1856), 36 anos após Wundt, que morre no mesmo ano que Kraepelin (1920), cerca de vinte anos antes de Freud.

trabalho e cautela àquele que faz recurso à história como lastro de seus ideários.

2. Esse trabalho e essa cautela não parecem tão comuns no meio psi, no qual as historiografias especializadas facilmente imputam aos pais fundadores eleitos o pendor fundador e a investidura de um programa inovador revolucionário, em geral desconsiderando ou caricaturizando os campos alheios ao seu.

3. Essa propensão à constituição retrospectiva de imagos heroicas imputadas às figuras dos heróis fundadores responde ao devir histórico das instituições e movimentos especializados e progressivamente isolados.[5]

4. A consolidação de imagos de autores canônicos condensa imaginariamente mecanismos em operação na consolidação institucional do movimento em causa (o psicanalítico, no caso), organizando o movimento institucional sob a sombra das imagos e ideais assim estruturados, de forma que a narrativa histórica deforma tanto "a época da fundação" como os tempos do narrador em vista de sua forma peculiar de compreender sua disciplina.

Além da interação da psicanálise com as demais clínicas psi, seria necessário, evidentemente, situar a clínica psi como um todo no contexto em que se estavam desenvolvendo. Já mencionei esse

---

5 Maior atenção será conferida neste trabalho à psicanálise, havendo a suspeita de que replicações de pesquisas inspiradas por essa grade intencional encontrariam situações semelhantes no campo da psiquiatria e da psicologia – um exemplo preliminar no campo da psiquiatria pode ser encontrado em Paim (1993) e um exemplo no campo da psicologia pode ser encontrado em Schultz e Schultz (2013); ambos apontam para a caricaturização, hipostasia histórica e deslizamento intencional e/ou acidental de marcos historiográficos em vista do delineamento de uma determinada narrativa.

ponto anteriormente, mas gostaria de trazer à baila dois exemplos que me parecem preliminarmente indicativos da pertinência de minha sugestão: por um lado, o desenvolvimento das profissionalidades perante o Estado e o debate acerca das especializações em medicina, mediados pelos mecanismos institucionais que a transmissão do saber conhecia à época, e, por outro, o desenvolvimento das nações e do imaginário nacionalista, enquanto fenômeno cultural, em estreita comunicação com as reorganizações no mapa do poder na Europa.[6]

O primeiro ponto significa que a psicanálise se desenvolve assim como, por exemplo, a pediatria ou a obstetrícia como especialidades, e isso certamente influencia no entendimento de sua trajetória; significa também que o "círculo" freudiano que tão decisivamente influenciou o devir do movimento psicanalítico não era um fenômeno anômalo à época, e se compôs da mesma forma como se compuseram "círculos" ao redor de Pinel, de Esquirol, de Charcot, de Kraepelin ou mesmo de um sociólogo *avant la lettre* como Weber (a respeito deste último, ver Löwy, 2014). É evidente que esses círculos tinham composições distintas e impactos distintos, em função das propensões, inserções e senso tático de seu organizador: assim, por exemplo, o círculo de Pinel teve muito menos penetração e impacto que o de Esquirol (seu herdeiro direto), em grande medida por conta do caráter mais introvertido do primeiro e do engajamento intenso do segundo (Goldstein, 1987). De forma semelhante, pode-se supor que as características da "liderança" de Freud darão traços bastante peculiares a seu "círculo", provavelmente o único a continuar de alguma forma operando

---

6 Para uma descrição pormenorizada da primeira questão remeto o leitor a Goldstein (1987), e para a segunda questão a Anderson (2008), em quem me baseio amplamente para a construção dos comentários que seguem.

ainda nos dias de hoje e após a morte de seu líder.[7] De qualquer forma, parece-me que manter em vista considerações como essa requalifica o debate acerca do movimento freudiano, porque permite compreendê-lo em aproximação e interlocução com seu tempo e meio.

O segundo ponto significa que a psicanálise nasce num momento em que a Europa era "redesenhada" sob a influência da constituição daquilo que Benedict Anderson denominou "comunidades imaginadas": redefinições afetivas e sociais dos modos de interação, reconhecimento e agrupamento dos povos heterogêneos habitando uma mesma região. Esse tipo de redefinição impacta de forma decisiva no entendimento dos territórios habitados, do ponto de vista de sua extensão e fronteiras, como impacta no entendimento de uma comunidade compartilhada pelos habitantes de uma dada "nação" (apenas então vislumbrada) e na própria imaginação de uma temporalidade ancestral a lastrear a comunhão daqueles que estavam naquele mesmo momento podendo se entender como compatriotas. Parece-me bastante plausível supor que esse "caldo cultural" tenha contribuído de forma mais ou menos decisiva para a configuração da "nação psicanalítica", tanto do ponto de vista de seu vínculo com a "alta cultura europeia", que era o lastro principal de legitimidade de todas as nações embrionárias, quanto do ponto de vista de sua participação no processo de desenvolvimento de seu "nacionalismo" de acordo com as tonalidades afetivas que davam os contornos das nações em desenvolvimento ali.

---

7 É bom notar que continuaram se formando "círculos" ao redor de líderes na cena intelectual e na política institucional universitária, e ainda hoje vemos esses círculos se constituírem – o ponto aqui não é que o fenômeno dos "círculos" é historicamente circunscrito, e sim que a existência do círculo de Freud não foi atípica, embora possa sê-lo a perpetuação de sua existência ao redor do totem (ou *imago*) de seu autor central.

O que estou sugerindo, em resumo, é que tomar em consideração elementos como esses que trago à baila a título de exemplo pode contribuir para a compreensão da constituição da psicanálise e, a partir daí, para a compreensão de suas características mais duradouras. Sugiro, também, que pensar nesses elementos não implica imediatamente "atacar" a psicanálise nem tentar diluí-la nesse contexto, como se contextualizá-la fosse menosprezá-la. Entendo, apesar disso, que talvez haja certa resistência no meio dos historiadores *psicanalíticos* da psicanálise em proceder a essa contextualização, por razões afetivas[8] tanto *gerais* quanto *específicas*. Penso nas razões afetivas gerais de acordo com o modelo oferecido por Hobsbawm:

> *Eu me lembro de ter visto em algum lugar um estudo sobre a civilização antiga das cidades do vale dos Indus com o título* Cinco mil anos de Paquistão. *O Paquistão nem mesmo era cogitado antes de 1932–3, quando o nome foi inventado por alguns militantes estudantis. Apenas se tornou uma demanda política séria a partir de 1940. Como Estado apenas existiu a partir de 1947 ... Mas, de certo modo, 5 mil anos de Paquistão soam melhor do que 46 anos de Paquistão (Hobsbawm, 2013, pp. 18-19).*

Transpondo as questões de longevidade da datação nacionalista ao campo mais amplo da autonomia, da peculiaridade, das idiossincrasias e caracteres comunitários de um povo, o ponto é que reconhecer a contextualidade e inserir um campo afetivamente

---

8 Recorro intencionalmente a essa aparente contradição: sabemos, em psicanálise, que as razões afetivas existem, de modo que a separação entre razão e afeto não nos parece incontornável.

carregado num quadro mais amplo implica um luto: luto da grandeza, da largueza e da profundidade imaginadas e atribuídas à pátria amada.

Quanto às razões afetivas específicas, acredito que a comunidade psicanalítica tenha se constituído enquanto "nação" fazendo-se amplamente dependente de seus mitos de fundação, de suas épicas e de seu folclore – por isso, desfazer-se destes em benefício de uma consideração contextual e ponderada de sua própria história e desenvolvimento envolve um luto mais difícil, atravancado e enquistado com frequência. Poucas vezes se recorreu a obras de tipo *Cinco mil anos de Psicanálise*, mas muitas vezes se recorreu a obras de tipo "Psicanálise, uma das três maiores feridas narcísicas da história da humanidade" – a começar pelo próprio Freud, que ocupa, portanto, a um só tempo o lugar de pai fundador e de menestrel da épica fundadora/fundamental. Essa característica da relação da comunidade psicanalítica com a sua história faz com que o mero fato de tomar conhecimento, de ler ou de estudar os elementos contextuais (o que se passava à época da criação da psicanálise para além da criação da psicanálise) e "interdisciplinares" (o que se sabia e fazia à época que a psicanálise se constituía) não baste para dirimir as questões a que me endereço aqui: é possível, e me parece recorrente, que um amplo arcabouço historiográfico seja mobilizado numa peça de história da psicanálise que, *ainda assim*, trata a psicanálise como fenômeno extemporâneo e revolucionário, ingressando na história a partir do umbigo de Freud.

Pois bem: a proposta das incursões que seguem é buscar um panorama crítico acerca das condições e dos determinantes para esse tipo de fenômeno recorrente na historiografia da psicanálise, enfatizando o que aqui chamei de razões afetivas específicas da comunidade psicanalítica com seus mitos de origem.

Cartas roubadas

A publicação da correspondência entre Henri Ellenberger e Ola Andersson no livro *Freud avant Freud*,[9] viabilizado por Elisabeth Roudinesco, tem no mínimo uma consequência digna de nota: congrega em um mesmo artefato três dos nomes mais importantes da historiografia psicanalítica. Todos os três são considerados elementos-chave em um mesmo processo, por sinal: a renovação da historiografia psicanalítica, livrando-a da tradição "oficialista" que teria imperado até pelos menos os anos 1960 no meio psicanalítico.

Os exemplos mais notáveis desse tipo de historiografia "oficial" que Andersson, Ellenberger e Roudinesco viriam a "superar" são os textos do próprio Freud (1914/1996e, 1925/1996n), a biografia de Freud escrita por Fritz Wittels (autor de *Freud, seu ensino e sua escola*, publicado simultaneamente em alemão e inglês em 1924), e a famosa biografia "oficial" de Freud, *A vida e a obra de Sigmund Freud*, escrita por Ernest Jones e publicada em três volumes lançados originalmente entre 1953 e 1957. A obra de Jones, acima de tudo, viria a ser considerada "canônica" no que diz respeito à história da psicanálise, intimamente associada à vida de seu fundador (projeto explicitado já no título *Freud, vida e obra* – a "obra" em pauta seria a psicanálise ela mesma).

Um motivo importante para que Jones conquistasse para si esse lugar de referência foi seu acesso direto a material pessoal e de arquivo relacionado à vida de Freud, bem como seu papel na consolidação do movimento psicanalítico – a guarda dos espólios de Freud esteve sob os cuidados de um grupo seleto, coordenado por Anna Freud e pelo próprio Jones, e só em 1951 (dois anos antes da publicação da biografia) passou a ser administrado de forma

---

9   Na tradução brasileira, *Freud precursor de Freud*, cf. Andersson, 2000.

profissional na Biblioteca de Washington, com a fundação dos famosos "Arquivos Freud". Infelizmente, a fama desses Arquivos deve-se acima de tudo ao fato de terem estado praticamente inacessíveis a pesquisadores que não tivessem ascendência pessoal ou institucional no contexto do alto comando da IPA à época.[10] Apesar de todo o cuidado que Jones possa ter tido em sua pesquisa sobre o material disponível (a ele e poucos outros),[11] isso não contorna o fato de que o caráter privado desse material nos torna dependentes de sua autoridade: as cartas, os manuscritos e os históricos clínicos que ele toma como fundamento de legitimidade para suas asserções estavam, em grande medida, guardados nos Arquivos Freud, e como o acesso ao material era um privilégio, a confiança em seu relato haveria de se pautar na autoridade e "notoriedade" de Jones.

O ponto aqui é que a tradição historiográfica psicanalítica dependia amplamente, naquela época, do "privilégio da presença", do relato testemunhal e do personalismo de relato e relatado, pautado pela proximidade do biógrafo em relação a Freud, que é o centro em torno do qual tudo gravita. Os psicanalistas interessados na história de sua disciplina recorriam em geral ao relato oferecido pelos membros de suas respectivas Sociedades e ao material consagrado – justamente esse de autoria dos que "estavam lá" e pautados pela épica do herói solitário.

Isso fez com que a história da psicanálise fosse acessada de forma bastante distinta daquela que caracteriza a historiografia

---

10 É importante notar, nesse ponto, que esse tipo de censura no acesso aos arquivos infelizmente ainda é fato comum nas entidades vinculadas à IPA.

11 É bom notar que ele efetivamente teve esse cuidado – ele teve, é fato, o privilégio do acesso, mas teve também o mérito de usar esse privilégio de forma minuciosa e potente, confeccionando uma peça biográfica meticulosa e abrangente (cujas maiores sombras residem no privilégio personalista patente no contexto dos arquivos e no contexto do "conflito de interesses" de Jones enquanto arconte, cf. Derrida, 2001).

de disciplinas clínicas, científicas e mesmo dos fenômenos culturais mais "disputados"; no caso da psicanálise recorria-se pouco a arquivos, a correspondências históricas, a cotejamentos pautados por recortes temáticos e temporais, havendo privilégio a narrativas de tipo "aventura", centradas em figuras heroicas (sobretudo Freud) e na narrativa dos desdobramentos de suas conquistas por meio de seus percalços.[12]

Essa situação só começaria a mudar nos anos 1960, em virtude do desenvolvimento de frentes de pesquisa independentes (universitárias) que visavam cotejar acima de tudo o desenvolvimento dos casos *princeps* da psiquiatria e da psicanálise – encontrando os nomes verdadeiros e, por meio deles, os históricos clínicos depositados em prontuários médicos e os paradeiros de familiares e conhecidos que pudessem oferecer depoimentos acerca de suas histórias de vida e dos desenlaces de tratamento. Esse tipo de pesquisa caminharia ao largo dos arquivos pessoais sob a guarda dos "Arquivos Freud", abrindo com isso o caminho para uma renovação do cenário ao "contornar" a guarda possessiva que tolhia o acesso a informações de arquivo que poderiam fundamentar um cotejamento crítico acerca dos relatos "heroicos" fornecidos por biógrafos personalistas como eram Wittels, Jones e o próprio Freud. Uma abordagem como essa incide de maneira particularmente detida sobre os períodos iniciais da criação da psicanálise – antes da consolidação de seu edifício institucional e da consolidação da "horda psicanalítica" (a partir da qual a história da psicanálise passaria a estar submetida ao esoterismo de sua comunidade e, por isso, dependente da conivência e cumplicidade de suas instituições para a consecução das pesquisas). Por conta disso, será recorrente entre

---

12 É importante notar, nesse ponto, que mesmo Peter Gay (1988) se enquadra no tom biografista e no condicionamento de suas análises dentro do gênero "épica de aventura" – ele é, afinal, um historiador da psicanálise *por ser* um estudioso de Freud.

esses pesquisadores uma ênfase nos trabalhos de Freud entre 1885 e 1900 – a *opus magnum* de Ola Andersson, por exemplo, subintitulada "Estudos sobre a pré-história da psicanálise", enfatiza o período entre 1886 e 1896, sendo esse tipo de recorte a regra em meio a essa tradição de pesquisas.

Será essa afinidade de campo de pesquisas que aproximará Ellenberger e Ola Andersson, por ocasião da "amizade epistolar" que mantiveram entre 1963 e 1976. As cartas foram publicadas por Roudinesco na França em 1997 e no Brasil, a partir do francês, em 2000, no livro *Freud precursor de Freud* (Andersson, 2000).

A história por trás do início da amizade epistolar é simples: Ellenberger toma conhecimento da publicação do livro *Estudos sobre a pré-história da psicanálise* por Andersson em 1962 e escreve a este em busca de um interlocutor com quem discutir as fontes, os fatos e os percursos de sua pesquisa. Isso porque, nesse período, Ellenberger estava engajado em suas próprias pesquisas acerca daquilo que Andersson chama de "pré-história da psicanálise", a serem usadas como fonte na composição de seu calhamaço *A descoberta do inconsciente* (que só viria a ser publicado em 1970).[13]

É importante notar, no entanto, que Ellenberger – diferentemente de Andersson – não chama seu campo de estudos de "pré-história da psicanálise", mas sim de "história da psiquiatria dinâmica". O que se pode depreender dessa diferença terminológica é que Andersson, ainda que pretendesse estudar de forma historiograficamente consistente o desenvolvimento inicial das pesquisas psicanalíticas, lançava mão ainda assim de um nexo temporal que toma a psicanálise como centro organizador. Assim, de forma semelhante à notação temporal que toma o nascimento de Cristo

---

13 A ausência de uma publicação brasileira do livro constitui, a meu ver, uma falta gravíssima no seio de nossa comunidade e das políticas editoriais que a guarnecem, falta que espero seja remediada o quanto antes.

como marco organizador, Andersson divide seu objeto em um período antes e um depois da psicanálise, e se dedica a estudar o período que ele mesmo intitula de "pré-história da psicanálise"; essa opção de Andersson provavelmente reflete sua proximidade e conformidade com o pensamento canônico da IPA de seu tempo – conformidade igualmente perceptível nos muitos momentos em que prega obediência e adequa-se aos parâmetros estabelecidos pela obra de Jones. Ellenberger, por sua vez, promove uma categoria peculiar (a psiquiatria dinâmica), que lhe parecia capaz de abranger um nexo histórico (e um conjunto de acontecimentos) mais largo, desnaturalizando assim os recortes e especificações empreendidas pela tradição historiográfica à qual ele se opõe. Assim, sua história da psiquiatria dinâmica visa deslocar a história da psicanálise, assim como visa deslocar a história da psiquiatria, abrindo espaço para um relato historiográfico sob uma lente renovada, contrastando e confrontando perspectivas consolidadas na tradição. O importante a se manter em vista aqui é que a suposta iconofilia de Andersson e a suposta iconoclastia de Ellenberger determinam a maneira como eles estabelecem seus marcos históricos, a periodização mesma de suas incursões, e com isso definem a inscrição que seus trabalhos poderão ter na comunidade.

Pois bem, é nesse contexto – e no contexto da solicitação de uma resenha de seu livro a Andersson – que, em uma carta de 23 de maio de 1969, Ellenberger escreve o seguinte:

> *O livro [The Discovery of the unconscious] está na gráfica e deverá ser lançado em setembro. É muito importante que uma ou duas resenhas apareçam após sua publicação. O senhor indaga-me se deveria escrever para os leitores americanos ou escandinavos, para psicólogos ou psiquiatras. Acho que o melhor seria*

> *dirigir-se aos americanos, mais precisamente aos psicanalistas americanos. O senhor sabe o quanto eles são sobranceiros no tocante à vida, personalidade e obra de Freud (e, às vezes, até ao seu mito). É preciso ressaltar que não sou "a favor" nem "contra", mas que escrevo com a imparcialidade do historiador que tem um conhecimento pessoal de seu assunto (eu fiz uma análise didática com Oskar Pfister, e conheci bem vários dos psicanalistas da velha escola). Eu ficaria frustrado se os leitores vissem meu livro tão-somente como obra de erudição, com um interesse só histórico. Espero estar fornecendo informações totalmente novas, e conferir ao assunto uma dimensão que só raramente ele teve até hoje (Ellenberger, in Andersson, 2000, p. 355).*

Há uma série de elementos importantes que Ellenberger mobiliza nessa passagem; o que eu gostaria de manter em destaque, acima de tudo, é o jogo promovido por Ellenberger entre o engajamento, a imparcialidade e a erudição no contexto do que quero chamar de "políticas da história".

Notemos, de partida, que Ellenberger está plenamente envolvido no trabalho de inscrição e favorecimento de uma recepção adequada à sua obra. Assim, longe do mito do intelectual distanciado, encontramos um autor preocupado em garantir que haja resenhas, que elas sensibilizem certo público e que elas trabalhem para induzir certo rumo à recepção de seu trabalho.

Ellenberger não é, de forma alguma, exceção nesse caso, visto que temos notícia desse tipo de trabalho e preocupação desde os primeiros tempos da imprensa e da indústria tipográfica – sabemos que Galileu, por exemplo, engajou-se ativamente para garantir que sua obra chegasse ao público desejado (Principe, 2011; Feyerabend, 2011), e tudo indica que parte do efeito "revolucionário" atribuído a Galileu é amplamente tributário da agilidade tipográfica e do recurso tecnológico à reprodução xilográfica de suas representações da superfície lunar (Feyerabend, 2011). No meio psiquiátrico, por sua vez, sabe-se da devoção fervorosa de Kraepelin à revisão sistemática e à precisão interna de suas edições de *Psiquiatria*.[14] Quanto à psicanálise, há também amplos sinais de preocupação político-editorial em meio a suas colunas, desde as hesitações e arroubos de Freud em relação a sua obra escrita (e.g. Gay, 1988; Strachey, 1996b) aos imbróglios envolvendo os espólios editoriais de Ferenczi e do próprio Freud (incluindo "curadorias" como a que Kahn assumiu em relação a Winnicott ou que Miller assumiu em relação a Lacan).

Tudo indica, na verdade, que a dimensão autoral *inclui* essa dimensão editorial e política, fazendo com que o que estou chamando de imago autoral canônica assuma independência relativamente às pessoas físicas que um dia portaram os nomes atribuídos aos cânones. Ou seja: o que chamamos de Winnicott se refere a um homem que um dia foi Winnicott, mas é também decisivamente determinado pelo trabalho de curadores editoriais, "buldogues" e panfletários, líderes de seitas autorais *post mortem* e tantos outros elementos (o mesmo vale, evidentemente, para outros autores canônicos).

Pois bem, retomando e resumindo: Ellenberger demonstra aqui preocupação em garantir que sua obra tenha o efeito autoral que ele espera imprimir a ela, operando como ele quer que ela

---

14 Kraepelin editou oito versões distintas desse livro, de calibre crescente, e a leitura comparativa dessas edições representa um histórico do movimento de seu pensamento e da "incorporação" da perspectiva conhecida posteriormente como kraepeliniana pelo próprio Kraepelin; a esse respeito cf. Berrios e Porter (2012).

opere para que ele assuma uma função autoral no campo compatível com suas convicções e pendores. Ele também dá indícios de saber com relativa clareza como quer que ela opere: ao que indica a passagem, ele quer que seu trabalho chegue à comunidade psicanalítica norte-americana, e que produza algum ruído lá ao confrontar-se com a postura "sobranceira" que ele entende reinar por lá. E é aqui, creio eu, que a carta assume sua dimensão mais interessante e complexa – onde o caráter confrontativo do trabalho autoral de Ellenberger se aproxima de seus oponentes, dialoga com a alteridade que ele supõe que seja imputada a si e interage com uma idealização contraditória que ele faz de si mesmo.

Dando nome aos bois aventados: seu campo de interlocução privilegiada seria a comunidade psicanalítica norte-americana, considerada por ele "sobranceira" a respeito da vida e da obra de Freud. Estaria supondo (ao que tudo indica) que lá encontraria leitores mais céticos ou indispostos em relação a sua obra, mais propensos a rejeitá-la. Entendia, por derivação, que ali sua obra poderia suscitar movimentos mais significativos, ao afastar essa comunidade de sua atitude sobranceira e abri-la a outra perspectiva (talvez mais ponderada e razoável, em seu próprio entendimento). Indica que sua obra poderia ser descartada ao ser taxada como obra de erudição, com interesse só histórico – risco que ele correria se fosse compreendido como alguém que escreve "de fora", se não fosse qualificado como um interlocutor digno de nota; é nesse ponto, enfim, que sua postura denota seu fundo emocional ambivalente, pois aqui Ellenberger parece claramente tentar compatibilizar a "imparcialidade" de um historiador que não é "nem a favor nem contra" a postura atribuída aos norte-americanos, a postura crítica de alguém que reconhece uma postura "sobranceira" a respeito de Freud e, finalmente, a postura engajada de alguém que fez análise didática com Pfister e conheceu pessoalmente vários analistas da "velha escola".

O que estou querendo apontar aqui é que a base do raciocínio de Ellenberger congrega elementos divergentes segundo os quais ele, a um só tempo, estaria "dentro" do campo (ele fez análise e conheceu a velha escola), seria "neutro" em relação ao campo (já que é imparcial) e "em oposição"[15] à postura "sobranceira" dos norte-americanos.[16] Como já vimos no contexto da inscrição de Winnicott na tradição e da inscrição de seu pendor criativo em meio à comunidade em que pleiteava reconhecimento, o fato é que esse tipo de "divergência" é basilar em qualquer trabalho crítico e/ou criativo – a grande questão será como o pleiteante a participação na história poderá estar "suficientemente inconsciente" (para recuperar a expressão de Agamben) para fazer agir, a despeito de si, aquilo que precisa que aja.

Nesse ponto, por sinal, a correspondência entre Ellenberger e Andersson é bastante elucidativa: afinal sabemos, de partida, que Andersson nunca pôde atender à solicitação de Ellenberger, pois não há resenha de *The discovery of the unconscious* por Andersson; sabemos, ademais, que Andersson ocupará um lugar marginal e secundário no contexto da historiografia psicanalítica por muito tempo, e só será "resgatado" por obra de Roudinesco, que compreendeu ser adequado republicar a obra de Andersson em francês e apresentá-la editorialmente de maneira adequada. Tudo indica que as razões para isso são relativamente simples: Andersson, apesar de

---

15 Ellenberger não diz querer se contrapor ao campo, e um leitor cético poderia supor que ele só quer que resenhas cheguem até aquele público por saber do seu ceticismo e querer garantir uma recepção "benevolente", sem nenhuma intenção tática. A esse respeito, tudo o que posso dizer é que tenho, de minha parte, um grande ceticismo quanto à "imparcialidade" de Ellenberger: parece-me claro que ele está "no jogo".

16 Convém notar, ainda que apenas de passagem, que é esse tipo de composição textual que denota aquilo que Harold Bloom denomina "angústia de influência" (Bloom, 2002) – teríamos aqui, então, um breve indicativo das angústias de influência em operação em Ellenberger.

não se adequar às políticas institucionais do "ramo" sueco da IPA, tampouco tinha penetração ou interesse estratégico em qualquer outra forma de inscrição, e tendia a se submeter ao "oficialismo" da corrente biografista de Jones, a despeito do caráter evidentemente inovador do material que publicava. Chama atenção nesse contexto, inclusive, o caráter autolimitante do "jogo de forças" que as tentativas de projeção autoral de Andersson permitia entrever: assim, por exemplo, vemos como ele decide publicar sua obra em inglês, para que seu trabalho se torne mais facilmente acessível – mas o faz em uma editora universitária sueca, e ainda uma de pequeno porte. Similarmente, Andersson levará doze anos para publicar seu artigo sobre "Frau Emmy von N", e mesmo então ele opta por não revelar sua identidade (apesar de sabê-la, e não ser constrangido legalmente por nada nem ninguém a manter esse segredo), e – uma vez mais – o faz numa revista sueca (e não, por exemplo, numa revista internacional, ou em alguma com projeção).

Essas pistas, somadas ao claro pendor submisso de Andersson em seu posicionamento metodológico e estratégico no próprio texto das obras em questão, permitem entrever que Andersson jamais poderia fornecer a Ellenberger a resenha que este último desejava – afinal, Ellenberger buscava apoio para uma ampliação do campo de pensamento interno ao movimento historiográfico psicanalítico, ao passo que Andersson (apesar de, aparentemente, também desejá-lo) não tinha condições de incorporar em seus gestos a dimensão afirmativa/agressiva necessária para tanto. Se quisermos levar essas considerações patográficas às últimas consequências, em benefício da clareza, poderemos resumir a situação nos seguintes termos: Ellenberger acreditou ter encontrado em Andersson um colaborador e potencial aliado na busca por uma renovação da grade referencial a pautar a historiografia psicanalítica, mas Andersson encontrava-se excessivamente constrangido por suas próprias angústias de influência, fazendo com que o encontro fosse, efetivamente, um (des)encontro de cada um com seu duplo (Andersson com seu duplo insubmisso, Ellenberger com seu parceiro ideal sempre adiado).[17]

Os menestréis da épica freudiana e o lugar da historiografia crítica

O leitor deve lembrar que Ellenberger termina a passagem citada da carta a Andersson afirmando que acredita trazer informações totalmente novas, que confeririam ao assunto uma dimensão que ele só raramente teria tido até então. Por outro lado, tendo em vista o contexto de sua colocação (a justificativa de sua avaliação acerca do público-alvo da resenha encomendada a Andersson), podemos entender que imparcialidade provavelmente não é o melhor termo para descrever sua postura. Da confluência desses dois determinantes podemos derivar que Ellenberger pôde se inscrever, e se inscrevia por sua própria conta, no contexto das "políticas da história".

É bom deixar claro, desde já, que o que chamo de "políticas da história" não constitui um privilégio da psicanálise, sendo moeda comum onde quer que haja disputa (ou seja, seguindo Foucault: em todo lugar). A história se disputa, e eventualmente se fabrica, como bem o diz Hobsbawm: "a história é a matéria-prima para as ideologias, tal como as papoulas são a matéria-prima para o vício da heroína. O passado é um elemento essencial, talvez *o* elemento essencial nessas ideologias" (Hobsbawm, 2013, p. 18). Desse ponto de vista, pode-se tratar dessas disputas e desses jogos sem que se

---

17 Curioso notar, nesse contexto, que a resenha estratégica ("cobertura", em termos bélicos) pedida por Ellenberger e não oferecida por Andersson encontra seu contraponto perfeito na resenha publicada por Ellenberger sem que Andersson tenha sequer sido consultado (Ellenberger, 1966).

esteja depreciando a cientificidade de alguém ou discutindo se se trata de "malandragem", "politicagem" ou o que seja.

A proposta de Ellenberger, então, inscreve-o em um campo de disputa; eu diria que ele percebe o campo historiográfico psicanalítico como saturado de determinantes, ao seu ver, inadequados, e sua proposta seria a de se engajar nesse campo em busca de aberturas que lhe parecem justas e adequadas (essa seria sua luta, seu lugar nessa guerra, seu trabalho nesse campo ideológico). Tudo indica, em termos gerais, que a proposta de Ellenberger era "movimentar" esse campo, deslocando o próprio centro de gravidade do debate para longe do "oficialismo" e em benefício de uma revalorização do arquivo e da interlocução da história da psicanálise com uma história que a transcenda e a englobe. Sua estratégia, nesse contexto, parte da percepção de que ele próprio seja alguém particularmente qualificado para o trabalho, pelo seu contato com a "velha geração", sua qualificação profissional como arquivista e historiador e sua disposição em direção à "isenção" (que podemos entender como sua disposição "contra" o jogo jogado até então e sua vontade de propor novas regras – como bem se sabe, neutralidade não existe).

Essa disposição "tática" dos determinantes subliminares à empreitada de Ellenberger ajuda a entender a possibilidade de que ele fosse entendido como "inimigo" – afinal, um historiador que contraria a história oficial, que questiona os "mitos de origem" da psicanálise e propõe uma versão alternativa em que Freud é menos fundador, menos originário e menos heroico corre sério risco de ser compreendido como um detrator da psicanálise. Seria mesmo difícil esperar outra reação dos tais "sobranceiros" representantes e portadores da oficialidade historiográfica (os psicanalistas norte-americanos, de acordo com a leitura estratégica de Ellenberger).

O que é notável, entretanto, é que esse tipo de leitura encontrou eco inclusive entre "historiadores eruditos" como Elisabeth Roudinesco – afinal, em seu livro "metodológico", *Genealogias* (1995), a autora situa Ellenberger *ao mesmo tempo* como fundador da historiografia erudita e como "abre-alas" do que ela chama de historiografia revisionista.[18] Roudinesco – é bom deixar claro – nutre grande e evidente admiração pelo trabalho pioneiro de Ellenberger, mas não deixa de apontar que em seu entendimento Ellenberger será ponto de sustentação e estímulo para os autores que ela chama de "revisionistas", interessados em desqualificar e descartar a psicanálise como erro, anomalia e aberração histórica.

Mais do que anedota ou picuinha disciplinar (entre historiadores da psicanálise), acredito que se trata de uma questão estratégica altamente instrutiva para entendermos os meandros do que estou chamando de "políticas da história". Afinal, entendo que não é em absoluto coincidência que Ellenberger tenha ocupado esse lugar ambíguo no mapeamento de Roudinesco (1995), mas sim uma consequência inevitável do curto-circuito por meio do qual a psicanálise habitualmente pensa historicamente a si mesma. Esse curto-circuito é facilmente discriminável na "grade tipológica" a partir da qual Roudinesco compreende o devir histórico da historiografia psicanalítica: segundo ela haveria três tipos de historiografia psicanalítica: 1. a "historiografia oficial", pautada pela reverência ao mestre, pelo personalismo e pelo privilégio de arquivo (que seria característica de uma "primeira onda" historiográfica da

---

18 Além disso, no verbete dedicado a Ola Andersson no *Dicionário de psicanálise* que Roudinesco publicou conjuntamente com Michel Plon, afirma-se que na época em que Andersson e Ellenberger começavam a se corresponder "Henri F. Ellenberger . . . começava a 'revisar' a historiografia oficial do freudismo na perspectiva da constituição de uma história erudita" (Roudinesco e Plon, 1998, p. 21) – a colocação de um "revisar" entre aspas, posto o estatuto desse verbo no pensamento de Roudinesco, parece elucidativo dessa ambivalência.

psicanálise, particularmente em Jones, e estaria basicamente entrando em desuso quando Roudinesco "ascende", nos anos 1980); 2. a "historiografia erudita", pautada pelo rigor analítico e pela adesão cuidadosa à metodologia historiográfica academicamente consagrada (inspirada nas revisões historiográficas propostas pelo grupo dos *Annales*, por Lucien Febvre e outros); e por fim, 3. a "historiografia revisionista", pautada pelo interesse em maldizer, criticar e destruir a psicanálise, tomando como aporte privilegiado a maledicência dirigida a Freud (fazendo em geral recurso a questionamentos moralistas, antissemitas etc.).

Meu ponto aqui, dizendo-o simplesmente, é que a tipologia de Roudinesco possui um lastro básico moral, parcial e político: ela situa a "boa" historiografia (a erudita, evidentemente) como aquela que defende a psicanálise tanto do legalismo personalista de Jones quanto da sanha antipsicanalítica de seus detratores – o que significa que ela tem uma pauta clara e submete sua tipologia a essa pauta. É claro que esse posicionamento de Roudinesco não é um problema, e pode mesmo ser uma qualidade (que ela seja uma "tenente" comandando uma frente de defesa da psicanálise), mas é um problema que ela construa suas categorias de forma a permitir reeditar, em nova chave, o personalismo legalista que ela critica em relação à "primeira geração" historiográfica; é um problema, claro, porque fará com que o campo continue contaminado por disputas pelo privilégio "sobranceiro" que faria sombra a qualquer empreitada historiográfica divergente, que estaria sempre sob risco de desqualificação como "revisionista". Em outras palavras, a desvantagem do posicionamento de Roudinesco é que ele reedita o personalismo biografista que pretendia superar, "maquiando-o" sob a concatenação estratégica e os procedimentos universitários da historiografia francesa de seu tempo.

Isso porque o fato mesmo de a pesquisa de Ellenberger lançar as raízes sociais, culturais, clínicas e históricas da psicanálise para além de si mesma teria permitido às "hordas revisionistas" acorrer em tentativas de dissolução, descrédito e diminuição da figura histórica de Freud e de sua obra. Na verdade, qualquer obra menos "internalista" reposiciona a empreitada heroica de Freud, que passa a ser associável ao contexto histórico, social e técnico em que ela se desenvolveu, e com isso as portas ficam abertas para leituras dispostas a "diluir" a psicanálise como fenômeno datado.

Alguns dos "fatos totalmente novos" que Ellenberger apresenta em sua obra parecem mesmo favorecer esse tipo de "dimensão totalmente nova" para a batalha pela história psicanalítica. A grande questão que levanto aqui é que Ellenberger talvez tivesse em mente a proposição de uma dimensão em que o jogo se desse de outra forma: um cenário onde talvez as articulações entre a história, o herói e o valor da disciplina para o contemporâneo pudessem ganhar distância relativa; e curiosamente Roudinesco, a despeito de si mesma, não parece propensa a se distanciar desse tipo de enquadramento. Então, apesar de ela mesma dizer: "trabalho contra a hagiografia – a história praticada pelos idólatras – e contra o revisionismo redutor, que cria demônios em contraposição aos anjos e deuses inventados pelos outros", por entender que "a história é o contrário disso tudo" (em entrevista publicada em Silva, 1998, p. 23), o que eu mesmo estou propondo aqui é que ela não deixa de reinscrever o jogo hagiográfico-revisionista em uma nova (meta) chave, distribuindo ainda anjos e demônios em uma cosmogonia renovada, uma espécie de mitologia 2.0.

É por conta desse enquadramento – e de seu "curto-circuito" – que Roudinesco, a despeito de seu respeito e admiração pelo trabalho de Ellenberger, não pode deixar de entendê-lo como "disparador" das hordas revisionistas; é pelo mesmo motivo, por sinal, que Roudinesco reiteradamente se encontra envolvida em jogos de acusações e disputas: ela encarnou e tipificou, a despeito de suas valorosas qualidades de historiadora, uma "nova onda oficialista".

A maior complicação na problemática de que estamos tratando é que ela compõe "camadas" que complicam umas às outras. Se esquematizarmos demais a questão, correremos o risco de resolvê-la por relativismo – afirmando, por exemplo, que Ellenberger é tão "político" quanto Roudinesco e Jones, e a diferença residiria unicamente no sucesso. No polo oposto da simplificação, correremos o risco de afirmar que Roudinesco está tão errada quanto Jones, e Ellenberger representaria a pureza historiográfica e a verdade, ou (variando sobre o mesmo tema) que Ellenberger está errado por ingenuidade política, e Roudinesco está correta por engenhosidade crítico-analítica.

Acredito, como deve estar claro, que as posições aventadas no parágrafo anterior não me contemplam ou agradam. A proposição que me parece mais adequada para avançar em meio a esse imbróglio seria: a vantagem de Ellenberger em relação a Roudinesco (em termos de seu valor analítico no contexto de uma abordagem crítica para a historiografia psicanalítica) estaria em sua reserva relativamente à grade transferencial intrainstitucional, ou seja, por sua liberdade relativa diante da disputa pelos espólios de Freud.

Explico-me. Estou longe de supor que Ellenberger dispõe da "imparcialidade" a que ele mesmo se refere em sua carta a Andersson (como já argumentei); ainda assim, acredito que sua postura é incompatível com qualquer tipo de pretensão ao posto de "legatário legítimo" do personalismo biografista – e isso a despeito de contar com o contato pessoal com a "velha escola", como ele refere na mesma passagem da carta citada. No que diz respeito a Roudinesco, acredito no oposto simétrico: a despeito de não ter tido contato com a "velha escola" e de repetidamente reiterar sua oposição à hagiografia e ao revisionismo, ela parece propensa à função de "legatária legítima", na medida mesmo em que pretende regular "o que pode e o que não pode" e de, ainda que sem recurso ao personalismo, trabalhar para erigir-se em arconte.[19] Diria, em resumo (e forçando um pouco as aproximações), que Roudinesco propõe sua própria versão, no domínio da historiografia, do "retorno a Freud" que Lacan propalou à sua maneira no contexto da "transmissão" psicanalítica.

A "divisa metodológica" de Ellenberger

O apontamento de Roudinesco a respeito de Ellenberger faz referência ao clássico *Discovery of the unconscious*, publicado em 1970; é bom notar, no entanto, que Ellenberger produziu uma série de outras contribuições para a historiografia da psicanálise e da psiquiatria dinâmica de modo geral, tanto antes como depois da publicação do livro. Acredito, inclusive, que recorrendo a um desses artigos – "A conferência de Freud sobre a histeria masculina" (Ellenberger, 1995) – encontraremos elementos interessantes para encaminhar essa discussão. Afinal, ele propõe esse texto como caso exemplar de uma proposta mais ampla de aplicação de uma metodologia histórica crítica à história da psiquiatria e da psicanálise (p. 207), proposta que abrangeria inclusive seu livro de 1970 (iluminando, dessa forma, o campo abrangido pelo apontamento crítico de Roudinesco).

Como bem indica o título, o objeto do texto é a conferência proferida por Freud em 1886 perante a Sociedade Vienense de Médicos, cujo tema era a histeria masculina. A ocasião era o relato

---
19 Para uma definição e uma discussão acerca dos "arcontes", seguida de uma problematização acerca do estatuto do arquivo na historiografia psicanalítica, refiro o leitor a *Mal de arquivo*, de Derrida (2001).

por Freud acerca de suas experiências junto a Charcot em Paris (com quem ele estudou entre outubro de 1885 e fevereiro de 1886) – era praxe então que os agraciados por bolsas universitárias de pesquisa no exterior apresentassem um *paper* inspirado em seus aprendizados nessa Sociedade quando de seu regresso. Acontece que a conferência acabou notabilizada para a história da psicanálise, não tanto por seu conteúdo, mas por ser considerada o grande exemplo do ceticismo e da hostilidade da comunidade médica da época (e do *status quo* em geral) perante os achados fundamentais da psicanálise; tanto Freud como Jones relatam o escárnio e o ceticismo com que a nata da comunidade médica vienense recebeu as proposições freudianas naquela data, dando início ao famoso período de "isolamento esplêndido" que acompanharia o criador e a criação da psicanálise nesses anos decisivos. Acompanhemos o relato de Freud em seu "estudo autobiográfico":

> *Cabia-me apresentar um relatório perante a "Gesellschaft der Ärzte" sobre o que vira e aprendera com Charcot. Tive, porém, má recepção. Pessoas de autoridade, como o presidente Bamberger, um internista, declararam que o que eu disse era inacreditável. Meynert desafiou-me a encontrar alguns casos em Viena semelhantes àqueles que eu descrevera e apresentá-los perante a sociedade. Tentei fazê-lo; mas os médicos mais antigos, em cujos departamentos encontrei casos dessa natureza, recusaram-se a permitir-me observá-los ou examiná-los. Um deles, velho cirurgião, na realidade irrompeu com a exclamação: "Mas, meu senhor, como pode dizer tal tolice? Hysteron (sic!) significa o útero. Assim, como pode um homem ser histérico?". Objetei em vão que o que desejava não era ter meu diagnósti-*

> *co aprovado, mas ter o caso posto à minha disposição. Por fim, fora do hospital, deparei-me com um caso de hemianestesia histérica clássica em um homem, e demonstrei-o perante a "Gesellschaft der Ärzte". Dessa vez fui aplaudido, mas não adquiriram mais interesse por mim. A impressão de que as altas autoridades haviam rejeitado minhas inovações permaneceu inabalável; e, com a histeria masculina e a produção de paralisias histéricas por sugestão, vi-me forçado a ingressar na Oposição (Freud, 1925/1996n, pp. 22-23).[20]*

O relato de Freud é mantido na biografia clássica de Jones, ao menos em termos da tonalidade afetiva colorindo a narrativa, e é repetido em uma série de outros lugares, inclusive na passagem do famoso filme *Freud além da alma* (Huston, 1962) que retrata o episódio.[21] Para além desses exemplos mais clássicos, tornou-se lugar-comum na narrativa psicanalítica exaltar a coragem de Freud em trabalhar a despeito da humilhação, da hostilidade e do opróbio que lhe teriam sido impostos em função da recusa da comunidade da época em aceitar as verdades inconvenientes que Freud portava consigo.[22]

---

20 Cotejando a tradução utilizada com a edição original do texto disponível on-line, promovi algumas alterações buscando maior clareza.

21 No filme, curiosamente, a tonalidade e o efeito narrativo se mantêm, mas os acontecimentos em si parecem muito mais próximos daquilo que a documentação disponível nos permite supor – como se o filme oferecesse um relato mais próximo ao acontecido do que o próprio Freud pôde dar. Ainda assim, o efeito narrativo e retórico é o mesmo induzido pelos relatos de Jones (1989) e de Freud (1925/1996n).

22 Uma passagem bastante citada de *História do movimento psicanalítico*, por exemplo, reza que "há muito já reconheci que provocar oposição e despertar rancor é o destino inevitável da psicanálise" (Freud, 1914/1996e, p. 19). Notaria, de passagem, que em 1886 não se falava ainda de psicanálise, mesmo que

Pois bem, a proposta de Ellenberger no texto que nos interessa é aplicar seu "método crítico" em relação à conferência de 1886, com o propósito deliberado de investigar a procedência e a razoabilidade dessa narrativa no que diz respeito ao papel que a conferência desempenha em ratificá-la e exemplificá-la. Tal "método crítico" é, de fato, bastante simples em seus contornos gerais, consistindo em quatro regras básicas: "1. pôr 'entre parênteses' toda ideia preconcebida e todo julgamento de valor; 2. verificar tudo; 3. recolocar todos os acontecimentos em seu contexto histórico, social e psicológico; 4. separar clara e distintamente a exposição objetiva dos fatos e sua interpretação" (Ellenberger, 1995, p. 207).

É fácil perceber certo pendor positivista por trás da "divisa metodológica" de Ellenberger, assim como é fácil questioná-la em sua procedência: afinal, sabe-se (em geral) que é impossível pôr ideias preconcebidas e julgamentos de valor "entre parênteses" completamente (porque temos de investir afetivamente nosso tema, e esse investimento porta as marcas de nosso ímpeto em direção a ele, e isso já torna a neutralidade impossível), é impossível verificar tudo (o que é, afinal, "tudo?"), é impossível recolocar todos os acontecimentos em seu contexto (se os colocarmos de volta, estaremos distantes deles e não mais poderemos acessá-los, e se os trouxermos a nós eles não estarão mais "lá", de forma que estudar o passado é tirá-lo de seu lugar), e é, portanto, impossível separar clara e distintamente a exposição dos fatos de sua interpretação. Em resumo, retomando os *science studies*, acredito que a "divisa metodológica" de Ellenberger seja excessivamente confiante em sua confiança positivista. Acontece que a constatação de que a implementação plena dessa metodologia é impossível não significa que ela deve

---

de forma embrionária – ainda assim, dada a articulação mítica da trajetória do herói até a criação da disciplina, esse tipo de deslocamento cronológico parece pouco problemático (tanto no contexto dos menestréis da época quanto no contexto de seu questionamento sistemático).

ser abandonada em benefício de um relativismo completo e desabrido. Isso significa que nosso ceticismo quanto à "suficiência" do método não deve decantar imediatamente em um abandono de sua pertinência, e devemos poder reconhecer que a inscrição de uma proposta investigativa como essa pode proporcionar novos modos de acessar o campo historiográfico e recolocar a disposição estratégica dos elementos e dos discursos em operação.

O que quero dizer com isso é simplesmente que não acredito que Ellenberger consiga em algum momento ter sucesso em sua metodologia, no sentido de conseguir um relato sem preconceitos e julgamentos, plenamente verificado, portando um relato objetivo isento de interpretações; em resumo, *um relato que seja uma recolocação da cena relatada em seu lugar e contexto* – não acho que ele consiga isso em momento algum. Acredito, no entanto, que seu movimento de pesquisa imbuído por essa divisa metodológica permitiu ressituar o debate historiográfico e reabrir problemáticas que haviam sido encerradas de forma precipitada e, para dizê-lo em uma palavra, ideológica.

Esse ponto fica mais claro se lembrarmos que o mal-estar envolvendo o manuseio dos Arquivos Freud (inacessíveis ao público em geral e dificilmente permitindo acesso aos *outsiders*) e a busca por maior clareza na compreensão dos elementos em jogo na constituição da psicanálise só se apresentou de maneira mais sólida dos anos 1960 em diante, e é altamente provável que Ellenberger tenha tido um papel tão relevante para isso quanto Foucault (que é festejado por seu papel nesse sentido, em função da valorização do arquivo em sua obra). Na verdade, é importante notar que o trabalho de Ellenberger, por suas características intrínsecas, o manteve muito mais próximo dos imbróglios internos à institucionalidade e ao movimento psicanalítico do que Foucault, que em geral contava com os arquivos "menores" e com o que depois chamaria de "memória dos homens infames" como aporte básico para sua empreitada. Isso significa, basicamente, que o método de Ellenberger traz maior possibilidade de incomodar os arcontes e ideólogos da psicanálise do que o de Foucault, ao menos de um ponto de vista estritamente historiográfico.

E isso ajuda, por sua vez, a entender Roudinesco. Formada sob influência direta dos debates historiográficos de sua época e da política e retórica de Foucault, Lacan e companhia, Roudinesco parece situar-se em um ponto de convergência entre esses impactos – e parece efetivamente "compor" uma metodologia de inspiração mais *à la* Ellenberger com uma movimentação retórica e institucional mais *à la* Foucault. E acredito que seja esse tipo de composição que permita compreender sua asserção de que Ellenberger teria sido (junto com Foucault) fundador da historiografia erudita (que ela exalta), ao mesmo tempo que teria sido pai fundador da historiografia revisionista (que ela execra).

Lembremos, por um instante, a "tipologia historiográfica" proposta por Roudinesco, que separa as obras desse tipo entre "oficiais", "revisionistas" e "eruditas": parece-me que, apesar de seu questionável valor heurístico, ela de alguma forma ajuda, ainda que a contrapelo, a entender os impasses que me parecem grassar nos debates atravessados pela historiografia. Afinal, na tipologia de Roudinesco vemos duas categorias analíticas determinadas por um julgamento de valor e apenas uma determinada por um julgamento técnico – as oficiais são coladas demais, as revisionistas são distantes demais da psicanálise, essa é sua característica principal; supõe-se, então, que as historiografias eruditas seriam aquelas que julgariam as demais e estabeleceriam que as demais são o que são dentro da tipologia (é evidente, por sinal, que Roudinesco entende seu próprio trabalho como representante da historiografia erudita).

Por conta disso, entendo que aportes historiográficos como o de Roudinesco, por mais bem informados e robustos que sejam, mantêm-se dentro de um quadro compreensivo que me parece reducionista na tentativa de compreender o devir da psicanálise do ponto de vista da compreensão de seu lugar social, na medida em que se mantém sob a lógica de que Freud é o umbigo autogerado a partir de onde a psicanálise *se fa da se* (se faz por si mesma). O trabalho de Roudinesco romperia com a narrativa oficialista, rompendo com acordos tácitos e buscando maior abertura à composição de um relato fidedigno do desenvolvimento histórico da disciplina, mas manteria como precondição que a psicanálise continuasse sendo compreendida como "terceira ferida narcísica da humanidade", engendrada epicamente a partir do isolamento esplêndido de Freud. E, nessa medida, Roudinesco rompe também com as narrativas revisionistas, que buscariam reduzir o valor da psicanálise associando-a a contextos sociais que ajudassem a compreendê-la de forma circunstanciada e crítica, na medida em que essas iniciativas se colocariam contra o movimento, a coisa e a causa psicanalíticas. Daí o lugar ambíguo de Ellenberger: diferentemente de Foucault, que sempre manteve a psicanálise em um lugar especial na história da humanidade/Europa, Ellenberger buscou "pôr entre parênteses" julgamentos de valor e preconcepções, buscou verificar tudo e contextualizar os eventos, e abriu com isso as porteiras para a horda revisionista – mas esteve próximo à metodologia historiográfica "de ponta" de uma forma que o aproxima do movimento "erudito".

Tenho claro que Roudinesco faz bem ao manter-se atenta ao uso político e valorativo que é feito do tesouro historiográfico disponível, e reconheço a pletora de publicações "revisionistas" de pendor quase exclusivamente destrutivo e demeritório em direção à psicanálise,[23] assim como reconheço que há de ter sido justamente esse tipo de percepção que teria levado os arcontes dos arquivos Freud a mantê-los secretos. E é aqui que acredito que as considerações metodológicas de Ellenberger podem nos servir: porque julgo ser possível conduzir as pesquisas de forma robusta e comprometida, evitando as soluções de compromisso e os julgamentos de valor, sem que isso signifique uma capitulação em relação aos aspectos sociais e políticos da produção de conhecimento. Tudo o que se faz necessário, nesse ponto, é a coragem de enfrentar as consequências e desdobramentos do devir histórico da disciplina ou evento com que nos ocupamos, lutando por sua legitimidade a despeito dos desafios que sua história porta ou, melhor, em função dos desafios que sua história porta.

Um exemplo estranho à historiografia psicanalítica pode ajudar a delinear melhor as questões em jogo aqui: trata-se das chamadas "*science wars*" deflagradas ao redor dos chamados "*science studies*". As pesquisas e publicações alinhadas aos "*science studies*" (sociologia da ciência, antropologia da ciência e demais contextualizações que põem sob suspeita a neutralidade extemporânea da ciência) deflagraram uma série de reações raivosas por defensores do positivismo e/ou da neutralidade científicos, e essa polêmica rondou o campo por alguns anos. Pois bem, o ponto interessante aqui é que, num *plot twist* pouco surpreendente, os achados dos "*science studies*" começaram a aparecer em meio à argumentação de políticos e politiqueiros interessados em questionar a legitimidade científica nos debates envolvendo, por exemplo, o aquecimento global, a

---

23 Thomas Köhler publicou em 2016 um curioso livro intitulado *Freud-bashing*, que mapeia e discute o que ele chama de "literatura anti-Freud"; o fato é que se instaurou uma tradição que se dedica a desqualificar e ridicularizar Freud e seus achados – talvez haja um dia nas livrarias uma prateleira dedicada ao gênero "anti-Freudismo". Apesar de estar ciente desse ataque, de sua insistência e intensidade, estou propondo aqui uma abordagem distinta para enfrentá-lo.

evolução segundo Darwin e a esfericidade da Terra. Em resposta a isso, assistiu-se a uma virada nos estudos de Bruno Latour, um dos grandes nomes dos *"science studies"*, que passou a se ocupar explicitamente com esse franqueamento desses estudos pelos arautos da pós-verdade e do relativismo cínico. Nesse contexto, Latour tem estado, nos últimos anos, ocupado em demonstrar como os *"science studies"* são importantes e necessários, mas eles não significam que a ciência não tem valor ou tem tanto valor quanto qualquer outro discurso.[24] O ponto crucial, evidentemente, é conservar a ciência como um ponto de debate central, que deve ser mantido em seu lugar de destaque, mas deve poder ser estudado de forma isenta e sem mistificações. Ou seja: nem tudo o que é dito em nome da ciência emana da verdade-em-si, e é importante poder estudar como os cientistas formulam suas asserções; mas isso não pode significar uma pendulação direta para o extremo oposto, como se a ciência devesse ser deixada de lado por não ser isenta, como se isso significasse que afirmações podem ser feitas tanto com base em pesquisas como o contrário, porque tanto faz.

Espero que o paralelo com o campo da historiografia psicanalítica esteja claro: parece-me improcedente defender a "neutralidade" ou o "positivismo" de qualquer material historiográfico, mesmo que isso implique "abrir o jogo" no corpo a corpo com os (não poucos) atores sociais interessados em desprestigiar a psicanálise. O acesso aos arquivos, e a possibilidade de que se empreendam estudos críticos, é crucial para o desenvolvimento do campo, mas é obviamente necessário evitar que a história do saber seja cooptada por detratores a partir das descobertas menos "glamourosas" da história desse mesmo saber. Assim, voltando de vez à psicanálise, acredito que o valor de posturas como a de Ellenberger seja o de

---

24 Um dos livros mais recentes de Latour, *Cogitamus* (2016), é praticamente dedicado a essa questão. Ele concedeu também uma entrevista à revista *Science* (Latour, 2017) na qual trata da questão.

não distorcer a psicanálise para protegê-la, justamente por acreditarem que o melhor caminho seja compreendê-la mais profundamente para que seja possível representá-la de forma mais justa (o que nos permitirá, *então*, defendê-la, mas não de si mesma e sim de quem lhe tente fazer frente). Não há, no entanto, separação temporal entre o "momento" da pesquisa e o "momento" da luta política: não se faz "primeiro" a pesquisa neutra e isenta para "só depois" dedicar-se ao verniz justificatório e às batalhas por legitimidade; mais efetiva, em meu entendimento, é a disposição comprometida com a pesquisa, movida por um respeito ao objeto/disciplina, em função e em nome do qual não se propõem ou toleram revisionismos, negacionismos e distorções – sejam eles em benefício ou em prejuízo do objeto/disciplina em causa. Em resumo: é o amor ao objeto/disciplina que move a divisa metodológica, mesmo ante a impossibilidade de sua efetivação plena, a despeito do matiz favorável ou desfavorável que inicialmente se depreenda da narrativa derivada, por conta da necessidade de um aporte eticamente sólido ao campo, em virtude do qual se poderá pautar a luta que o tempo todo se esteve fazendo.

4. Retrato de Freud quando jovem

Ellenberger e a lenda fundadora de 1886

O texto de Ellenberger "A conferência de Freud sobre a histeria masculina" (Ellenberger, 1995), além de apresentar a "divisa metodológica" que discutimos no capítulo anterior, dedica-se (previsivelmente) a uma análise acerca da conferência a que refere seu título. Nesta, a partir dos relatos publicados em periódicos da época,[1] Ellenberger busca compreender o desenrolar dos acontecimentos naquela sessão da "Comunidade vienense de médicos" e precisar, a partir daí, a justeza ou não das asserções de Freud acerca deles. Em resumo, sua leitura é de que o relato de Freud não se sustenta: as críticas que recebeu não tiveram tom de escárnio,

---

1 Não há notícia de uma versão escrita da comunicação do próprio Freud, de forma que qualquer acesso aos eventos deve depender das atas da própria Sociedade e das publicações em periódicos técnicos ou de divulgação científica. Em um trabalho admirável de Caio Padovan com que tive a honra de poder contribuir (Padovan e Franco, 2018), as condições técnicas para o acesso aos arquivos referentes à comunicação são tratadas com mais detalhe – remeto o leitor interessado no assunto ao texto de Ellenberger (1995) e a esse.

não denotavam rancor ou incompreensão, não parecem ter sido mais críticas do que o usual naquele espaço, e algumas considerações foram motivadas por determinantes circunstanciais do debate científico ligado ao tema à época, o que parece ter passado despercebido a Freud, que compreendeu serem pessoais colocações de ordem técnica, científica e política.

Mais que isso: as atas e publicações indicam que não houve oposição unânime a nenhum dos pontos centrais do trabalho de Freud: nem à histeria, nem à histeria masculina, nem à hipnose. Apontamentos críticos foram feitos efetivamente à asserção por Freud de que não havia estudos dedicados ao assunto – questionamento aparentemente procedente, considerando o simples fato de que havia, sim, estudos (Leidesdorf, um dos membros da banca, fora supervisor de Freud em uma instituição que recorria à hipnose para tratamento de distúrbios mentais, por exemplo, e Rosenthal, outro membro da banca, se refere aos trabalhos pioneiros de Briquet a respeito do tema, indicando uma vez mais que nem Freud nem Charcot haviam "descoberto" o campo).

Outros apontamentos críticos se deviam ao andamento do debate científico acerca do tema à época, sem ser necessariamente pessoais ou destrutivos. O mesmo Leidesdorf, por exemplo, teria dito que os acidentes ocorridos em estradas de ferro não poderiam ser confundidos de maneira alguma com histeria.[2] Tudo indica,

---

2 As estradas de ferro, à época, estavam sendo incorporadas à vida cotidiana da Europa, e ainda havia muita incerteza quanto a seus riscos e às consequências do uso repetido e dos solavancos e pequenos acidentes que, à época, eram comuns. O quadro intitulado "*railway spine*" é indicativo da associação de lesões neurológicas ao acúmulo de traumas devidos a esses solavancos, e havia uma indicação por parte de Charcot – endossada por Freud em sua conferência – de que pacientes apresentando dano neurológico decorrente de acidentes ferroviários estavam, na verdade, manifestando uma patologia histérica. Assim, o embate acerca da histeria masculina articula-se a outro debate, e Freud parece

porém, que isso não se deva à oposição dele ao quadro *per se*, e sim ao fato de que o diagnóstico de histeria poderia prejudicar o acesso desses acidentados ao seguro e ao tratamento adequado, uma vez que a empresa ferroviária seria provavelmente desresponsabilizada pelo acidente; assim, a hipótese diagnóstica levantada por Freud implicaria muito mais que uma "requalificação" da histeria ou demonstração de sua empiria clínica e legitimidade enquanto quadro. Por esse exemplo podemos ver claramente que havia um contexto e um debate em andamento, e as posturas de Freud em alguns pontos não eram tão revolucionárias quanto imprudentes em relação à complexidade do cenário social, acadêmico e político por trás das circunstâncias.

Ellenberger procede no texto em causa a um mapeamento mais sistemático e profundo do que esse – trago aqui apenas exemplos ilustrativos da dimensão e caráter das questões tratadas. Ele chega enfim a um "esquema" comparando a composição do "mito" acerca da conferência aos "fatos" que teria podido coligir a partir de sua incursão aos arquivos:

> *Os fatos: 1. Charcot era bem conhecido pelos neurologistas de Viena, mas eles não aceitavam suas teorias sobre a histeria traumática; 2. O ponto central da discussão foi a assimilação por Charcot entre a "railway spine" e a histeria masculina; 3. O presidente da Sociedade apontou a Freud que sua comunicação não portava nenhuma novidade (a contrário da tradição estabelecida para as comunicações à Sociedade); 4. A atitude tradicional da Sociedade era a de uma frieza polida associada a uma crítica implacável; 5. Pouco após a*

---

ter perdido esse elemento de vista no contexto de sua defesa apaixonada da validade das teses de Charcot perante a "Sociedade".

> *sessão, Freud anunciará sua candidatura de adesão à Sociedade, aceita em 1887. Ele seguirá sendo membro da Sociedade até sua partida de Viena em 1938.*
>
> *A lenda: 1. Os "padres" eram tão ignorantes que não haviam jamais sequer ouvido falar acerca das descobertas recentes de Charcot; 2. O ponto central da sessão seria saber se a histeria masculina existia ou não; 3. A conferência de Freud chocou os membros da Sociedade pela novidade das ideias tratadas, de forma que eles se recusaram a ouvi-la; 4. A atitude fria e crítica de seus contendores era uma manifestação de hostilidade pessoal contra Freud; 5. Irritado pelo acolhimento hostil, Freud se retirou da Sociedade, não assistiu mais às sessões e rompeu toda relação com o meio médico vienense (Ellenberger, 1995, p. 223).*

Fica claro a partir da passagem citada que Ellenberger se opõe à maneira como o relato dos fatos foi se conformando internamente à tradição psicanalítica, assumindo caracteres próximos à "lenda" ou "mito" e se afastando dos "fatos". Os "fatos" teriam sido "descobertos" por Ellenberger estudando o estado da arte da neurologia vienense, as atas e publicações acerca da sessão, um entendimento acerca da tradição e do histórico da Sociedade Vienense de Médicos e do recurso ao material de arquivo disponível acerca do desenvolvimento das relações entre Freud e a Sociedade. A partir desse tipo de cotejamento, ele pôde verificar a distância entre o relato do próprio Freud, de Jones, de Wittels e tantos outros em relação aos materiais que encontrou em sua pesquisa.[3]

---

3 O livro escolhido por Ellenberger para exemplificar a incorporação das "lendas" ao relato é *Sigmund Freud*, de Rachel Baker, publicado nos Estados

A questão – não me demorarei sobre isso – não é se o que Ellenberger "descobriu" é a verdade última ou não, mas o apontamento de que a historiografia psicanalítica abdicou em algum momento de sua história do cotejamento com os elementos constitutivos do meio em que se desenvolveu, e esse processo parece ser amplamente dependente do "centramento em Freud" e do aprofundamento das anomalias genealógicas próprias ao mecanismo da "árvore de família" – uma estranha árvore para uma estranha família, certamente.

Isso significa que não é "apenas" Jones, como não é "apenas" Roudinesco que sustentam a épica revolucionária como lastro básico para a abordagem acerca da história da psicanálise e de seu lugar social. Como já dito, essa perspectiva estaria em jogo nos textos "históricos" do próprio Freud – a *História do movimento psicanalítico* de 1914 "retornando" ao homem Freud o lugar de centro único e necessário de difusão da psicanálise, o "Um estudo autobiográfico" de 1924 reforçando a história segundo a qual a psicanálise teria sido gestada a despeito e apesar da comunidade médica e social da época. Nesse caso, parece que o mito do isolamento esplêndido de Freud, lançado por ele próprio, teria se tornado verdade histórica a partir de sua entronização na forma por meio da qual a psicanálise conta para si sua própria história.

Em nome dos espólios

Assim, esse imaginário organizando a psicanálise como uma espécie de árvore genealógica autoengendrada, partindo de Freud

---

Unidos em 1955 – um exemplo curioso, visto que é bem pouco conhecido e nitidamente um caso de "popularização", que notoriamente dilui as histórias narradas. De qualquer forma, como vimos, há amplos vestígios da "lenda" nos relatos de Freud, Wittels e Jones.

e retornando a ele, pode ser encontrado desde os escritos do próprio Freud até o belíssimo *O tronco e os ramos*, de Renato Mezan (2015); Mezan, nesse caso, articulará seu profundo conhecimento de obras como a de Bercherie (1985) e do próprio Ellenberger, marcadas por uma perspectiva "contextual" e historiográfica (no sentido clássico e estrito) a uma composição narrativa tipicamente "erudita" *à la* Roudinesco, na medida em que se atém ao heroísmo freudiano e ao solipsismo historiográfico. A imagem de um tronco psicanalítico desenvolvendo seus ramos dará notícia dessa forma de compreender a história da psicanálise, na medida em que remete às árvores genealógicas e à independência da psicanálise em relação a seu contexto social, político ou disciplinar (na medida em que a psicanálise é *uma* árvore, e não um ramo de alguma árvore que seria maior que ela).

Em 2005, um curioso "mapa" dessa "árvore" foi desenhado (a mão!) por Ernst Falzeder e publicado em um artigo de sua autoria que trata justamente dessa questão (das filiações em psicanálise) (Falzeder, 2005). O grande valor do "mapa" apresentado por ele é evidentemente o de ilustrar o aporte das análises didáticas na definição das "transferências cruzadas" (Kupermann, 1996) em psicanálise; Falzeder indica, além disso, que o mapa permite perceber a influência das análises didáticas no destino comunitário dos analistas, e torna mais clara a conformação de círculos de influência institucional e sociológica articulados à experiência no divã. O mapa permitiria, finalmente, perceber a proliferação de duplas e triplas análises (pessoas que se analisaram mais de uma vez com a mesma pessoa, ou com pessoas diferentes), e a frequente análise de parentes e amigos – como diz Falzeder, "a horda psicanalítica era realmente selvagem" (Falzeder, 2005).[4]

---

4 Além de encontrá-lo na publicação referida, o leitor interessado poderá encontrar uma visualização desse mapa on-line em http://www.cabinetmagazine.org/issues/20/falzeder.php.

Uma das coisas que podemos perceber a partir do mapa de Falzeder é a forma como Freud assume um lugar central no desenrolar da psicanálise enquanto fenômeno social e coletivo, efetivando o posto de "pai da horda" que desde 1914 ele reclamava para si.

Talvez convenha retomar, ainda que brevemente, essa história.[5] O desenvolvimento da psicanálise, cujo epicentro eram os trabalhos produzidos pelos membros da Sociedade Psicológica das Quartas-feiras – que se encontrava semanalmente para discutir uma produção independente de um de seus membros, além de fumar charutos e tomar café e/ou cerveja –, levou à proposta de um estabelecimento institucional da psicanálise. Esse estabelecimento começou a se operar por meio da viagem da "família real" psicanalítica (Freud, Jung e Ferenczi) aos Estados Unidos em 1909, mas principalmente pelo estabelecimento de um anteparo institucional próprio da psicanálise: Congressos de Psicanálise, uma Associação de Psicanálise, Revistas de Psicanálise e uma editora especializada em publicações de psicanálise. A ideia, nesse contexto, era estabelecer a psicanálise como uma ciência laica e independente, organizada por associação (autônoma, portanto, em relação a vínculos universitários, corporativos e profissionais); deu-se, no entanto, que um elemento-chave na estratégia "azedou": Jung, "príncipe eleito" por Freud, mostrou-se pouco propenso a submeter-se e, pelo contrário, mostrou-se propenso a desenvolver sua própria forma de compreender e praticar a psicanálise, gerando um cisma no movimento. Afinal, Jung era o representante eleito para a continuidade da obra sob o espírito e a chancela de Freud, e sua demonstração de desejo de autonomia rompia com os planos. Isso leva à "crise" dos anos 1912-1914, quando Jung é isolado e destituído de seus postos

---

5 Desse ponto até o fim deste item, acompanho basicamente os argumentos consolidados na tradição historiográfica psicanalítica, tendo como interlocutores privilegiados Kupermann (1996), Mezan (2015), Rodman (2003) e Grosskurth (1992).

de poder, sendo substituído pelo próprio Freud e por membros do círculo de confiança de Freud. Kupermann organiza esse período sob o feliz epíteto de "retorno transferencial" a Freud – mostrando como a estratégia diante da crise foi "voltar atrás" em relação ao projeto de autonomização, restituindo Freud como único e verdadeiro representante do que a psicanálise é e deve ser.

E é assim que se pode dizer que desde 1914, poucos anos após a consolidação do movimento psicanalítico ao redor de sua associação internacional, Freud passou a operar como o centro organizador de todo o movimento, por força da administração central exercida pelo "Comitê Secreto" na disseminação da "legitimidade" psicanalítica.[6] Esse processo era quase literalmente genealógico: o Comitê era composto de membros analisados (e considerados de confiança) por Freud, e eles se encarregariam de analisar pessoalmente os analistas didatas em cada grande centro de formação, garantindo assim a existência de uma linha direta unindo cada psicanalista a Freud (mantendo, dessa maneira, a "pureza" da psicanálise – dito em termos ferenczianos e eugenistas). Isso significa, por exemplo, que um analista didata em São Paulo pode ter sido analisado por Bion, que foi analisado por Klein, que foi analisada por Ferenczi (e Abraham) que foram analisados por Freud – esse

---

[6] Essa datação é apenas esquemática: na verdade, em 1914 Freud deu sua cartada de força para recentralizar as transferências ao seu redor (a partir principalmente da *História do movimento psicanalítico*, a que retornaremos mais adiante), mas o processo em geral é mais complexo e de datação mais imprecisa – o estabelecimento do maquinário que relato aqui se deu progressivamente com a criação da Sociedade Psicológica das Quartas-feiras (1902), da primeira revista voltada especificamente à publicação de psicanálise, da Sociedade (1909), do Comitê Secreto (1917), das *Rundbriefe* (idem) e dos centros de formação (a partir de 1920). Os centros de formação, que poderiam denotar uma "burocratização" que romperia com o pessoalismo ligado a Freud, na verdade estende sub-repticiamente esse mesmo funcionamento, a partir da "hipernitidez" que será discutida em detalhe adiante neste mesmo livro.

analista será, portanto, "herdeiro em quarto grau" da legitimidade freudiana.

Não é de espantar, nesse contexto, que seus herdeiros (filhos, netos, bisnetos etc.) mostrem alguma propensão a "incorporá-lo" em suas próprias produções, trazendo elementos que consideram centrais no *corpus* freudiano e trabalhando para serem considerados centrais no acesso e entendimento de seu sentido; também ajuda a entender por que se "disputa" em algum grau o nível de proximidade e fidelidade ao "espírito" freudiano, na medida em que se pode dizer que aquele que está mais próximo ao pai está mais próximo do poder. Essa luta pela incorporação – "proximidade" ao pai – pode inclusive ser tomada como operador central numa tentativa de sistematização do devir institucional do movimento psicanalítico, num desdobramento crítico aprofundado do mapa de Falzeder. Afinal, como se sabe, Freud faleceu em 1939, deixando como legado um movimento psicanalítico de abrangência global e munido de uma associação internacional, mas assolado por divergências internas dramáticas – era um legado, e um grande legado, mas não estava posto a quem ele estava destinado nem como seria conduzido (qual seria seu ímpeto, sua "visão"). Isso fez com que estourassem divergências que diziam respeito à formação, mas que mais profundamente diziam respeito à "coisa" psicanalítica, ao que lhe seria mais caro e intrínseco, aos condicionantes fundamentais para seu reconhecimento e aos expedientes através dos quais seria possível administrá-la. Ao fim e ao cabo, essas divergências diziam respeito a uma luta pela herança.

É nesse contexto que se inserem as chamadas "controvérsias Freud-Klein",[7] que acompanham a Segunda Guerra Mundial como as "controvérsias Freud-Jung" haviam acompanhado a Primeira.

---

7 As "controvérsias Freud-Klein" foram documentadas de forma notável por King e Steiner (1998).

Em jogo nessa disputa estava, epicamente, a questão autoral: qual dos dois grupos representava a legitimidade psicanalítica? Entre Anna Freud, herdeira legítima, e Melanie Klein, candidata a representante autêntica da "coisa" psicanalítica, travava-se a batalha pelo espólio freudiano – e é nesse meio e contexto que Winnicott se forma psicanalista e assume seu lugar como o principal autor canônico da "tradição independente", conhecido como "*middle group*" ("grupo do meio", entre os grupos A e B).[8]

Em parte (mas não exclusivamente) devido à influência apaziguadora do grupo independente, o encaminhamento adotado para as controvérsias será a convivência "pacífica" – nem tão pacífica, certamente, mas ainda assim há aceitação da sobrevivência de ambas as partes num só e mesmo mundo. Assim, pode-se dizer que uma vez mais a psicanálise reproduz em sua trama institucional os acontecimentos políticos de seu tempo, já que se instala com isso uma "guerra fria" no interior da psicanálise correlata à Guerra Fria geopolítica global. A consolidação da "guerra fria" na Sociedade Britânica, de qualquer maneira, encaminhará o desenvolvimento institucional da psicanálise para além das regulações autoritárias monolíticas, testemunhando o início de um período de notável *dispersão administrada* no cerne do movimento – a tendência será a dos "acordos" e do desenvolvimento sustentado, ambiente em que o empreendedorismo liberalista norte-americano assumirá destaque e passará a representar o centro de influência da IPA. Ainda assim, e sempre, o movimento de dispersão e as formas de referenciação interna serão reguladas pela disposição estratégica de uma leitura intencional de Freud, tentando tomá-lo como ponto de referência – evidentemente, no entanto, esse tipo de métrica estará fadado ao fracasso, pois a "unidade de medida" Freud é heterogênea e

---

8 Sylvia Paine, Ella Sharpe, Ronald Fairbairn e Michael Balint eram outros membros proeminentes do *middle group*.

dispersiva, sendo impossível aferir a quantos "Freuds" de distância Anna Freud e Melanie Klein estão uma da outra. A tendência, de qualquer forma, será que cada um dos autores de influência (Klein, Anna Freud etc.) tente se localizar no "ponto zero" da legitimidade freudiana, tentando usar sua leitura da obra freudiana como índice de sua legitimidade e da ilegitimidade dos demais. Retomando o "mapa" de Falzeder, podemos ver que de Freud partem os "ramos" principais da história da psicanálise; pois bem, o que se passa é que cada ramo tentará demonstrar "segundo Freud" como ele é o ramo legítimo, o único ramo, o desenvolvimento verdadeiro da verdadeira genealogia freudiana, os demais ramos sendo desvios, apropriações, imposturas, parasitagens.

Até aqui já podemos, em meu entendimento, visualizar de maneira mais clara o desenrolar da história dos movimentos psicanalíticos, contemplando a dispersão dos autores canônicos representando "linhas" diferentes da legitimidade freudiana e as tentativas de "organização" propostas por movimentos como o *common ground*, desenvolvido de forma intensa em 1989 (quando realizou-se um congresso internacional de psicanálise dedicado a esse tema), mas abrangendo amplo esforço antes e depois dessa data.[9]

A "cartada" de Lacan

A "exceção" mais notável nesse contexto será sem dúvida Jacques Lacan – ainda assim, parece-me bastante possível (e plausível) uma inscrição lógica de sua trajetória dentro desses mesmos termos, como tentarei demonstrar brevemente a seguir.

---

9 A "psicanálise contemporânea" proposta de forma mais notável por André Green, e a escola "pós-escolas", representada em São Paulo por autores como Mezan e Figueiredo, também me parecem submetidas à mesma lógica geral.

Reiteradamente criticando o que ele entende como "soluções de compromisso" que dissolveriam o "cerne" da psicanálise (repetindo, nesse sentido, a acusação kleiniana endereçada a Anna Freud), a postura de Lacan será ostentada sempre em termos de uma intensificação da "coisa" psicanalítica – intensificação que ele apresenta como um "retorno" ao que seria sua virulência (Lacan, 1998) e potência originárias; a "Nota italiana" em que Lacan lança a famosa fórmula que prega que "um analista só se autoriza de si mesmo" (Lacan, 2003) é um dos tantos exemplos desse tipo de postura. Opondo-se ao que ele entendia como uma versão pasteurizada e adaptativa de psicanálise (aquilo que ele vê como a psicanálise norte-americana, a psicologia do Ego e, eventualmente, tudo feito sob a International Psychoanalytical Association, IPA – uma vez mais, Lacan, 1998), Lacan se erguerá como porta-voz da radicalidade, profeta solitário da psicanálise como ela deve efetivamente ser. Para além de toda a contundência retórica e da polemização com movimentos como o kleiniano e a psicologia do ego, no entanto, o que se divisa enquanto proposição autoral central por Lacan em direção à comunidade psicanalítica será acima de tudo uma crítica à burocratização e ao ensimesmamento dos grupos estabelecidos, aos jogos de reconhecimento e aos "acordões". É importante notar, porém, que ele no fim das contas partilha dessa postura com o grupo da "tradição independente" – as críticas de Balint (1948) à formação psicanalítica e as críticas de Winnicott a esse mesmo tema (1983), bem como ao fechamento dos grupos "canônicos" (2005) são bons exemplos disso; mais que isso: a própria Anna Freud é autora de uma das críticas mais astutas em relação ao tema (Freud, 1978), e os presidentes e membros notáveis da IPA já falam desde os anos 1980 de uma "crise" na psicanálise em função de sua dispersão.

Falamos de continuidades e homologias entre Lacan e outros autores da psicanálise, e esse tipo de abordagem herética exige, infelizmente, clarificação e cuidado – por conta disso, parece-me importante notar as peculiaridades de seu *modus operandi*. Entendo que um dos feitos admiráveis de Lacan consiste em sua habilidade em encadear suas críticas com uma leitura conceitualista e nominalista de Freud,[10] articulando-a de forma criativa (ainda que nem sempre rigorosa) a toda a história da intelectualidade ocidental e com o estado da arte de disciplinas tão variadas como a matemática, a cibernética e a antropologia de sua época.[11] Essa erudição e esse poder intelectual notáveis de Lacan tornarão sua incursão no campo bastante peculiar e distinta das demais do ponto de vista estético e conceitual sem que, em meu entendimento, transformem a natureza de seu ímpeto em relação à psicanálise enquanto comunidade.

Isso significa que, mesmo considerando seu evidente brilhantismo e as muitas inovações conceituais e técnicas que ele propõe, Lacan pode ainda assim ser compreendido dentro do grande esquema do devir histórico da psicanálise, não sendo necessário tratá-lo como avatar de uma revolução, uma ruptura radical ou um fenômeno extemporâneo sem paralelo. É claro que Lacan (e o grosso do lacanismo) evidentemente não reconheceria a aproximação que aceno aqui, posta a radicalização de sua solidão esplêndida numa causa crescentemente esotérica, profética e pessoal; em termos, contudo, de uma "sociologia histórica" da psicanálise e de suas instituições, parece-me que há semelhanças factuais e estratégicas, a despeito do fato de jogarem em "times opostos" a partir de nosso olhar retrospectivo sobre o campo.

---

10 O trabalho de Lacan é, inclusive, uma das "ocasiões" por trás da conferência de Foucault sobre "Que é um autor?", 1969/2001, já citada. Para mais informações acerca da interface entre o pensamento de Lacan e a conferência de Foucault, remeto o leitor a Roudinesco (2008), especialmente pp. 461-464.

11 Com uma ênfase e um privilégio previsíveis no que diz respeito a tudo que se faz na França, claro.

Tudo indica, por sinal, que a maior diferença de Lacan em relação aos grupos críticos *internos* à IPA é o fato de ele ter levado seus questionamentos ao ponto de uma ruptura com a administração (irredutível e enfim alheio aos "acordões" que seriam a tônica da política institucional, inclusive no caso dele), fazendo com que fosse institucionalmente tolhido e disparando os acontecimentos que levariam à sua ruptura espetacular com a IPA. Ou seja: sua postura irredutível diante do sistema levou à crise da qual partiram suas acrobacias (a ruptura, o discurso da "excomunhão" e a criação de uma escola independente – de fato); ao fim e ao cabo, Lacan teria "caído para cima" no jogo com/contra a IPA e a oficialidade psicanalítica, e o caráter meteórico e peculiar de sua trajetória representam a maior peculiaridade de sua obra (e não, como muitas vezes se crê, o fato mesmo de criticar a IPA ou a defesa de uma "radicalidade" freudiana ou o caráter dessas críticas e defesas). Isso provavelmente pode ser associado ao fato de que sua "excomunhão" repete o "isolamento esplêndido" de Freud – inclusive no sentido factício dos acontecimentos. É importante notar, todavia, que "retorno a Freud" é uma máxima psicanalítica desde 1914, e é dela que se trata em todos os ramos da genealogia da "estranha família" psicanalítica – desde a genealogia mais concreta de Anna Freud, passando pela mais retórica de Lacan, a mais "protestante" de Winnicott, todas elas parecem recuperar o estofo transferencial de 1914.

Esquematicamente, então, diria que o lugar *sui generis* que Lacan ocupa em meio às "guerras Freud" (emprestando a expressão de Forrester, 1997) deriva da composição de seu gênio exegético em relação ao texto de Freud, seu gênio criativo ao articulá-lo com toda a tradição intelectual ocidental e seu modo genioso de posicionar-se em meio às instituições psi.

De qualquer forma, e para além dos polemismos, o ponto principal aqui é o reconhecimento de um impulso/motivo histórico abrangente: a partir da morte de Freud, estabelece-se uma dispersão de lutas pela hegemonia, ancoradas *sempre* na disputa pela legitimidade freudiana, e será essa luta que marcará a disposição estratégica dos autores canônicos que organizam o grosso da "cena psicanalítica" ainda em nossos dias. Lacan é evidentemente o caso mais curioso dentro desse enquadramento, mas entendo que se trata de *mais um* autor canônico disputando o privilégio enquanto representantes e legatários dos espólios de Freud: Lacan, como Klein, como Bion, como Winnicott e tantos outros estariam, todos eles, na luta pelo título de "herdeiro do pai da horda".

Freud está morto, vida longa a Freud

No já citado "O que é um autor",[12] Foucault diz que Freud não é apenas autor de seus livros e de sua obra: ele "produziu algo mais: a possibilidade e a regra de formação de outros textos" (Foucault, 2001, p. 832), tornando possíveis não apenas remissões, comentário e analogias, mas estabelecendo um centro de referência a partir de onde a "discursividade" psicanalítica poderia rastrear suas diferenças relativamente a esse centro de autoridade. Assim, "a obra desses instauradores [Freud e Marx] não se situa em relação à ciência e dentro do espaço que ela define; é a ciência ou a discursividade que se endereça a suas obras como a coordenadas primeiras" (p. 835).[13] A proposta de Foucault nesse texto, no

---

12 Para uma outra forma de "ler" as considerações de Foucault acerca do estatuto da discursividade psicanalítica, remeto o leitor a Kupermann (2017), cap. 7.

13 As passagens citadas constam como segue no original em francês: "[Ils] ne sont pas seulement les auteurs de leurs œuvres, de leurs livres. Ils ont produit quelque chose de plus: la possibilité et la règle de formation d'autres textes", e "L'œuvre de ces instaurateurs ne se situe pas par rapport à la science et dans l'espace qu'elle dessine; mais c'est la science ou la discursivité qui se rapporte à leur œuvre comme à des coordonnées premières".

entanto, aponta para um entendimento "disseminatório" do pensamento freudiano que destoa um tanto daquele que estou sugerindo aqui – afinal, ainda que eu esteja de acordo com a ideia de que Freud pode e deve ser entendido como "fundador de uma discursividade", e não só como o "primeiro psicanalista", acredito que essa disseminação da discursividade psicanalítica deve ser cotejada com o caráter concentrador dessa mesma discursividade, regulada como é pela remissão aos autores de influência e gerida como uma fonte de autoridade e poder.

É por isso que tenho feito recurso em algumas ocasiões à expressão "autores canônicos", contrariando a leitura de Foucault segundo a qual a autoria em Freud (e na psicanálise) não deve ser confundida com a autoridade no campo religioso. Meu ponto de vista ao sustentar a pertinência dessa expressão é que a canonização de obras e autores é um procedimento institucional, um gesto de poder, e que esse tipo de procedimento institucional grassa de forma patente no meio psicanalítico, a partir da consolidação de figuras de autoria (imagos autorais canônicas) que concentram legitimidade e dispõem estrategicamente a batalha pelos espólios. De acordo com esse modo de compreensão, e como já disse, os autores canônicos disputam a primazia e o privilégio no acesso à legitimidade freudiana.

Uma das coisas em jogo nessa remissão centralizadora a Freud é a articulação de seu nome e imago como o "umbigo" da psicanálise – e aqui entra em cena a famosa discussão acerca da autoanálise de Freud. Afinal, se todo aspirante a analista deve se analisar com um analista (que se tornou analista de alguma maneira, e no cenário mais conservador se "autorizou" de uma maneira que remete à genealogia da "família" Freud), Freud ele mesmo evidentemente não se analisou com psicanalista algum; enquanto "primeiro psicanalista", ele fez o movimento que saía de sua inscrição social estabelecida (médico, neurologista, professor associado na Universidade de Viena etc.) em direção à inscrição de si enquanto "pai e fundador da psicanálise"; é como se, nesse caso, Freud fosse o único caso na história da psicanálise de um analista que se "autoriza de si mesmo". As fichas nesse cenário se dividiriam basicamente entre apostar em uma autoanálise feita de forma solitária por Freud (a hipótese do "isolamento esplêndido", aventada pelo próprio Freud) ou em uma ancoragem analítica *princeps,* assentada na correspondência com Fliess como cena transferencial fundadora.[14] De qualquer maneira, manter-se-ia em foco a ideia de que de alguma forma Freud cravou a bandeira demarcando o marco zero do movimento e se erigindo doravante em líder fundador; pode bem ser, por sinal, que as duas hipóteses sejam basicamente redundantes, na medida em que a ênfase em Fliess se deve basicamente à sua função estratégica, e não à sua atuação – afinal Fliess não foi um analista notável de Freud, tendo sido, quando muito, uma boa baliza, talvez um interlocutor privilegiado, mas jamais um psicanalista.

Assim, as disputas por poder e autoridade em psicanálise e os jogos em causa na "canonização" ou não e na "filiação" ou não a tal ou qual autoria serão regulados pela vinculação genealógica do ator em causa em sua relação a Freud. John Forrester resume a situação nos seguintes termos:

> *As histórias da psicanálise com frequência se apresentam como relatos da autobiografia de Freud – como se fossem biografias de Freud e de sua família analítica. E é assim que a história da psicanálise parece ter per-*

---

14 Fliess não era psicanalista, mas era amplamente receptivo às associações livres de Freud e dispunha certamente de uma atenção flutuante, ainda que amparada em uma teoria, digamos, peculiar.

dido seu fio condutor ou razão de ser no período após a morte de Freud: a história da psicanálise é a história da autobiografia de Freud. Ou, por extensão, a história da psicanálise é uma saga familiar, a história da família que ele criou. Pesquisas genealógicas – aquele modo de conhecimento histórico caro a aristocratas e àqueles em busca de suas "raízes" pessoais, mas um modo execrado por historiadores profissionais – e contabilidades de débitos e heranças . . . tornam-se eventualmente a grade referencial para a história da disseminação da psicanálise: boatos informais acerca da filiação analítica – quem frequentou qual divã, quem é a mãe ou pai analítico de quem; boatos informais acerca de quem é o verdadeiro legatário do legado simbólico da teoria e do verdadeiro método da psicanálise (Forrester, 1997, pp. 195-196).[15]

Tentei demonstrar neste capítulo como, diferentemente do proposto por Forrester nessa passagem, a morte de Freud *não*

---

15 No original: "Histories of psychoanalysis often read as if they are accounts of Freud's autobiography – as if they are biographies of Freud and his extended analytic family. And hence the history of psychoanalysis for the period following Freud's death appears to lose its guiding thread or raison d'être: the history of psychoanalysis is the story of Freud's autobiography. Or, by extension, the history of psychoanalysis is a family saga, the history of the family he created. Genealogical researches – that mode of historical knowledge dear to aristocrats and those in search of their personal 'roots', but a mode that is anathema to professional historians – and accounting of debts and inheritance . . . can become the framework for the history of the dissemination of psychoanalysis: informal gossip about analytic filiation – who frequented which couch, who is the analytic mother and father of whom; informal gossip about who is the true legatee of the symbolic legacy of theory and of the true method of psychoanalysis" (Forrester, 1997, pp. 195-196).

privou a psicanálise de seu fio condutor – o que fez foi, quando muito, complicar um cenário que já se mostrava complicado. O fio condutor continuou sendo, como era desde idos dos anos 1920, aquele da legitimidade freudiana, que é o nexo organizador por trás da dispersão de imagos autorais canônicas no cerne da comunidade psicanalítica. Esse entendimento fica bastante claro quando fazemos recurso à imagem da "horda primeva" apresentada por Freud ao final de seu *Totem e tabu* (1913a/1996c), e é a isso que gostaria de nos remeter nesse momento de nosso trabalho.

Notemos apenas, preliminarmente, que Freud estava às voltas, à época, com as questões ligadas ao lugar que ele deveria ocupar no seio da comunidade psicanalítica, e *Totem e tabu* pode facilmente ser incluído na série de obras de Freud ligadas ao chamado a um "retorno transferencial" – aquele mesmo "retorno transferencial" dos anos 1912-1914. Nesse contexto, Freud estava deixando de estar "passando o bastão" para Jung com vistas à autonomização e universalização da psicanálise, retornando com isso à proposta de que a psicanálise é "obra dele", ligada (umbilicalmente) a ele e devendo ser compreendida dentro das chaves que ele (e apenas ele) poderia oferecer. Essas marcas estão explicitamente postas em *História do movimento psicanalítico* (1914/1996e), mas acompanham igualmente *Totem e tabu* e *Sobre o narcisismo: uma introdução* (1914/1996f) – produções pautadas pelo interesse em deslegitimar Jung (tomando dele a prioridade em termos de estudos antropológicos e incursões no passado longínquo, com *Totem e tabu*, e a prioridade na abordagem dos chamados "transtornos narcísicos", abordados com excelência pela escola de Zurique, a que Jung era vinculado). Minha hipótese é de que essas três pontas do tridente com que Freud fustiga Jung porta afora do movimento psicanalítico podem ser encaradas justamente assim, como três pontas de uma mesma arma, de um mesmo golpe, de um mesmo gesto.

Pois bem, é nesse contexto que Freud publica *Totem e tabu*, em que aborda as relações entre o totemismo dos "povos primitivos" aproximando-os dos tabus sociais fundamentais – e, por meio disso, associa o totemismo primitivo a um surgimento "originário" do complexo de Édipo, estendendo os fundamentos metapsicológicos da psicanálise em direção à universalidade. Esse texto notável encerra fazendo recurso a uma "hipótese" erigida por Freud – o mito da "horda primeva", que diria respeito a nada mais, nada menos que a origem da civilização. Freud parte de uma hipótese levantada por Darwin, segundo a qual

> *o homem [como os símios superiores] vivia originalmente em grupos ou hordas relativamente pequenos, dentro dos quais o ciúme do macho mais velho e mais forte impedia a promiscuidade sexual. . . . Os machos mais novos, sendo assim expulsos e forçados a vaguear por outros lugares, quando por fim conseguiam encontrar uma companheira, preveniam uma endogamia muito estreita dentro dos limites da mesma família* (Darwin, 1871, apud *Freud, 1913a/1996*).

É assim que Darwin imagina o estado de coisas de onde derivaria, eventualmente, o *homo sapiens*. Pois bem, partindo dessa hipótese de Darwin, Freud erigirá sua própria história, aquela que conta como um desses grupos – a famosa "horda primeva" – assiste a uma tragédia que funda a humanidade (e a civilização) como a conhecemos:

> *Certo dia, os irmãos que tinham sido expulsos retornaram juntos, mataram e devoraram o pai, colocando assim um fim à horda patriarcal . . . selvagens canibais*

como eram, não é preciso dizer que não apenas matavam, mas também devoravam a vítima. O violento pai primevo fora sem dúvida o temido e invejado modelo de cada um do grupo de irmãos, e, pelo ato de devorá--lo, realizavam a identificação com ele, cada um deles adquirindo uma parte de sua força. . . . A tumultuosa malta de irmãos estava cheia dos mesmos sentimentos contraditórios que podemos perceber em ação nos complexos-pai ambivalentes de nossos filhos e de nossos pacientes neuróticos: odiavam o pai, que representa um obstáculo tão formidável ao seu anseio de poder e aos desejos sexuais; mas amavam-no e admiravam-no também (Freud, 1913/1996c, pp. 145-146).

Pois bem, o que tenho sugerido neste capítulo é que Freud se entendia, e tentou se constituir, como o tal pai primevo. Essa sugestão minha não é particularmente inovadora: era comum que os membros do "Comitê Secreto" se referissem "carinhosamente" à "horda" psicanalítica, e se entendiam como membros de uma fratria vinculada a Freud por filiação e fidelidade. Acredito, de qualquer forma, que seja importante compreender a extensão e a fertilidade da metáfora (construída deliberadamente por Freud, creio eu – mas quanto à deliberação só posso especular). Notemos, de partida, que o pai ("violento", como Freud certamente se sentia compelido a ser naquele momento) era o "temido e invejado modelo" dos filhos. A morte do pai dá expressão ao ódio e ao desejo de poder de cada um dos filhos, que, até então expulsos do "centro de autoridade" da horda, acorrem de volta na busca de sua ascensão a esse centro, na busca pelo poder definitivo – querem, agora eles, ocupar o lugar de "pai primevo". Infelizmente para eles, como Freud aponta, "O ato não pode ter dado uma satisfação completa àqueles que o cometeram – de certo ponto de vista, fora executado em vão", e isso porque "nenhum dos filhos, na realidade, pudera realizar seu desejo original: tomar o lugar do pai". Essa frustrante novidade se deve ao fato de que os irmãos estavam ali – todos eles –, e o pai, uma vez morto, passou a ser reconhecido por eles (uns "medindo" os outros, cheios de suspeita e espanto, podemos supor) como insuperável; é por isso, por conta desse olhar, e dessa percepção, que o pai se torna "primevo" – afinal, como o leitor há de lembrar, a hipótese de Darwin inclui a "horda primeva" em meio a uma dinâmica estabelecida na população, tratando-se, então, de "hordas", todas elas potencialmente primevas. O que fará com que a horda primeva seja primeva, e não apenas mais uma horda, é o fato de que os irmãos parricidas não passam na sequência a matar uns aos outros, até que reste apenas um, que seria o verdadeiro e novo pai da horda. Esse "momento de compreender", como o diria Lacan, antecipa o inevitável "momento de concluir": "Um sentimento de culpa surgiu, o qual, nesse caso, coincidia com o remorso sentido por todo o grupo. O pai morto tornou-se mais forte do que o fora vivo [e] o que até então fora interdito por sua existência real foi doravante proibido pelos próprios filhos" (Freud, 1913/1996c, p. 147).

De alguma forma, o que estou propondo é uma extensão da hipótese freudiana, tomada agora como mote para compreender a instalação, pelo próprio Freud, de seu "mito originário" como um "mito originário de si". Com isso, poderíamos compreender que o "retorno transferencial" que Freud promove opera como uma espécie de "armadilha", uma montagem que fará com que sua "prole" se refira a ele como sede de poder e força, e fará com que se refiram uns aos outros como cúmplices no crime parricida e como adversários na disputa totemoclástica – de forma que ele poderá se instalar, enfim, como totem.

Afinal – e aqui entra o ponto de suspeita que proponho em relação a esse estado de coisas –, a horda primeva, segundo o próprio Freud, era apenas uma entre tantas. O que a singulariza é o fato de que os irmãos (e aqui o plural é importante) se *reúnem*, voltam e matam, todos juntos, o pai. No fim das contas, então, eles se reúnem ao redor do pai – visto que se reúnem enquanto filhos. Basta pensarmos que, em tantas outras hordas da época, filhos devem ter matado seus pais – e então se tornavam os novos alfa daquela horda; da mesma forma, bandos "alficidas" podem mesmo ter incluído irmãos, mas na medida em que esses não reconhecem o alfa daquela horda como "pai primevo", esse parricídio é um golpe de poder, e ao cabo do golpe há de prevalecer o mais astuto ou ardiloso entre os ardilosos, e a horda segue seu curso com o novo macho alfa, quem quer que seja. O que estou dizendo é que o acontecimento que "funda" a "horda primeva" não é exatamente o remorso ou a culpa, de acordo com a sugestão de Freud, mas é o fato de que a montagem do golpe incluía a remissão ao macho assassinado como o centro organizador, o futuro totem.

Nesse contexto, evidentemente, não importa muito o hipotético macho da hipotética horda primeva de Freud-leitor-de-Darwin – importa, sim, a horda primeva que ele estava, naquele tempo e lugar, constituindo. A hipótese da horda primeva constitui, nesse contexto, uma espécie de fantasia fundadora que Freud promulga a respeito de si mesmo – e sobre a qual ele legisla, decretando a forma como seus "filhos", após seu assassínio, devem se portar uns em relação aos outros, e todos em relação a ele. Organizando o relato nessa chave, temos: Freud é o centro totêmico da "horda" psicanalítica; ele é o "modelo" temido e invejado por todos; todos tentarão desbaratá-lo e assumir seu lugar, mas nenhum deles conseguirá, de forma que o "ato" parricida não dará satisfação completa a nenhum deles, que manterão em suas mentes e vidas o pai primevo como o único e insuperável pai; por fim (e gloriosamente) o pai morto tornar-se-á mais forte e poderoso do que fora vivo, e os filhos parricidas zelarão, por sua vez, por aquilo que ele mesmo zelou enquanto fora vivo.

Esse seria, então, o mito fundador da "horda" freudiana — mito que será, por sua vez, articulado de forma estratégica por Freud à publicação, praticamente concomitante, de sua *História do movimento psicanalítico* (1914/1996e), um texto em que ele narrará, dogmaticamente, a história da psicanálise como a história de sua criação: a criação de Freud, nos dois sentidos da expressão (a psicanálise como cria dele e a história dele como aquele que cria a psicanálise).

Nesse contexto, e uma vez mais, temos de reconhecer em Lacan um caso excepcional, visto que se trata do único filho que tentou fazer do "retorno a Freud" um "golpe mítico", na medida em que se articulava como sequestro do lugar totêmico; não é por acaso, então, que os únicos psicanalistas a se intitularem "freudianos" nos nossos dias são os de extração lacaniana (nem os annafreudianos fazem nada do gênero). Como já afirmei antes, no entanto, creio que esse caráter excepcional de Lacan não rompe, mas esclarece, a regra.

Recupero, então, os contornos de meu pressuposto crítico fundamental no que tange à história da institucionalidade psicanalítica: acredito que tenhamos muito a ganhar se pudermos remeter a historiografia psicanalítica ao contexto de seu desenvolvimento. Entendo a reserva de Roudinesco segundo a qual isso nos aproximaria perigosamente de "revisionismo", na medida em que estaremos expostos àqueles que pretendem que a psicanálise é "só mais uma horda entre outras", que não há nada de especial nela ou, pior, que nada que há de especial nela é bom. Acredito, no entanto e seguindo Ellenberger, que haja vantagem em entender como a psicanálise, tendo estado em meio a outras hordas, pôde interagir com essas hordas, como ela se assemelha, como ela se diferencia, e qual o estatuto das interações entre ela e as outras. Afasto-me de Ellenberger porque entendo que não existe "objetividade plena" possível nesse tipo de cotejamento, e por extensão não acredito em qualquer pretensão à neutralidade ou isenção. Acredito, apesar disso, que a fidelidade à psicanálise não pode nos obrigar a subscrever aos mitos psicanalíticos, mas sim obrigar-nos a entregarmo-nos, plenamente (ou seja, com todo nosso potencial de pensamento), ao engajamento com a história, os contornos e os devires potenciais de nossa horda. E isso significa, para mim, reconhecer que a horda primeva não foi a primeira horda, não era a única horda, nunca esteve isolada em uma ilha – reconhecer a originalidade de Freud não pode implicar, portanto, uma prostração diante da culpa, assim como entender a originalidade de Freud não pode implicar uma prostração diante da culpa.

5. Psicanálise é muita gente: autorização, dispersão e filiação

Autorri(tuali)zar-se

Recuperando os elementos básicos de nossa incursão historiográfica: a grande continuidade histórica formal entre a década de 1910 e os dias atuais nos leva a poder formular o impasse e a disputa na institucionalidade psicanalítica como uma disputa pela herança da autoria freudiana. Dessa forma, pode-se dizer que desde a morte de Freud, em 1939, a história da psicanálise estaria sendo movimentada a partir do motivo "luta pelo espólio", e esse motivo harmonizaria sob uma mesma composição (uma fuga, em termos musicais) os fraseados legalistas, reformistas, retornistas, independentes etc.[1]

Esquematicamente, pode-se dizer que é disto que se trata: se Klein é a herdeira de Freud, a autoria é dela e todo o movimento

---

[1] Essa é, evidentemente, apenas *uma* forma possível de vislumbrar e organizar os fenômenos na história da psicanálise. Há outros modos de entender a história das instituições psicanalíticas e das razões que organizam seu devir, como aquelas oferecidas por Green (2000) e por Plon (2002), por exemplo.

de Anna Freud poderá ser visto como dispersão, dissolução ou falsificação – o mesmo valendo para os demais "combatentes", por mais que tinjam suas participações de intenções pacifistas e isentas (como no "progresso da ciência" de Winnicott) e por mais que rompam com a institucionalidade legitimista (como no caso da "excomunhão" de Lacan). Assim, a dispersão de autoridades canônicas (e mesmo as grupalidades "pós-autorais") pode ser inscrita nos termos de uma épica batalha pelos espólios de Freud.

Os pontos principais que balizam as questões aventadas referem-se, por conta disso, aos jogos de poder ligados à influência institucional dos autores canônicos da psicanálise e à sua relação complexa com a transmissão e a formação dos psicanalistas. Em termos gerais, o que está em jogo aqui é que no meio psicanalítico cruzam-se determinantes intelectuais, institucionais e esotéricos, fazendo com que a assunção de um "lugar de fala" no interior do movimento psicanalítico seja constituída a partir do entrecruzamento de fatores diversos que se combinam:

1. do ponto de vista intelectual, trata-se da referência à grade metapsicológica e à profissão de dependência em relação a determinados sistemas de pensamento, que

2. do ponto de vista institucional repercutem no estabelecimento de "redes de filiação" associadas ao analista didata, ao supervisor, aos mestres e – em resumo – à gangue a que o sujeito pleiteia vinculação, dando notícia de que

3. ele estaria vinculado esotericamente a uma certa forma de "fazer" psicanálise e, mais que isso, teria sido "iniciado" na psicanálise sob os auspícios de um determinado *cosmos*.

Todo o engodo, em meu entendimento, consistiu em fazer crer que a remissão aos autores canônicos pudesse oferecer guarida suficiente para compreender como esse desenvolvimento se dá, coisa que me parece longe da verdade: ainda que "Winnicott e filhos", "Klein e filhos", "Lacan e filhos" etc. ajudem a mapear os jogos, muito fica nas sombras.

Historicamente, a tradição psicanalítica organizou essas dimensões de sua institucionalidade – o modo como ela se reproduz e se perpetua no tempo – sob a égide do termo "autorização": a autorização em psicanálise diz respeito ao processo por meio do qual o candidato a psicanalista transita em meio a esses determinantes e se afirma (ou não) ao cabo de sua jornada iniciática, enquanto psicanalista, tendo-se autorizado para tal, como diz Lacan, "de si mesmo" (Lacan, 2003, p. 311). Essa ideia de que "o analista só se autoriza de si mesmo" estava (a confiar em Lacan) por trás da proposição do "passe" (uma instituição de transmissão da psicanálise na Escola Francesa de Psicanálise organizada em torno de Lacan), e tinha como propósito subtrair a formação de analistas do entrevamento burocrático que parecia grassar na International Psychoanalytical Association (IPA). É bom salientar que Lacan parece querer romper com a lógica da "agregação" sem propor que "qualquer um seja analista: pois, no que ela [a 'lógica da agregação'] enuncia que é do analista que se trata, supõe que ele exista. Autorizar-se não é autorri(tuali)zar-se" (Lacan, 2003, p. 312). Ou seja: deve-se evitar o entendimento de que se autoriza quem quiser, "quando dá na telha" – Lacan quer evitar a burocratização, mas também a mistificação autoindulgente e a bagunça.

Não me parece que Lacan tenha resolvido os imbróglios ligados à autorização em psicanálise (entendendo por autorização o posicionamento estratégico e propositivo do sujeito em meio aos três determinantes – intelectual, institucional e afetivo – a que me referi); parece, sim, ter conseguido tornar incontornável o recurso a suas proposições – o que é notável enquanto conquista pessoal, mas não encaminha o problema a uma resolução. Por um lado, é importante notar que Lacan parece ter sido mais bem-sucedido que Balint ou Winnicott a partir de seus posicionamentos, na medida em que engendrou uma psicanálise alheia à IPA e digna de atenção e reconhecimento social de forma mais consolidada do que antes.[2] Já no que diz respeito a Balint e Winnicott, apesar de terem criticado alguns enrijecimentos e algumas distorções na formação, dificilmente pode-se supor que tenham efetivamente mudado as coisas em relação aos problemas que apontaram. Confira-se a Lacan, portanto, no mínimo o mérito de ter podido afastar-se dos problemas que denunciou em princípio e ter se encaminhado a novos problemas, que ele mesmo criou. Ainda assim, o ponto continua sendo que a autorização em psicanálise é um tema nebuloso, traiçoeiro e de difícil encaminhamento: como a psicanálise pode garantir sua continuidade, desprender-se da submissão inquestionada aos líderes e dogmas e abrir-se à confrontação de questões que marcam sua inscrição no contemporâneo? Para responder a isso precisaremos dar um passo atrás e repensar o que é autorização.

Acredito que se pode ser direto e reto, ao menos para poder começar: se o sujeito é notado, se ele existe perante a comunidade em que (ou em meio à qual) pleiteia reconhecimento, houve autorização; isso porque, para dizê-lo de modo tosco, ele passou a poder ser autor de enunciados que são ouvidos pelo meio em que ele pleiteia reconhecimento, e isso já é, por si, autorizar-se. Nesse sentido, pouco importa se a autoria é assumida em termos de iniciação cabalística, de adesão totalitária, de transmissão artesã ou de regulação tecnocrática: trata-se de autoria, da assunção de uma autoria e, a partir daí, da promulgação de um lugar de autoridade

---

2 É bom notar que havia, desde os primórdios da psicanálise, pessoas que se intitulavam psicanalistas sem ter se vinculado de forma "normal" às fileiras – o caso notável de Gastão Pereira da Silva, primeiro divulgador da psicanálise entre o público leigo no Brasil (Russo, 2002), é apenas um entre muitos.

– mesmo que esse lugar não seja grande coisa do ponto de vista ético ou estético.

Se essa formulação contundente é pouco esclarecedora, acredito que isso se deve ao fato de que a ocasião comunitária da autorização é decisiva e variada, e é esse contexto que oferece o molde mais elucidativo acerca da autoria (uma vez assumida). Assim, ainda que possamos prescindir de valorações para definir *o que é* autorização, precisamos ainda voltar a essas questões (valorativas e, portanto, morais e sociais) para compreender os termos em que ela se dá e o campo que se abre a partir dela. O que quero dizer com isso é que se autorizar em uma instituição burocrática impõe consequências à autorização possível ali – e é esse cenário que determinará as trajetórias de Winnicott e de Lacan na psicanálise pós-Freud, a despeito das imensas diferenças em suas estratégias individuais de autorização. As proposições de Lacan em torno da fórmula segundo a qual "o analista só se autoriza de si mesmo" vão aproximando a autorização a uma idealidade solipsista, presente em passagens como esta: "o que tem por consequência que não existe verdade que se possa dizer toda, nem mesmo esta, já que esta não se diz nem mais nem menos. A verdade não serve para nada senão criar o lugar onde se denuncia esse saber" (Lacan, 2003, p. 315).

Compreendo que esse tipo de idealização esotérica de uma transmissão "pura" da psicanálise a partir de uma autorização igualmente idealizada se deve à idealização da própria psicanálise, segundo a qual o psicanalista teria passado por um processo de transformação radical de si, acedendo à "verdade psicanalítica" que seria algo muito peculiar, complexo e místico. Quando tratei de autorização em minha pesquisa de mestrado, tentei evadir-me a esse tipo de mistificação, pensando a partir do entrecruzamento de aportes intelectuais (que retirei, à época, da teoria literária) e institucionais (ou seja, uma certa "sociologia da psicanálise"), de forma a entender como o processo de autorização se dava para os psicanalistas, entre os psicanalistas, estando eles em um mundo que existe (Franco, 2014). Sem recair em um realismo ingênuo, a questão é subtrair a discussão de idealidades e esoterismos autorreferentes, por conta da necessidade de pensar problemas reais da inscrição da psicanálise enquanto práxis no contexto do meio que a acolhe (como acontecimento clínico, social, político, institucional etc.).

Nesse contexto, entendo que autorização se dá quando o sujeito enuncia algo em meio à comunidade que está lá para acolher o que ele tem a dizer. Isso evidentemente abre o campo para autorizações mediadas por submissão, burocracia, autoritarismo etc., como já apontei; mas abre, por outro lado, o campo para pensarmos o processo de autorização como ele se dá – e digo isso porque entendo que toda autorização envolve algum nível de alienação, na medida em que o sujeito deve poder conseguir enunciar de forma a ser ouvido, e o gesto de fazer-se ouvido implica a antecipação de uma comunidade que constrangerá, em algum grau, os parâmetros de dizibilidade de sua comunicação. A questão, nesses termos, deixaria de dizer respeito a uma assunção mística e iniciática e passaria a dizer respeito a uma construção subjetiva ao largo de um processo de luta – na qual o desafio da autorização estaria ligado à possibilidade de apropriação criativa dessa luta e a constituição para si de uma forma de dizer *em meio* à comunidade, dizendo ainda assim *de si*.[3]

---

[3] Tenho claro, aqui, a influência decisiva das considerações de Winnicott acerca do espaço potencial e da constituição da transicionalidade enquanto campo na configuração desse entendimento (Winnicott, 1991).

A qual escola você pertence?

> *Um antigo analisando . . . , um belo dia, se armou de coragem e no final da sessão me perguntou "A qual escola a senhora pertence? Meus amigos que estão em análise me fizeram essa pergunta e eu não soube responder". Parece que lhe respondi num tom que não admitia discussão "Pois bem, diga a eles que venho da escola da rua!" (Zygouris, 2017).*

É relativamente comum (pelo menos no meio em que circulo) que um paciente em busca de análise pergunte a seu analista sua filiação – seja em termos de linhas (se você é lacaniano, winnicottiano, kleiniano etc.) ou em termos de instituições (se você é da Sociedade, do Sedes, da Escola, do Fórum etc.). De alguma forma isso não deveria surpreender: sabe-se que há diferenças notáveis entre as *praxae* dos psicanalistas em função dos lugares por onde transitaram em sua formação e dos autores a que se referem em seu processo de teorização flutuante (Aulagnier, 1989). Sabemos inclusive que o próprio gesto de suspeita dirigido a esse estado de coisas acaba conotando um posicionamento relativo e um itinerário tendencial nos modos de pensar e pertencer do psicanalista – afinal, como já vimos acerca de Winnicott na Parte 1, o "método" que "esquece" de citar suas fontes não é "esquecido" nem "avoado", lastreando seu "esquecimento" em uma estratégia determinada e em uma forma determinada de entender a instituição e operar nela. Se tomarmos o caso de Zygouris, por exemplo, poderemos dizer que a "escola da rua" a que ela se refere diz respeito a um certo modo de tensionar a cena parisiense em busca de maior abertura transferencial em relação a Lacan, buscando uma inscrição à cena psicanalítica que não implicasse uma filiação submissa a um determinado senhor feudal

(Lacan, Miller, Soler ou quem fosse); Zygouris chegou inclusive a ocupar lugar de destaque em uma instituição voltada para isso, denominada "Ateliês de psicanálise" (Zygouris, 2010) – um local a que psicanalistas das diversas instituições acorriam em busca de arejamento em relação a suas instituições de "pertença", como uma hospedaria à margem dos muros psicanalíticos.[4]

O próprio Winnicott acabou habitando uma certa "hospedaria" interna à Sociedade Britânica quando fracassou em seus esforços de desmontagem das linhas A e B (kleiniana e annafreudiana) de formação, com o que se estabeleceu uma "linha independente" que acolhia aqueles que não pretendiam aderir a uma ou outra delas; cumpre notar que a "linha independente" acolhia *candidatos* nessa condição, mas também *analistas*, inclusive *didatas*, como o próprio Winnicott. Isso significa basicamente que essa hospedaria, se é efetivamente uma hospedaria, é uma hospedaria com poder e influência próprios – talvez possamos pensar, nesse caso, em uma *cidade* peculiar, que estabelece sua manutenção e sobrevivência sem fazer recurso ao estabelecimento de contornos nítidos.

É claro que o "winnicottismo" se consolidou eventualmente em cidades e cidadelas, munidas muitas vezes de muralhas e fortes mecanismos de defesa e entronização; mas houve também o estabelecimento de movimentos "*soft*", de barreiras mais fluidas, que não se podem chamar propriamente de winnicottianos, mas que mantêm uma relação formalmente semelhante à de Winnicott

---

4 O leitor deve saber que as hospedarias foram por séculos locais de acolhimento àqueles que acorriam às cidades mas não obtinham, a tempo, acesso ao espaço intramuros (as cidades eram muradas, então), devendo portanto pernoitar à margem da cidade. A hospitalidade da hospedaria diz respeito à sua disposição a acolher aqueles que não foram aceitos (e cabia a essas instituições, inclusive, o inglório ofício de garantir um mínimo de segurança àqueles que ali estavam, visto que estavam à margem da cidade e, portanto, alheios a seus dispositivos próprios de segurança) (a esse respeito, cf. Mencacci, 2014).

em relação às escolas – estou pensando aqui particularmente naquilo que tenho chamado de "escolas pós-escolas". Para ser mais claro: parece haver "winnicottismos", no plural, abrangendo, por um lado, movimentos de caráter mais fechado e escolar (como naqueles grupos vinculados à International Winnicott Association – IWA), que portam consigo, em geral, o título "legítimo" do winnicottismo, e, por outro, movimentos de caráter mais aberto, que não se reconhecerão (evidentemente) como winnicottianos, mas que portarão marcas de continuidade em relação à "tradição independente" em que Winnicott ocupa lugar de destaque. Como no caso de Winnicott, o que se dará nesses casos será muitas vezes "juntar isso e aquilo, aqui e ali, formar as próprias teorias e então, em último lugar, descobrir de onde se roubou o quê". Como já vimos quando abordamos essa "divisa metodológica" de Winnicott, não se trata de um testemunho sequencial e fidedigno acerca do modo como as coisas se desenrolam – trata-se, isso sim, de um posicionamento estratégico em meio à saturação de determinantes institucionais e sociais no contexto da comunidade psicanalítica, fazendo com que o recurso a uma certa *non chalance*, um certo gingado diante das filiações e influências mais peremptórias possa operar, por si só, como modo de afirmação e consolidação de um lugar.[5]

Creio que talvez seja útil, nesse momento, convocar exemplos que possam conferir clareza ao que estou sugerindo. Podemos lembrar, de partida, do exemplo de Zygouris aventado na abertura deste texto: ser "da escola da rua" é ser de algum lugar, e é poder

---

5 É inclusive possível remontar esse tipo de circulação institucional a Ferenczi, fazendo com que essa forma não caiba sob a insígnia do winnicottismo, mas sim que Winnicott caiba sob o ferenczianismo. Acredito, no entanto, que a peculiaridade do trajeto institucional de Ferenczi enquanto autor canônico e de sua influência decisiva sobre "chefes de escola" mais autoritários, como Melanie Klein, desaconselha esse tipo de retroação do movimento.

dizer algo sobre si (ser "da escola da rua" não é uma falta de resposta ou uma recusa à pergunta, mas sim uma resposta taticamente eficaz em vista do que se pretende). Podemos pensar também nos autores ligados ao que estou chamando de "escola pós-escolas", representada no cenário paulista por autores como Mezan e Figueiredo: nota-se aqui a constituição de um modo específico de pensar a psicanálise, que não é uma ausência de pensamento nem uma fuga às questões, mas sim um posicionamento estratégico – por isso recorro à denominação (um tanto sarcástica, mas pensada nesse contexto) de uma "escola pós-escolas"; uso a expressão para dar notícia do fato de que não se trata de algo "para além" das escolas, mas de um posicionamento relativamente a estas, considerando sua presença e existência e estando ali com (ainda que contra) elas. Um último exemplo (também regional, paulista) que creio ser esclarecedor é aquele do lacanismo universitário que se propõe a criticar os excessos do lacanismo de um ponto de vista que não pode ser outra coisa senão lacaniano – o caso mais esclarecedor nesse sentido é o do "Folclore lacaniano", texto publicado sob o heterônimo de "Ultimíssimo Lacan" na primeira edição da revista *Lacuna* (Lacan, 2015); temos, então, uma revista chamada *Lacuna*, um autor chamado Ultimíssimo Lacan e um texto chamado "Folclore lacaniano" compondo uma crítica aos excessos do lacanismo que porta todas as marcas características de um texto "lacaniano" (coisa que me parece, efetivamente, ser) – diria que nesse contexto trata-se de um "lacanismo pós-lacanismo", homólogo em quase tudo à "escola pós-escolas".

Essas considerações certamente não têm como propósito deslegitimar ou pôr sob suspeita esses movimentos – tudo que pretendo mostrar aqui é que eles fazem parte da história em que se inscrevem, e são, nesse sentido, incorporados pela tradição relativamente à qual se posicionam. A ideia de se posicionar "após" ou "do lado de fora" de algo não garante essa exterioridade – e, pelo contrário, o posicionamento "após" ou "do lado de fora" é indicativo de um estabelecimento de relação, incluindo o elemento "rejeitado" na localização estratégica do movimento em causa.[6]

Há um imbróglio famoso na história da teoria literária que pode esclarecer esse ponto, que relato aqui brevemente a título ilustrativo. George Orwell publicou em 1940 o texto *Inside the whale* (Dentro da baleia), em que dizia que os escritores deveriam pôr-se alheios aos acontecimentos sociopolíticos de seu tempo de forma a poder efetivamente criar coisas artisticamente significativas – a baleia do título, inspirada no animal que engole Jonas no episódio bíblico referido muitas vezes como "Jonas e a baleia", dá notícia desse isolamento a que os escritores acorreriam voluntariamente, "entrando" na baleia como forma de se distanciar das circunstâncias imediatas de suas vidas. Anos mais tarde, Salman Rushdie respondeu a Orwell com um texto intitulado *Outside the whale* (Fora da baleia) (Rushdie, 1984), dizendo que a postura sugerida por Orwell é impossível, porque não há como estar "dentro da baleia" – Rushdie não defende que os escritores "saiam" das baleias com seu texto, mas sim que "a baleia não existe", de forma que toda atividade criativa será necessariamente atravessada pela ocasião sociopolítica que a contextualiza. É claro, inclusive para Rushdie, que a questão acerca da *incorporação ao texto artístico* de elementos sociopolíticos é uma questão, mas a proposta de "pôr-se

---

6 Bruno Latour aborda essa questão de forma extensa acerca das relações entre o "pós-modernismo" e a modernidade em seu *Jamais fomos modernos* (1994) – seu movimento, em contraste, será o de recusar a modernidade enquanto estratégia de pensamento. Não compartilho, no entanto, da acidez dirigida por Latour ao pós-modernismo, nem de sua forma pejorativa de definir pós-modernismo (parece-me recorrente que se construa um "espantalho" sob a designação de pós-modernismo, ali alocando caricaturas distorcidas dos movimentos relativamente aos quais se nutre antipatia; no caso de Latour se trataria da desconstrução e da obra de Lyotard, como bem demonstrado em análise de Cohen, 1999).

fora de contexto" internando-se em alguma baleia alegórica é nada mais que um mito.

Transpondo esse imaginário para o contexto psicanalítico, podemos dizer que as "tradições independentes" estarão sempre dependentes das tradições com as quais elas se relacionam – a formação independente na Sociedade Britânica não tinha como não ser uma espécie de "linha C", o "lacanismo pós-lacanista" seguirá sendo uma revisão crítica de um lacanismo pregresso visto ou imaginado, as escolas pós-escolas seguirão sendo escolas inscritas num contexto de escolas. Não compete a mim (nem a ninguém) profetizar o impossível, e reconheço a possibilidade hipotética de uma psicanálise "trans-escolas" – entendo apenas que qualquer engajamento que almeje esse tipo de resultado terá de lidar com as escolas, sua existência e seus meios de reprodução, não sendo possível propor uma escola "dentro da baleia" que "resolva" as questões do lado de fora por ter-se posto ao largo (pelo simples motivo de que ela não se pôs ao largo, já que, como diz Rushdie, não há baleia).

Por isso, parece-me que a tradição independente de Winnicott se inscreve na tradição e se posiciona em relação às demais (ela não *é* independente, ela *luta por* independência num contexto em que, segundo sua concepção, as dependências assumiam contornos deletérios), assim como me parece que a "escola pós-escolas" é uma escola (lutando, eventualmente, pela criação de espaços "fora das" escolas – embora também seja possível divisar movimentos de consolidação de uma "escola pós-escolas" como uma escola em seu pleno direito, estabelecendo seus cânones, lideranças e eventualmente até instituições). Não estou, obviamente e uma vez mais, querendo denunciar nenhuma hipocrisia nem nada do estilo: estou apenas apontando para o fato de que as supostas "isenções", "superações" ou "entradas em baleias" serão sempre gestos intencionais inscritos nos contextos em relação aos quais pleiteiam estabelecer distância.

O posicionamento estratégico de Winnicott em sua carta a Klein e Freud é claro nesse ponto: não me parece que Winnicott acredite *da vero* que o progresso da ciência irá dirimir por sua própria conta os mal-entendidos e equívocos institucionais e pessoais – afinal, se acreditasse nisso ele não precisaria sequer escrever a carta, dedicando-se outrossim à clínica e à ciência que afinal seriam os motores do progresso e da história. Acontece que ele se entrega aos jogos "de escola", toma parte neles, ele *está em meio a eles* – a peculiaridade (notável) de sua posição estratégica é que ele trabalha para fazer-se visto como alguém que não deve ser visto como alguém que trabalha para ser visto.[7] Assim, se (nas palavras de Winnicott) Klein é a líder da igreja e Anna Freud é a professora de referência, Winnicott é o líder no jogo de "siga o mestre", tentando ser seguido enquanto tenta conseguir não ser seguido.

---

7 Não por acaso Winnicott será um desses autores para quem o autor verdadeiramente talentoso deixa de estar lá, no texto: afinal, nos termos de sua movimentação institucional, quando tudo dá certo tudo funciona como se nada tivesse acontecido (e quando tudo dá certo há winnicottianos, mas eles não serão vistos como winnicottianos, ou sequer saberão que são winnicottianos).

6. Topografias do pensamento psicanalítico enquanto teoria e movimento

Nem cá, nem lá: os lugares das escolas na topografia psicanalítica

A questão acerca do impacto das autorias no pensamento e na escrita já figura neste texto desde suas primeiras linhas, quando tratamos da continuidade que acolhe o começo: o começo não é o começo, pois há uma trama pronta a acolher o texto, trama que se retifica à medida que a leitura avança, mas que tratará sempre de inscrever o texto em um entendimento que o explica. A relação do autor com a implementação de suas comunicações passa, portanto, pelo posicionamento relativo que ele pretende ocupar nesse contexto, e a forma como tentará atingir seus objetivos – esse movimento do autor com a comunidade que pleiteia impactar e com a tradição a partir da qual retira a pertinência (e a presunção de inovação) de suas ideias – será o campo em meio ao qual sua produção textual operará. Tratamos disso no contexto da "divisa metodológica" que Winnicott apresenta na abertura de "Desenvolvimento emocional primitivo", ainda na Parte 1 deste trabalho, tratando da "inconsciência suficiente" (nos termos de Agamben) para que o autor possa reinscrever, por meio de si, a trama que o acolhia em direção a algo que porte as marcas de tê-lo atravessado.

Todos esses desenvolvimentos acerca da influência, da inovação e da relação com a tradição partem, em minha trajetória, da leitura que fiz do conceito de "angústia de influência", apresentado por Harold Bloom ao campo da teoria literária em 1973 (Bloom, 2002). A definição do conceito é oferecida por ele logo nas primeiras páginas do prefácio:

> *influência-angústia não se refere tanto aos precursores quanto é uma angústia realizada no e pelo texto. A angústia pode ou não ser internalizada pelo escritor que vem depois, dependendo de temperamento e circunstâncias, mas isso dificilmente importa: o texto forte é uma angústia realizada. "Influência" é uma metáfora, que implica uma matriz de relacionamentos – imagísticos, temporais, espirituais, psicológicos – todos em última análise de natureza defensiva. O que mais importa é que a angústia de influência resulta de um complexo ato de forte má leitura. . . . O que os escritores podem sentir como angústia, e o que suas obras são obrigadas a manifestar, são as consequências da apropriação poética, mais que a sua causa (Bloom, 2002, pp. 23-24).*

Em nosso contexto, o ponto então é que o autor canônico é determinado pela sua "má leitura" de Freud, que atravessa sua obra e determina, por meio dele, a recepção que se fará dele mesmo (e de Freud, por meio dele) por seus leitores. Freud se oferece como o ponto fulcral dos gestos de leitura em psicanálise,[1] a partir de onde emanam os atos de "má leitura". Assim, Freud é o ponto zero, o marco totêmico de onde irrompem todas as leituras, sendo os autores canônicos aqueles que conseguem ser atravessados em suas "más leituras" de forma a "realizar" suas angústias na composição de um texto que passa, *a posteriori*, a operar como cânone ao centro de uma determinada "gangue" instituída dentro do movimento psicanalítico. Paradoxalmente, portanto, a questão não é a paralisia que a angústia deflagra, mas sim as marcas que ela deixa quando se encontra uma obra que atravessou a angústia. É claro que isso diz respeito em grande medida ao fato de que aqueles que foram dominados pela angústia de influência não entraram para a história, e por isso estudamos os casos que de alguma maneira escapam a ela – a sacada aqui, no entanto, é que ninguém escapa a ela, havendo apenas aqueles "suficientemente inconscientes" para ser atravessados por ela e imprimir com isso as marcas de sua angústia no cerne do movimento instituído. Como diz Borges, "cada escritor *cria* seus precursores. Seu trabalho modifica nossa concepção do passado, assim como há de modificar o futuro" (Borges, 2007, p. 130, destaque do original).

Assim pode-se dizer que estivemos vendo como os autores canônicos – Klein, Winnicott, Lacan etc. – criam seus próprios Freuds, e tentam propor uma psicanálise que esteja ancorada em um Freud que seja "deles" (por portar as marcas de suas angústias). Suas obras transpiram, quando entendidas sob essa chave, as marcas dessa luta. A principal razão para que toda essa discussão importe é porque, como vimos, os autores canônicos são erigidos em "pontos de recaptura totêmica": Klein, e Winnicott, e Lacan,

---

[1] Para Bloom, o mesmo se passa, em poesia, com Shakespeare, o autor fundamental, o inventor da subjetividade e da literatura moderna – toda angústia de influência na história da poesia poderia ser compreendida, segundo Bloom, em função da "genealogia de influências" que a remete a Shakespeare.

deslizarão Freud em direções diversas, e reorganizarão o espaço da horda psicanalítica em função de uma topografia fantástica, em que os marcos de dizibilidade e indizibilidade são determinados por amplos ruídos, resultantes da proliferação de discursividades a disputar acesso hegemônico ao "marco zero".

Esse imbróglio topográfico, esses estranhos lugares ocupados pelos dizeres, configurarão uma habitação paradoxal da psicanálise enquanto espaço de pensar/dizer. Aqueles tranquilamente submetidos às autorias canônicas ("excessivamente inconscientes", digamos assim) tomarão os "marcos zero" estipulados por seus autores como *o* totem, e repetirão a partir dali o que a psicanálise *é*. Aqueles intranquilamente ocupados com as autorias canônicas ("suficientemente inconscientes") questionarão os "marcos zero" de seus autores canônicos de influência, e (quando bem-sucedidos) promoverão deslocamentos nos marcos de referência, promovendo novos pontos; aqui encontramos os novos autores canônicos (Bion depois de Klein, por exemplo) e os autores "sem nome de autor" (nas escolas pós-escolas e na "psicanálise contemporânea" de Green, por exemplo). Em situações "heteronômicas", quando os autores não se encontram "entre os seus", as dispersões geram inquietação, o pensar parece polifônico e é comum que se recuperem os motes "freudianos" acerca do estatuto "subversivo" da psicanálise, de como seu destino é suscitar rancor e resistência etc. Quando o psicanalista se encontra "em meio aos seus", na sua escola e lendo seu autor canônico de preferência, procede-se a mapeamentos mais firmes e sólidos e tenta-se "avançar" em direção a questões mais bem definidas e delineadas. Pode haver passagem de um modo a outro em gradações, evidentemente – o ponto principal aqui é que a construção topográfica da psicanálise enquanto comunidade, instituição e modo de pensamento oscila e por isso muda de configuração à medida que o sujeito se movimenta em meio ao campo heterogêneo – Freud, particularmente, "desliza" de uma submissão dócil à *doxa* lacaniana em direção a um enigma polifônico quando um lacaniano sai de uma reunião de sua instituição-sede em direção a um campo "estrangeiro intrapsicanálise".

Acredito que essa situação paradoxal da psicanálise é bem delineada por meio da imagem veiculada por Pontalis:

> *Digamos que a história da psicanálise consistiu menos em definir os limites de sua ação para precisá-los cada vez melhor, como um Estado que procedesse a incessantes retificações de fronteiras, do que em ficar perto desses limites, como um povo nômade que nunca se instalasse numa província, mesmo que ela fosse distante e afastada das civilizações reinantes, e só encontrasse seu espaço nos confins, seu motivo de existir nessa vizinhança sem nome com uma linha que ele mesmo, independentemente de qualquer mapa, está traçando* [complementa em nota de rodapé:] *Esta é evidentemente uma concepção ideal. Não seria difícil mostrar que a psicanálise, em sua realidade, sobretudo institucional, sempre funcionou mais conforme o modelo do Estado* (Pontalis, 2005, p. 213).

Pois bem, o ponto que estou propondo aqui é que a psicanálise não opera nem de um jeito, nem de outro: ela opera paradoxalmente, entre um modelo e outro, em função do caráter paradoxal da própria topografia de sua institucionalidade. A psicanálise é ao mesmo tempo um e vários Estados, e reconhecerá a si mesma como Estado, como arquipélago e como povo(s) nômade(s) em função do posicionamento relativo do psicanalista naquele momento dado. Assim, quando o psicanalista se aproxima de seu cânone, ele se sente sob a guarida de um Estado forte – que por vezes, é verdade, imagina a si mesmo como um povo nômade "eleito" e em diáspora rumo à sua Terra Prometida, mas ainda assim como um grupo compacto, ciente e cioso de si; quando se distancia da guarida e chancela de seu autor canônico, o psicanalista sente o campo a que pertence como polifônico e confuso *ou* como remetido de forma turbulenta à autoridade do totem-Freud. Com isso, podemos associar a imagem paradoxal veiculada por Pontalis a essa outra, sugerida por Bhabha:

> *É para a cidade que os migrantes, as minorias e os povos diaspóricos vêm para mudar a história da nação. Se... o povo emerge na finitude da nação, marcando a liminaridade da identidade cultural,... é a cidade que oferece o espaço no qual as identificações emergentes e novos movimentos sociais do povo são encenados (Bhabha, 2013, p. 272).*

As autorias canônicas serão, então, as implementações de conjuntos de leituras, "todos de natureza defensiva", como diz Bloom: não no sentido de serem tortas ou erradas, mas no sentido de se organizarem tendo em vista a consolidação de um espaço fechado; todo o caráter paradoxal disso resulta do fato de que esse espaço fechado fará sempre remissão a um marco de filiação deslocado, na medida em que os diversos membros da fratria psicanalítica não têm como "desexistir" uns aos outros – esse, provavelmente, o maior acerto na composição "mitológica" da horda primeva de Freud: os filhos se unirão contra o pai, em nome do pai, ao redor do pai, sob o pai, e por isso jamais superarão nem ao pai, nem uns aos outros. A composição do "território" psicanalítico congrega, portanto, entendimentos "fechados" e "abertos", mudando à medida que se muda a perspectiva: como em um caleidoscópio, o movimento do psicanalista em meio a grupos fará com que ele entenda a psicanálise de formas diferentes.[2]

Crítica à ideia de uma excepcionalidade intrínseca da psicanálise

Acompanhando a discussão desenvolvida até o momento, podemos concordar com Pontalis quando diz que a psicanálise não se preocupa tanto em definir seus limites como faz um Estado: afinal, parece claro que não se sabe bem onde estão os limites, visto que nem sabemos se é possível usar o singular para se referir à psicanálise. Afinal, quantas psicanálises há? Onde começa uma e termina outra? Desde a tentativa de sistematização proposta por Freud em *História do movimento psicanalítico* (em que ele promove o tal "retorno transferencial" e se elege como único legítimo proponente desse tipo de divisa territorial), houve uma série de outras tentativas de resposta a essa pergunta.[3] Podemos também concordar com a colocação suplementar oposta, trazida por Pontalis na nota de

---

[2] Se quisermos, podemos também comparar o processo de deslizamentos em marcos na composição da topografia ao processo de "ver e desver" em *A cidade & a cidade*, de China Miéville (2014), já citado na introdução deste trabalho. A diferença aqui é que as cidades que coexistem (as diversas "psicanálises" que convivem nessa terra chamada psicanálise) mudam seus contornos conforme se muda a perspectiva, e o exercício de ver e desver muda conforme muda o posicionamento "diplomático" de quem vê. Se estou discutindo com winnicottianos vejo uma psicanálise, se estou discutindo com detratores da psicanálise vejo outra, por exemplo – há continuidades, evidentemente, mas há descontinuidades importantes, em função do "deslizamento" dos marcos e da topografia.

[3] Exemplos notáveis são aqueles do "*common ground*", que foi pauta no seio da International Psychoanalytical Association (IPA) algumas décadas atrás, o "retorno a Freud" de Lacan e, mais recentemente, *Orientações para uma psicanálise contemporânea*, de Green (2008).

rodapé referida à mesma passagem: a psicanálise, sobretudo em sua operação institucional, opera, sim, como um Estado – e um Estado bem conservador, em muitos momentos.

Essa aparente contradição se dissolve quando podemos compreender o funcionamento paradoxal que regula a institucionalidade da psicanálise, que recorre a uma espécie de excepcionalidade intrínseca como característica fundamental, ou seja: "o que temos em comum é que somos diferentes". Diferentes, aqui, se refere aos "de fora" – os clínicos pautados por sintomas ou comportamentos, por exemplo, ou os "cientistas", ou os "executivos" – mas também aos "de dentro" – os psicanalistas de orientações distintas ou que divergem em algum aspecto que se possa vislumbrar. As diversas diferenças interagem umas sobre as outras, compondo essa topografia móvel a que estivemos nos referindo, sendo que essa mobilidade sempre deriva de seu lastro central que é Freud (algum Freud). Um elemento que parece ter sido crucial no sucesso e na estabilização da psicanálise ao longo do tempo foi a disposição dessa operação como derivada de uma certa "missão" da psicanálise – a famosa ideia de que "provocar rancor e despertar oposição é o destino inevitável da psicanálise", profecia cunhada pelo próprio Freud nas primeiras páginas da tal *História do movimento psicanalítico* (1914/1996e, p. 19). Pouco tempo depois, Freud articularia essa sua profecia a mais um "mito de origem", dessa vez alinhando a psicanálise à restrita linhagem das "feridas narcísicas" perpetradas sobre a humanidade inteira – e acredito que nos convenha, agora, determo-nos um instante sobre essa história, pelo que ela elucida a respeito do devir institucional da psicanálise e da presença dessa institucionalidade sobre a forma como os psicanalistas tendem a compreender a si mesmos.

Quem deflagra essa história é um homem chamado Hugo Veigelsberg, poeta húngaro que publicava sob o nome Ignotus ("desconhecido" em latim); entusiasta da psicanálise, ele pede a Freud em 1916 que escreva um artigo para a revista literária *Nyugat* ("Oeste" ou "Ocidente" em húngaro), dirigida por ele e passando por dificuldades no período em função da Primeira Guerra. O texto submetido por Freud, "A pszihoanalyzis egy nehézségéröl", foi publicado no início de 1917; na *Standard Edition Brasileira* foi publicada sob o título "Uma dificuldade no caminho da psicanálise" (1917/1996i).[4]

Trata-se do famoso texto acerca das "três feridas narcísicas da humanidade". Freud falará nesse breve texto, endereçado claramente a um público amplo, de uma dificuldade que ele considera peculiar à psicanálise – não "no caminho" dela, como quereria a tradução *Standard*, mas *dela*. O que seria uma dificuldade *da* psicanálise? Freud explica que não se trata de uma dificuldade intelectual, ou seja, uma dificuldade para entendê-la, mas de uma dificuldade afetiva. No entanto, "os dois tipos de dificuldade, afinal, equivalem-se: onde falta simpatia, a compreensão não virá facilmente" (p. 147). Percebemos, então, que não se trata de uma dificuldade *da* psicanálise propriamente, como se ela mesma tivesse uma dificuldade: trata-se de uma dificuldade com a qual ela confronta quem se encontra com ela, uma dificuldade ao se lidar com a psicanálise.

O argumento central de Freud nesse texto é já bem conhecido: as pesquisas científicas teriam confrontado o "narcisismo universal dos homens, o seu amor-próprio" (Freud, 1917/1996i, p. 149),[5] com três severos golpes: o primeiro, cosmológico, desferido por

---

4 Farei referência, algumas vezes, à publicação em alemão desse texto, "Eine Schwierigkeit der Psychoanalyse" (1917/1966) ("Uma dificuldade da psicanálise").

5 Nesse ponto a tradução *Standard* desvia da tradução óbvia: Freud se refere claramente à humanidade, "*Menschheit*", e não "aos homens", que seria "*die Menschen*". Retornaremos a isso adiante.

Copérnico (ao cabo de um longo processo de consolidação da posição, afinal atribuída a ele, segundo a qual a Terra não é o centro do Universo); o segundo, biológico, desferido por Darwin (a quem Freud priva de antecedentes no texto, diferentemente do que fizera com Copérnico e de forma surpreendente, já que é amplamente sabido que teorias evolutivas aparentadas à avançada por Darwin existiam desde a Grécia Antiga); e por fim o terceiro, psicológico, desferido pela psicanálise representada pelo próprio Freud (e que conta com um antecedente, no entendimento de Freud, na obra de Schopenhauer). Três golpes à suposição de centralidade e de autorreferenciabilidade, três deslocamentos, impondo ao "homem universal" o confronto com o fato de que não é dele que a vida, o sentido e a ordem emanam: a Terra não é o centro do Universo, o homem não é o ápice da vida e o Eu não é senhor em sua própria casa. A contribuição da psicanálise, seu golpe ao "narcisismo universal dos homens", é descrita nos seguintes termos:

> *Essas duas descobertas – a de que a vida dos nossos instintos sexuais não pode ser inteiramente domada, e a de que os processos mentais são, em si, inconscientes, e só atingem o ego e se submetem ao seu controle por meio de percepções incompletas e de pouca confiança –, essas duas descobertas equivalem, contudo, à afirmação de que o* ego não é o senhor da sua própria casa. *Juntas, representam o terceiro golpe no amor próprio do homem, o que posso chamar de golpe* psicológico *(Freud, 1917/1996i, pp. 152-153).*

Essa frase, grifada na própria edição *Standard*, "o ego não é o senhor da sua própria casa",[6] tornou-se célebre e é repetida com

---

6 Convém notar que a tradução oferecida pela *Standard*, nesse ponto específico,

bastante frequência; há, no entanto, algo estranho nela: que casa é essa? Podemos entender, evidentemente, que a "casa" que o ego habita é a vida psíquica, mas, justamente por não podermos contar com o ego e com os pensamentos conscientes e organizados como fonte de esclarecimento, teremos de nos contentar com uma noção bastante vaga acerca da "casa" que o ego habita. Pois é claro que, antes de desferido o golpe psicológico de que fala Freud, poderíamos nos referir à "casa" do ego como aquela de que ele era senhor: a consciência, o pensamento consciente e organizado, a lógica, enfim; no entanto, uma vez desferido o golpe, essa casa já não está mais lá: o ego não é mais senhor em sua própria casa, e ainda por cima descobre que sua própria casa *ele não sabe qual é*. Essa descoberta – feita pelo atônito ego – seria consoante à lógica do *Nachträglichkeit*, da posterioridade ou do *a posteriori*: uma dada impressão retroage sobre o aparato psíquico reconfigurando toda a conformação da vida psíquica do sujeito da experiência, que a vive imerso nela mesma *e* imerso em si mesmo *e* vendo refluir e sobredeterminar essas fontes heteróclitas de entendimento e impressão.

No texto que temos em mente, no entanto, Freud não vai tão longe: a casa de que ele fala é, ainda, a do narcisismo, fonte primária de autoidentificação e investimento. O texto de Freud principia justamente com uma explicação sucinta a partir da teoria do narcisismo esboçada dois anos antes, em 1914, no texto "Sobre o narcisismo: uma introdução" (1914/1996f, voltaremos a esse texto em breve); explica como "no início do desenvolvimento do indivíduo" a libido vincula-se a si mesma, investe o próprio ego (mais que isso, no entanto: ela cria o próprio ego) e somente progressivamente passa a investir objetos externos, regressando eventualmente ao ego; explica como a sanidade depende dessa mobilidade do ego, e como

---

é bastante fiel ao original alemão e pouco sujeita a controvérsias: "*das Ich nicht Herr sei in seinem eigenen Haus*" é literalmente "o eu [ou Eu, ou Ego] não é senhor em sua própria casa".

as crianças, os primitivos e os neuróticos padecem de déficit nesse sentido, o que explicaria justamente sua diferença. Nesse contexto, fica claro que Freud não "desexiste" retroativamente a casa de que o ego se achava senhor a partir de um efeito *nachträglich*: ele propõe uma ponderação que promove um domínio mais efetivo, ou um entendimento mais efetivo acerca do domínio possível. Freud chega a encetar um diálogo ponderado com o ego, tentando mostrar-lhe como ele se engana em sua convicção de domínio e sobre as benesses de uma postura mais humilde diante do território que ele habita e pretende governar:

> *O que acontece realmente e aquilo que você sabe são duas coisas distintas . . . Mesmo se você não está doente, quem poderá dizer tudo o que está agitando sua mente, coisas que você não sabe ou das quais tem falsas informações? Você se comporta como um governante absoluto, que se contenta com as informações fornecidas pelos seus altos funcionários e jamais se mistura com o povo para ouvir a sua voz. Volte seus olhos para dentro, contemple suas próprias profundezas, aprenda primeiro a conhecer-se! Então, compreenderá que está destinado a ficar doente e, talvez, evite adoecer no futuro* (Freud, 1917/1996i, p. 152).

Parece-me claro aqui que não se trata de deixar de ser governante: trata-se de deixar de se comportar como um governante absoluto, na expectativa de poder governar ("conhecer") melhor. Visto que não há conhecimento absoluto – derrubado pelos golpes desferidos pelos três pesquisadores – o conhecimento que queira merecer esse nome precisaria afirmar-se sobre outras bases, abdicando de sua pretensa centralidade e aprendendo a habitar um terreno acerca do qual não domina as margens e contornos. No texto freudiano, no entanto, isso não significa que não há centro: o centro continua sendo o ego; o ponto em causa, ao menos para Freud, é que se trata então de um ego que não pode supor mais ser o senhor *absoluto* em sua casa – é necessário, enquanto senhor de uma casa em que não é senhor, ouvir a voz do povo.

A posição de Freud aqui não é aquela professada por muitos psicanalistas, segundo a qual a psicanálise seria uma força disruptiva radical, que afirma ter destituído o ego de sua casa para lançá-lo à errância no vazio do universo ou à deriva aleatória das sempre precárias especiações; Freud desfere o golpe psicológico sem pretender a derrubada da morada do "homem universal", mas sim, pelo contrário, pretendendo auxiliá-lo, antimaquiavelicamente, a aprimorar-se nas artes do governo por meio da ponderação e da humildade. A metáfora do governante é bastante clara quanto a esse ponto: o governante deve ouvir a voz do povo (deve ser isso que Freud tem em mente quando diz que o ego deve renunciar à sua postura de "só ouvir seus altos funcionários") e aceitar a diferença entre o que ele sabe e o que acontece para, sabendo que está destinado a ficar doente – isto é, perder o controle de seu governo, deixar seu desconhecimento derrubá-lo – poder justamente evitar adoecer – isto é, não perder o controle de seu governo, não deixar o desconhecimento derrubá-lo. Duas coisas parecem claras, nesse ponto: que não se trata de uma saída fácil, mas que ainda assim se trata de uma saída.

De toda forma, há no pano de fundo desse texto um acontecimento notável pelo qual a psicanálise assume o protagonismo: o apontamento de uma crise, uma crise difícil de enfrentar e com a qual lidamos ainda hoje. A psicanálise teria sido o agente da enunciação: "senhor, o senhor parece não ser mais o senhor em sua própria casa" – e essa é uma colocação acontecimental, transformadora na história desse "homem universal" que é o homem branco europeu moderno. No entanto, há de se reconhecer que, ainda que se trate de denunciar essa nudez do soberano ego, e ainda que se trate de apontar a ineficácia dos "altos funcionários" – a lógica, a razão, o pensamento metódico etc. –, a psicanálise, pela tinta de Freud, representa ainda um trabalho em benefício da soberania do soberano.

De qualquer forma, vemos que a "dificuldade" da psicanálise remete diretamente ao caráter inquietante e perturbador que ela porta consigo, particularmente em relação a esse senhor absolutamente seguro de seu governo. Não tenho dúvidas de que a psicanálise porta esse potencial perturbador consigo, e que ele habita a psicanálise; não estou tão seguro, no entanto, de que esse elemento perturbador opera sempre que há psicanálise em jogo. Parece-me que ao longo do "caminho da psicanálise" ela foi construindo para si uma "casa" a partir de onde pudesse ser reconhecida como algo específico, definido, estável. Esse lar inclui essa consideração de si mesma como algo difícil, de forma que a psicanálise passou a entender-se fazendo recurso a essa dificuldade que ela porta consigo, e me parece que ao longo de sua história essa referência autoidentitária pode ter servido, entre outras coisas, para domesticar esse elemento "difícil".

O texto de Freud fazia menção a uma dificuldade "da" psicanálise, que dizia respeito à dificuldade de entendê-la e de relacionar-se afetivamente com ela – enquanto verdade. Isso porque ela remeteria a essa "ferida narcísica" da "humanidade", que tem de reconhecer agora que não manda nem mesmo em sua autoconsciência. Nesse cenário, a psicanálise pode muito bem ser esta que porta uma dificuldade, como afirma Freud, por meio do "Desconhecido" que leva essa notícia à revista "Ocidente"; mas pode também ser a representante de uma dificuldade que ela reputa como incontornável, e que sustenta diante da "senhoria" justamente com o propósito de oferecer a esta o melhor serviço disponível. A diferença, como se deve perceber, é crucial: a psicanálise pode ser compreendida como "subversiva", mas pode também ser compreendida como denunciadora de algo perturbador na situação do reino, não por seu pendor subversivo, mas justamente por sua dedicação aos interesses do reino. A psicanálise pode ter percebido que um governo excessivamente confiante em si mesmo pode levar ao descontrole sobre as terras governadas, pode fazer com que a senhoria não controle mais a própria casa. Se o "Eu" não escutar além de seus altos funcionários, se não se abrir ao desconhecido, terá de lidar com a perda de controle: revolta na senzala, independência das colônias, insubordinação dos governados.

Não me parece que o melhor caminho seja "escolher um time": pró-psicanálise ou antipsicanálise, membro da psicanálise "subversiva" ou "dominadora". Acredito, a bem da verdade, que não se trata de duas coisas opostas e incomunicáveis, uma bifurcação inevitável para se entender o que a psicanálise é e faz; acredito que se trata, aí sim, de uma *dificuldade da psicanálise*, algo de paradoxal e perturbador que ela porta consigo; e ainda se trata, por derivação, de uma dificuldade que a psicanálise *encontra em seu caminho*, algo que ela deve manejar de forma a não ter seu caminho atrapalhado por esse inconveniente que é falar dessas inconvenientes coisas inconscientes (e por ser seduzida a manejar retoricamente esse inconveniente de maneiras argumentativamente improcedentes, no velho golpe do "cara eu ganho, coroa você perde").

Nesse sentido, o que me parece acontecer com frequência é que essa suposta dificuldade se tenha convertido em trunfo, com a psicanálise e os psicanalistas falando dessa dificuldade e dessa subversão como forma de sustentarem a peculiaridade e o caráter especial de sua prática e sua disciplina. Afinal, se há, sim, muitas terapias e muitos saberes sobre a alma, não há nenhum outro que se alinhe a Copérnico e Darwin enquanto agentes de feridas no narcisismo da humanidade.

Nesse contexto, no entanto, sobrepõem-se considerações de ordens distintas, e isso acaba gerando uma boa parte das dificuldades com que lidamos aqui. A dificuldade da psicanálise torna-se, num olhar mais detido, muitas dificuldades.

Em primeiro lugar, tratar-se-ia da dificuldade explícita e claramente referida por Freud: a psicanálise representaria uma descoberta narcisicamente inquietante para o homem branco europeu moderno, que teria de poder lidar com essa dificuldade para beneficiar-se da psicanálise ou, ao menos, aceitá-la enquanto ciência.

Esse problema complica-se, no entanto, na medida em que o argumento de Freud inclui uma consideração quanto à aceitação e ao lugar ocupado pela psicanálise na sociedade que a acolhe. A dificuldade poderia prestar-se (como frequentemente aconteceu e acontece) a funcionar como instrumento retórico na justificação da posição ocupada pela psicanálise ou mesmo na construção de uma estratégia de defesa dos lugares ocupados ou pleiteados por ela. Aqui, estaríamos tratando da maneira como a fundação "científica" de um coletivo disciplinar específico defende seus interesses, valendo-se de uma apresentação intencional do objeto de que trata como fundamento para a consolidação de estratégias e táticas em contextos sociais.

A partir da análise que empreendemos até aqui, por fim, delineia-se uma leitura intencional acerca dos riscos de manipulação retórica por parte da comunidade psicanalítica científica: haveria, por um lado, o recurso à "dificuldade" da psicanálise como forma de compreender sua trajetória e lugar na história, como um elogio às suas virtudes e à grandeza de seus feitos e conquistas. A dificuldade da psicanálise, assim, seria o fio articulador do épico que narra a história da psicanálise – sua luta contra as resistências do "narcisismo universal dos homens", em nome da ciência e do progresso da "humanidade"; isso situa a psicanálise em um lugar distinto daquele ocupado por outras práticas "psi" e mesmo em relação a outros saberes das "humanidades", já que confere um tom grandiloquente e único à psicanálise. Por outro lado, em articulação com esse, mas prestando-se a outros fins e contextos, a "dificuldade" da psicanálise pode ser mobilizada como uma espécie de "justificativa *a priori*" para todo deslocamento da psicanálise em relação ao lugar de verdade, correção, efetividade e domínio – em resumo, pode-se tomar a "dificuldade da psicanálise" como um coringa, explicando tudo o que, podendo ser esperado ou atribuído à psicanálise, deixa de acontecer em termos ideais. A situação, nesse último ponto, é tão simples como é preocupante: psicanalistas recorreriam a seu efeito no "narcisismo universal dos homens" como mantra, "normalizando" quaisquer trajetórias não ideais em função dessa excepcionalidade intrínseca.

A descoberta fundamentalmente perturbadora e revolucionária que foi a psicanálise, a circunscrição de direito dessa descoberta, as maneiras de acessar sua história "interna" e as vicissitudes de sua história: temas heteróclitos, inextricavelmente articulados na retórica da "ferida narcísica".

Considero pertinente e interessante que se possa seguir a pista indicada por Freud em seu texto, avaliando o impacto e os detalhes da contribuição da psicanálise à história das ideias. Creio, nesse campo, que há espaço para avanços, já que muitas das pesquisas e publicações em história da psicanálise tendem a ratificar mitos e/ou a narrar os acontecimentos isolando a psicanálise de seu contexto, bem como isolar Freud da comunidade de que ele fazia parte. A noção de "dificuldade" avançada por Freud em seu artigo de 1917 toca diretamente esse ponto, sobretudo se considerarmos que o caráter "subversivo" atribuído à psicanálise se torna frequentemente ocasião para a composição de "normalizações", inflacionamentos e distorções acerca do estatuto da práxis psicanalítica. Ou seja: a questão aqui é que os mitos de origem e de estatuto relacionados à forma como a psicanálise entende a si mesma oferecem um lastro de estabilidade na tal "topografia da psicanálise" a partir da remissão ao seu papel diferenciado diante da humanidade como um todo, em função de seu papel exclusivo de revelador do inconsciente – só a psicanálise enxergaria a (velha) nova roupa do imperador como ela realmente é, e é por isso que ela gera rancor e oposição (ou seja: é por isso que "eles" não deixam a psicanálise progredir como deveria, por atacarem-na, entenderam-na de forma equivocada, "traírem" Freud).

Meu ponto aqui é simples: estou tratando do risco de os psicanalistas considerarem que a psicanálise é, *a priori* e naturalmente, subversiva. Estivemos tratando dessa questão do ponto de vista da historiografia da psicanálise (na Parte 2) e do ponto de vista das disposições estratégicas na topografia das "guerras Freud"; será importante ainda podermos tratar do impacto que isso tem no contexto da práxis clínica dos psicanalistas. Afinal, é pequena a distância entre, de um lado, o reconhecimento do estatuto subversivo e historicamente crucial que um psicanalista faz de sua disciplina e, de outro, a articulação desse mesmo estatuto em relação ao seu trabalho no consultório (ou onde quer que ele desenvolva sua atividade clínica); e assim é igualmente pequena a distância entre considerar-se representante de uma disciplina que causou (num dado momento da história) uma ferida narcísica na humanidade e considerar-se causador de uma ferida narcísica na humanidade. O grande problema aqui, evidentemente, é que quando esse profissional clínico compreende seu trabalho nesses termos ele lhe confere um tom épico e grandiloquente que provavelmente é desproporcional à sua prática efetiva. Profissionais poderiam dizer, nesse enquadramento, que o que fazem no consultório é revolucionário, inquietante, transformador, é algo profundamente efetivo e eficiente política e socialmente, na medida em que se trata da reiteração dessa "ferida no narcisismo universal dos homens".

Sempre que isso é feito – e tenho a triste impressão de que isso é feito com frequência –, toma-se uma afirmação referente ao lugar da psicanálise, enquanto descoberta e no âmbito da história das ideias no Ocidente, como aplicável às condutas de profissionais filiados ao movimento derivado dessa descoberta. Considero esse movimento improcedente, tanto em termos lógicos quanto em termos políticos.[7]

Já disse antes neste texto que reconheço, compreendo e valorizo o engajamento dos psicanalistas na luta por condições dignas para a disciplina, defendendo-a de seus detratores e buscando condições para seu desenvolvimento; reconheço, ainda, que haja movimentos de resistência institucionais e sociais buscando enfraquecer o movimento psicanalítico e eventualmente enterrá-lo. Meu ponto (uma vez mais) é que essa defesa da psicanálise pode e deve abrir mão de mitologizações e autoenganos – e, em meu entendimento, acreditar que a psicanálise é eterna e intrinsecamente subversiva em função do estatuto de suas proposições inaugurais no contexto do estado dos saberes do Ocidente à época é um mito e um autoengano.

Entendo que isso funcione na escala individual/micro, quando psicanalistas associam suas *praxae* psicanalítica individuais a essa dimensão excepcional do que fazem (uma vez que eles veem as verdadeiras velhas novas roupas do rei), mas julgo, ainda, que isso funciona na escala da institucionalidade/macro, na medida em que

---

[7] Isso não significa, evidentemente, que estou dizendo imediatamente o oposto: que a psicanálise seria conservadora, reacionária, adaptacionista ou algo do gênero.

esse tipo de mito estabiliza o devir do movimento. Nesse âmbito mais geral, estaríamos tratando de um ponto de estabilização da psicanálise, em função do qual os deslizamentos entre as diversas psicanálises (e os deslizamentos que elas impetram a quem teria sido Freud e o que ele teria dito e proposto) não solapam a possibilidade de se referir à psicanálise usando, ainda, o singular.

Explico-me: Strachey relata em sua nota ao texto A *história do movimento psicanalítico* que "por muitos anos a opinião popular continuou a insistir em que havia 'três escolas de psicanálise'" (Strachey, 1996b) – a de Freud, a de Adler e a de Jung –, e que no fim das contas a proposição de Freud venceu (a proposição dele sendo que só havia uma psicanálise, a dele, e as demais deveriam usar um outro nome qualquer). Pois bem, meu ponto é que essa psicanálise – a dele – será articulada enquanto movimento a partir do tal "retorno transferencial", que se articula, como tentei demonstrar, em torno de um mito que organiza e prescreve um devir institucional; o que sugiro agora, como desdobramento dessa hipótese interpretativa, é que o "mito da excepcionalidade intrínseca" articula-se intimamente a esse mito, e faz parte do arcabouço fundamental a partir do qual a psicanálise se dispersa e se ramifica mantendo seu lastreamento junto à lógica que rege a fratria, representante e herdeira da "horda primeva". Assim, a colocação de Strachey vai mais longe do que ele (provavelmente) tinha em mente: a proposição de Freud foi a que prevaleceu, e a psicanálise segue sendo aquele movimento que se organiza de acordo com a história que ele escreveu.

Resumindo: estou criticando que os psicanalistas lancem mão do texto sobre a "dificuldade" da psicanálise retirando-o de sua destinação inicial, estendendo-o à clínica, estendendo-o ao universal, usando-o como uma espécie de carta de grandeza narcísica a ser apresentada a qualquer opositor ou questionador como uma espécie de salvo-conduto coringa para suas práticas, sejam individuais ou grupais, sejam privadas ou públicas; compreendo esse movimento como funcionalmente ligado ao "retorno transferencial" operado por Freud entre 1912-1919, e compreendo que esse pequeno texto dispõe de um dos elementos estratégicos a reger o funcionamento do movimento (um mito de origem ao qual a "fratria" se refere afetivamente). E meu principal ponto de interesse aqui é, mais especificamente que isso, que não se pode derivar desse ambiente retórico e lógico a assertiva segundo a qual a psicanálise é *intrinsecamente* perturbadora e subversiva – não se pode dizer que os psicanalistas e a prática deles é *a priori* perturbadora e subversiva, do ponto de vista social e político, no contexto em que vivem e atuam. Para isso, no entanto, precisamos nos desprender dessa mitologia e/ou de suas consequências institucionais, para que possamos nos direcionar em busca de novos modos de compreensão do que nos une, do que nos separa e do espaço entre a união e a separação, no interior do qual poderemos, no limite, pensar.

Lugares de pensamento: do enclave ao enquadre

Acredito que a proposição avançada acima – de que a psicanálise não deve supor uma excepcionalidade intrínseca do ponto de vista da inscrição social de sua práxis – deve ser cotejada com uma outra: a psicanálise articula, no contexto de sua implementação clínica, um dispositivo que efetivamente remete a pendores e a uma lógica excepcional; mais que isso: uma lógica articulada ao selvagem, ao incivilizado, ao "fora da cidade". É possível que haja, com alguma frequência, certa confusão ou "vazamento" de um campo a outro (do campo da práxis clínica ao campo do estatuto da inscrição social e política da práxis clínica), que ajudaria a compreender o recurso de psicanalistas à dimensão subversiva de sua práxis diante da sociedade. As considerações a seguir têm por propósito clarear a distinção entre esses campos, o que me parece fundamental.

Acredito que a melhor maneira de se endereçar ao problema seja recorrendo a uma definição do trabalho clínico psicanalítico que faça remissão, ainda que por suposição, a essa dimensão excepcional da psicanálise. No caso, tomo como pauta a seguinte definição de *enquadre*:

> *Isto que podemos chamar de* enquadre analítico . . . *em sua essência corresponde a um* enclave na vida civilizada, *uma clareira nas formas de vida civil, capaz de* evocar e convocar *(para não dizer* induzir*) e, ao mesmo tempo,* conter a experiência emocional primitiva *(a experiência da "loucura precoce" com suas altas voltagens de excitação e frustração, voracidade, raiva e pavor), cuja intensidade passional é incompatível com as "boas maneiras". O enquadre destina-se tanto a proteger o encontro analítico do peso da civilidade domesticadora quanto da própria loucura aí evocada. De um lado, trata-se de acolher* no plano da fantasia *(e, eventualmente, no* plano das atuações e encenações*) "o que a cidade rejeita"* . . . *De outro, trata-se de oferecer sustentação e continência a estas experiências perturbadoras para que possam ser elaboradas* (Figueiredo, 2009, p. 103, destaques do original).[8]

---

8 Essa breve passagem do livro de Figueiredo desenvolve um tema já tratado por ele (Figueiredo, 2003) – para os efeitos da presente discussão, a passagem citada basta, e uma consulta à palestra referida servirá ao leitor como aprofundamento das relações estabelecidas aqui (e como indicativo de que lá, na con-

Considero que haja duas discussões pertinentes a partir dessa citação: uma dizendo respeito à evocação de uma aura "subversiva" inerente à prática clínica psicanalítica, articulando-a à discussão acerca da "excepcionalidade intrínseca" de que tratamos anteriormente, e outra ligada à questão do enquadre propriamente dito, que nos encaminha às considerações acerca do lugar de pensamento ocupado pelo psicanalista.

Avançarei nesse tópico algumas considerações acerca da "aura" evocada pelo emprego de termos como "selvagem", "loucura", "incompatível com as boas maneiras", "o que a cidade rejeita" e outros.[9] Na parte seguinte de nosso percurso teremos ocasião de tratar do enquadre "propriamente dito".

Tenho claro, no que diz respeito à "aura subversiva", que Figueiredo não diz em momento algum da passagem citada que a psicanálise é subversiva, perturbadora, "a peste" nem nada assim; a reiteração da temática, no entanto, e a indução de um ambiente evocativo desse tema nos convida a imaginá-lo presente, emoldurando o texto e conferindo esse pendor. Seria possível lê-lo sem que esse tipo de evocação se fizesse presente, evidentemente: nesse caso o "selvagem" e o "primitivo" estariam em contraste com a "cidade" e a "civilidade" do ponto de vista de uma estética, quiçá mesmo de um projeto civilizatório – não tenho nada a dizer em relação a essas formas de leitura, que sem dúvida ocorrem com não rara frequência. O que me preocupa aqui, como o leitor deve imaginar, é justamente a articulação desse imaginário de uma psicanálise ligada ao "selvagem" com a proposição de uma psicanálise politicamente engajada e subversiva, articulação ancorada no fato de que

---

ferência de 2003, o autor articula claramente a ideia de uma excepcionalidade intrínseca à psicanálise.

9 Discuti essa relação entre o selvagem e o civilizado na clínica psicanalítica em uma fala no Congresso de Psicopatologia Fundamental (Franco, 2016).

ela lida com o irracional, rompe com o pacto civilizado, transita em terras insubmissas etc. Sabemos que existe essa leitura, para a qual a relação íntima da psicanálise com o selvagem em meio à cidade evocaria uma certa aura, um diferencial, algo peculiar e especial (a dimensão "intrinsecamente excepcional" da psicanálise, seu narcisismo ligado a ser uma ferida narcísica). Nesse trecho, ainda que não haja uma defesa desse ponto de vista, pode-se vê-lo operando: essa "aura" está lá, o texto produz um certo encanto, um eriçamento específico. Certamente, não se trata do único caso nesse sentido: entendo que a literatura psicanalítica esteja recheada de movimentos dessa ordem, mais ou menos explícitos, mais ou menos ricos, mais ou menos elegantes. Pincei esse exemplo por ser particularmente claro, pela entoação e reiteração da lógica e dos termos, e por ser excepcionalmente despretensioso em termos retóricos: a despeito do efeito encantatório, trata-se para todos os efeitos de um texto informativo e técnico, dedicado à discussão do enquadre psicanalítico e dos desafios da clínica psicanalítica contemporânea – o que quero dizer com isso é que não é um panfleto, não é um texto midiático e não é um texto político.[10]

Associando esse tipo de imaginário a essa definição de enquadre oferecida por Figueiredo, poderíamos imaginar um prédio comercial cheio de consultórios "clássicos", com suas baias de

---

10 Se o leitor quiser outros exemplos desse tipo de evocação de um caráter "peculiar" da psicanálise, remeto a: Freud (1917/1996i), já citado; Munhoz (2015); Green (2000); Koltai (2000); Mezan (2000). A própria conferência de Figueiredo sobre o enclave (Figueiredo, 2003) apresenta esse ponto de vista – naquela ocasião de maneira mais explícita. Certamente há outros – e entre os que conheço é notável que o tema da "peculiaridade" não seja o objeto em si da discussão, mas ocasião para se instaurar um clima, para evocar uma aura; não há por que nos prolongarmos acerca disso aqui, mas parece certamente algo digno de nota: a "excepcionalidade intrínseca" não é ponto de debate, é um pressuposto evocado, às vezes de forma tácita e subliminar, às vezes de forma explícita, mas quase sempre como pressuposto.

secretaria, suas filas, seus convênios e revistas de fofocas, e "escondido" em meio a esses um consultório diferente, parcamente iluminado, cheio de tapeçarias e livros – a psicanálise manteria assim seu tom de mistério, uma atmosfera de conhecimentos secretos e iluminismos sombrios. A psicanálise, o consultório de psicanálise, seria nesse contexto um lugar diferente – um enclave na vida civilizada. A recorrência desse tipo de evocação, e desse imaginário, será mobilizado, em geral de forma tácita, de modo a incutir na imagem que se faz da prática clínica psicanalítica um pendor subversivo, como se a psicanálise conjurasse no seio da cidade coisas selvagens e primitivas, como se ela fosse uma força de insurreição.

E é aí, nesse pendor, fazendo com que esse elemento esteja presente, é aí que o problema surge. Nada na passagem em causa permite pensar nesse tipo de funcionamento; o próprio autor, claro está, não argumenta em defesa dessa hipótese – a hipótese, no entanto, pode induzir o leitor suscetível nessa direção por conta da crença na excepcionalidade intrínseca da psicanálise que ele já traz consigo, ou seja: como a citação discute um tema clínico inserindo-o nesse ambiente retórico da dicotomia selvagem-civilizado, a leitura da passagem pode remeter o leitor ao entendimento de que *a psicanálise* é e faz acontecer *na cidade* coisas selvagens e incivis. Acontece que essa suposição não me parece fundamentada pela passagem, que não diz isso; além do mais, ela me parece improcedente.

Um dos motivos para isso é que um enclave pode ser considerado como um enclave apenas na medida em que seja um elemento não apenas estranho (embora contido), mas inteiramente contido e inteiramente estranho; ou seja: a contenção, o enquadramento do "selvagem" no seio do consultório psicanalítico *ficaria ali*, não seria um "contrabando" de selvageria para dentro da cidade. Nesse sentido, a psicanálise não é e nem pode ser "a peste" por conta dessa relação com o selvagem, visto que ela não *irradia* selvageria: ela *contém* selvageria no território que ela enclava na tessitura citadina. Figueiredo mantém-se atento a esse horizonte, pois afirma que o enquadre oferece condições de sustentação e continência para que essas experiências perturbadoras possam ser vivenciadas *e elaboradas* – e nesse caso, se o sujeito vivencia e elabora as experiências apoiado no enquadre, ele está no enquadre, e o enquadre continua operando como um enclave.

Parece-me necessário supor que o enquadre pode ser compreendido como um enclave na vida civilizada tanto quanto pode ser compreendido como um enclave na vida selvagem[11] – afinal, ele parece infenso a evocar o selvagem, mas parece igualmente propenso a apoiar a articulação da dimensão selvagem do sujeito com sua circulação civil. Tendo isso em vista, quero dizer que a suposição de uma dimensão de "enclave na vida civilizada" na constituição do enquadre psicanalítico não aponta para nenhum pendor político subversivo ou conservador *a priori*, mas apenas à consolidação de um lugar de pensamento que se instala lá onde as fronteiras entre selvagem e civilizado se mostram incertas. A psicanálise pode evocar o selvagem, mas ela também pode fazer a diplomacia do normal; ela pode apontar que o rei está nu, mas pode fazê-lo de forma a ajudar o rei a melhor governar seus súditos. Em resumo, diria que aqueles que (como eu) acreditam no potencial subversivo, insubmisso e transformador da psicanálise terão de lutar por ele e esforçar-se para expressá-lo, em vez de tentar defender que esse potencial é intrínseco à psicanálise e ocorrerá por definição onde quer que ocorra psicanálise – e isso pelo simples motivo de que isso não é verdade.

---

11 Isso significa que a metáfora do enclave talvez não seja a mais adequada, visto que se trataria de uma espécie de duplo enclave, mas não me vejo em condições de oferecer metáfora melhor e compreendo o poder retórico que ela porta consigo.

Parte III
Da práxis

Nighttime sharpens, heightens each sensation
Darkness stirs and wakes imagination
Silently the senses abandon their defenses

Slowly, gently, night unfurls its splendor
Grasp it, sense it, tremulous and tender
Turn your face away from the garish light of day
Turn your thoughts away from cold, unfeeling light
And listen to the music of the night

Close your eyes and surrender to your darkest dreams
Purge your thoughts of the life you knew before
Close your eyes, let your spirit start to soar!
And you'll live as you've never lived before

Softly, deftly, music shall surround you
Feel it, hear it closing in around you
Open up your mind, let your fantasies unwind

In this darkness which you know you cannot fight
The darkness of the music of the night

Let your mind start a journey to a strange new world
Leave all thoughts of the world you knew before
Let your soul take you where you long to be
Only then can you belong to me

Floating, falling, sweet intoxication
Touch me, trust me, savor each sensation
Let the dream begin, let your darker side give in
To the power of the music that I write
The power of the music of the night

You alone can make my song take flight
Help me make the music of the night

Andrew Lloyd Weber, "The music of the night" (Phantom of the Opera).

7. Introdução à metapsicologia do analista do ponto de vista tópico

Introdução

A Parte 2, como o leitor deve se lembrar, partiu da explicitação de um pressuposto crítico fundamental, segundo o qual a história da psicanálise não deve ser desconectada do contexto em que ela se desenvolve. Isso só não é óbvio porque o estatuto da inscrição da psicanálise em seu contexto de desenvolvimento tornou-se o ponto de disputa a dividir seus opositores e defensores – os opositores tenderam a questionar a legitimidade dos postulados básicos da psicanálise, de sua cientificidade e/ou sua dignidade ética e moral, sempre remetendo essas críticas à trajetória de Freud (e mais especificamente aos anos iniciais de seu trabalho de fundação da psicanálise, basicamente o período 1885-1905); já seus defensores, no esforço de defender Freud e a psicanálise desses ataques, viram-se remetidos ao mesmo contexto historiográfico, disputando essa mesma história, defendendo a moral e o valor científico do trabalho e da pessoa de Freud, não raro fazendo recurso à noção de que a psicanálise perturba por seu pendor subversivo em relação à moralidade conservadora (esse último movimento como um recurso retórico que localiza, justifica e desqualifica os libelos anti-Freud e antipsicanálise).

A título de exemplo, podemos recordar um episódio recente articulado ao redor da publicação do livro *Freud: the making of an illusion* (Crews, 2017). Crews, profissional veterano nesse estranho esporte que Thomas Köhler batizou como "*Freud-bashing*", lança nessa sua biografia de Freud uma sistematização desses ataques tão recorrentes à figura do pai fundador da psicanálise: Freud era uma fraude, viciado em cocaína, traía a esposa com a cunhada, oportunista institucional, manipulador de colegas e pacientes etc. etc. À publicação de Crews seguiram-se respostas, ora endossando (Pupe, 2018) ora criticando (Dunker, 2018) sua postura. Appignanesi (2017), historiadora da psicanálise como Crews, mas postada no *corner* oposto, resgata o contexto antissemita da Viena da época, contextualiza a relação de Freud com a hipnose e da hipnose com a medicina, renova o entendimento de que "o destino da psicanálise é causar rancor e despertar oposição", como o próprio Freud vaticinara, ironiza a devoção de Crews à causa antipsicanalítica e à disposição moralista do antipsicanalismo como um todo.

Tenho claro que esse episódio não foi o primeiro, nem o último ou o mais notável na história da psicanálise. Na Parte 2 afirmo, justamente, que a recorrência desse tipo de imbróglio é consequência inevitável da forma como a psicanálise dispôs estrategicamente seus modos de narrar (e, por consequência, compreender) a si mesma. Afirmo isso a partir da análise que propus acerca do papel fundador e fundamental do chamado "retorno transferencial a Freud", perpetrado basicamente nos anos 1910. O papel central desse movimento institucional pode ser articulado "mitologicamente" com o relato oferecido por Freud para a constituição da "horda primeva": o pai primevo, admirado e admirável, é substituído por seus filhos, que o incorporam com agressividade, culpa e remorso, sendo que qualquer projeto de "tomada de poder" fica impedido pelo "pacto civilizatório" que eterniza o pai ao convertê-lo em totem e dispõe os "príncipes herdeiros" em regime de tolerância (e eventual colaboração) tão diligente quanto ressentida; o que propus é que esse pode ser o mito por trás de toda a dispersão dos autores canônicos em psicanálise: todos remetendo suas obras a Freud, "retornando" a Freud, disputando Freud, fazendo a imago de Freud deslizar daqui para lá conforme se disputa legitimidade.

Esse, esquematicamente, é o movimento da "coisa" psicanalítica ao sabor do tempo, e em função disso não é de espantar que as "guerras Freud" sejam travadas basicamente ao redor dos anos de constituição da psicanálise por seu herói fundador. Minha proposta em relação a isso, como esbocei na Parte 3, é articular a compreensão desse estado de coisas a um posicionamento crítico em relação à inscrição da psicanálise – proponho, mais especificamente, que se "abra mão" das disputas e mapeamentos em relação aos autores canônicos e de sua primazia ou "divisão de direitos" na relação a Freud, partindo em busca de perspectivas organizadas de outras maneiras. Esse posicionamento, é bom que esteja claro, não pretenderia "desbancar" ou "resolver" o impasse entre os filhos parricidas, mas sim organizar outros horizontes possíveis de interrogação acerca da psicanálise, de seu funcionamento e sua práxis – preterir estrategicamente esse *front* tão batido e buscar, por assim dizer, "um caminho através das montanhas", ou das florestas. A ideia por trás da proposta de um desinvestimento desse campo de conflitos, portanto, não é "dar a luta por perdida", mas ressituar o território em disputa:[1] que haja e proliferem prateleiras

---

[1] A estratégia sugerida é amplamente solidária àquela avançada por Bhabha em *O local da cultura* (2013), que sugere justamente apropriar criticamente a genealogia de Foucault e a leitura contrapontual de Said em um programa pós-colonial que não perpetue as oposições molares entre "nativos" e "colo-

dedicadas a *"Freud-bashing"* nas livrarias, que não se perca tempo em respondê-las, que o esforço resida em melhor compreender a composição dos determinantes da psicanálise enquanto práxis clínica e enquanto movimento institucional/social. A ideia por trás da análise avançada na Parte 3, portanto, é propor uma renovação da plataforma por meio da qual se interrogam os impasses na relação dos psicanalistas com seu anteparo teórico, a robustez científica de sua disciplina e o entendimento desta enquanto dispositivo de tratamento. Posta nesses termos, a aposta da Parte 3 serviria, sobretudo, como uma alavanca na tentativa de proporcionar novos enquadramentos de estudo da psicanálise enquanto disciplina e práxis.

Interessa-me nesse contexto uma proposta específica: interrogar o campo das disputas de poder no contexto das autorias canônicas – campo que regula, em meu entendimento, os jogos de poder no meio psicanalítico, bem como do meio psicanalítico com aqueles que lhe fazem divisa. Ou seja: espero poder contribuir para encaminhar de maneira mais fértil o pano de fundo que organiza as disputas de poder na e da psicanálise. Entendo que os defensores da psicanálise no contexto das "guerras Freud" disputam, a um só tempo, com os opositores da psicanálise e com seus opositores dentro da "coisa" psicanalítica – lacanianos disputam com winnicottianos, subgrupos sob cada autoria disputam entre si e daí por diante. A vinculação a um determinado "ismo" (como o "winnicottismo", por exemplo) referencia o psicanalista a certo posicionamento no contexto da fratria parricida *e* na relação da fratria diante dos ataques ao totem – tudo isso seria consequência da articulação da imago da psicanálise *in toto* em torno do mito

---

nizadores", por serem oposições que, elas mesmas, perpetuam a luta em termos irresolvíveis. A busca, assim, seria pelo abandono do *poros* montado, tido como improdutivo, em busca da constituição de uma *aporia* que ponha em movimento a cena toda.

originário erigido por Freud no contexto da articulação do retorno transferencial, nos idos de 1913.

Isso não contradiz, evidentemente, a associação de grupos aderidos a autores canônicos aos aparatos teóricos propostos por esses autores, nem às considerações técnicas, diagnósticas e às aplicações teóricas – lacanianos se vinculam a uma determinada política institucional e posicionam Freud de uma determinada maneira, mas também leem Lacan, tentam entendê-lo, tentam organizar suas atuações institucionais e clínicas a partir do aporte que julgam emanar do "ensinamento" de Lacan. Parece-me, no entanto, que essa apropriação do aparato teórico-técnico oferecido por tal ou qual autor canônico depende da submissão do psicanalista ao aparato institucional e social associado àquele autor. Ou seja: mais que ler e ver valor nas proposições do autor, será importante frequentar as aulas e seminários teóricos propostos, na instituição devida, fazer análise e supervisão com membros "iniciados", ler as revistas adequadas. Desse modo, o candidato a "ista" submetido àquele autor canônico é conformado a um sistema que transcende em muito aquele do acesso aos textos e o reconhecimento do valor do *corpus* autoral. Melhor: o *corpus* autoral transcende em muito a obra escrita, e a exegese dos textos é apenas um elemento pequeno dentro de um *corpus* autoral canônico que define diversos aspectos da circulação daquele sujeito enquanto psicanalista. Era a isso que me referia quando sugeri, ainda na Parte 1, que o nominalismo dinâmico aventado por Hacking ajudava-nos a entender os "ismos": quando passa a ser nomeado como "winnicottiano", o sujeito tem seu próprio modo de ver e pensar afetado por essa denominação. A razão disso não é só, evidentemente, o peso da expressão (ainda que ela pese), mas sim a maneira como ela o inscreve em um campo de influências limitado *prima facie* à obra escrita de Winnicott, mas que abrange muitos outros elementos, amplamente influentes no modo de o sujeito circular no meio psicanalítico.

Esse é, num esquema breve, o ponto a que chegamos a partir de nosso trabalho até o momento. Esta Parte 4 do trabalho tem um contorno diferente daquele das partes anteriores. A Parte 1, como disse, tinha como papel principal a apresentação de minhas concepções táticas e estratégicas, particularmente no que diz respeito ao lugar da escrita (enquanto inscrição) e de pensamento. As Partes 2 e 3 desempenharam um papel "negativo" ou, mais especificamente, são refutações: refutações de modos prevalentes no meio para se compreender a história da psicanálise e seu lugar na cultura, modos para se mapear a comunidade psicanalítica e a disposição dos lugares em meio a ela. Pode-se dizer, então, que a ideia na Parte 1 era a de avançar uma plataforma investigativa a partir da qual propus, nas Partes 2 e 3, críticas a expedientes intelectivos recorrentes em nosso meio.

A proposta desta Parte 4 é recolher o ímpeto do trabalho empreendido até agora e articulá-lo ao redor de um conjunto de proposições, endereçadas à questão que nos norteia: aquela do lugar do psicanalista.

Tomo como pauta para essas proposições a cena clínica, e mais especificamente a práxis do clínico psicanalista.

Pode-se dizer, em termos gerais, que as proposições trabalhadas nesta Parte 4 tratam da metapsicologia do analista, abordada do ponto de vista tópico (a apresentação desse "lugar"), dinâmico (os jogos de força que animam a habitação desse "lugar") e genético (a forma como esse "lugar" se constitui e desenvolve no tempo, do ponto de vista da trajetória do psicanalista). Não pretendo associar a essas proposições nenhum pendor dogmático, ou seja, não pretendo defendê-las como se fossem elas a tese central deste texto; e isso pelo simples motivo de que não são: a tese, em meu entendimento, consiste na apresentação de uma plataforma crítica para pensar o lugar do psicanalista, sua inscrição, e as proposições que avanço aqui dizem respeito à apresentação de um modelo preliminar, um exemplo de como se pode tratar dessa inscrição a partir de outras formas, outras pautas. Proponho nesta Parte 4, portanto, uma imagística exemplar do tipo de ponto de fuga a que me refiro quando procuro evadir-me às formas de ocupação da psicanálise que critiquei nas Partes 2 e 3 deste trabalho.

Parto (uma vez mais) de um pressuposto crítico fundamental: a vinculação de um psicanalista a um autor canônico de referência *não determina* de maneira suficiente o anteparo que organiza sua práxis clínica. Portanto, a interrogação acerca da constituição do anteparo de referência para a práxis clínica de um dado psicanalista deverá necessariamente remeter-se a outros organizadores fundamentais. Isso significa que saber de um psicanalista que ele é lacaniano, ou winnicottiano, não basta para saber o que ele faz em seu consultório (ou onde quer que ele trabalhe). Significa, também, que uma dada comunidade de psicanalistas lacanianos não necessariamente comunga de elementos suficientes a amparar suas respectivas *praxae* clínicas, que podem divergir e conflitar amplamente. Significa, por fim, que o anteparo fundamental das *praxae* clínicas de psicanalistas de orientações diversas podem ser mais significativas que aquelas comungadas por psicanalistas a professar vinculações semelhantes – ou seja: um kleiniano e um lacaniano podem ter mais em comum entre si (do ponto de vista de suas *praxae*) que dois lacanianos.

Uma consequência disso é que os esforços de mapeamento do campo psicanalítico a partir de matrizes clínicas – lacanianas, kleinianas, ferenczianas ou o que for – estarão remetidos a um campo de pressupostos deslocado em relação àquele que estou propondo aqui. Isso acontece, em meu entendimento, porque o pensamento sobre a clínica psicanalítica que se pauta pelas autorias canônicas como marcos de referência distorce a situação e a práxis clínicas ao buscar inteligibilidade nesses termos – usam-se os "óculos" da autoria canônica, e adapta-se o campo em vista para que se possa enxergá-las a partir desses "óculos". Defendo aqui, portanto, a pertinência (e urgência) de podermos pensar a clínica a partir de outros pontos de referência – o que não pode significar "foracluir" a presença e o impacto das autorias canônicas, mas apenas evitar o constrangimento que elas impõem a nossas possibilidades de compreensão acerca da práxis clínica. Esse esforço tem sido empreendido por autores afins ao que estou chamando de "escola pós-escolas" (Mezan, Figueiredo) e, como mencionei, acredito que seja necessário "ainda mais um esforço" antes de adentrarmos um cenário pós-escolas – acredito que o efeito das escolas é central na psicanálise contemporânea e que estamos ainda na "era das escolas" (incluindo os autores pós-escolas –, por isso tenho-os tratado como "escola pós-escolas"), sendo necessário um esforço crítico de confrontar o efeito perturbador dos jogos de poder escolares e conquistar um espaço de pensamento e trânsito (um "caminho pelas montanhas/florestas") imune a essas distorções. Não pretendo conquistar isso com esta obra, mas sim levantar a questão e sustentar a pertinência e fertilidade desse posicionamento crítico.

Outro ponto crucial no pressuposto crítico fundamental que nos guiará aqui é que os referenciais teóricos vinculados às imagos autorais canônicas ocupam, sim, um lugar na consolidação do anteparo para a práxis clínica psicanalítica. O ponto é simplesmente que esse anteparo não é *suficiente*, e não que ele é *inócuo*. Isso significa dizer que a teoria ocupa, sim, um lugar, e ocupa mesmo um lugar de destaque – mas não é ela o que organiza a práxis clínica psicanalítica, e por isso esse tipo de organização não nos ajudará a compreender como o psicanalista se autoriza. Se recuperarmos a metáfora freudiana de que a teoria psicanalítica (a metapsicologia) é a "bruxa" a que se recorre quando necessário (Freud, 1937/1996o), poderemos dizer que o pensamento clínico depende, sim, da bruxa, mas depende ainda mais fundamentalmente da habitação, por parte do psicanalista, de uma morada, que é *animada* pela bruxa; quem faz o trabalho principal, no horizonte dessa imagem, não é a bruxa, mas o psicanalista – ele é quem opera a práxis; se ele depende da bruxa é porque a bruxa é parte da "essência" da casa, um pouco como a casa de Usher no conto de Edgar Allan Poe (Poe, 1979): sem a bruxa a casa cairia, mas não é a bruxa que faz a casa funcionar no processo de tratamento (embora ela seja importante). Por outro lado, a ênfase conferida à bruxa "lacaniana" ou "winnicottiana" na topografia contemporânea da psicanálise inflaciona esse efeito de afetação e faz com que a casa seja mal-assombrada: o psicanalista só consegue pensar se recorre àquilo, e a presença invasiva das autorias canônicas em seu pensamento obseda sua práxis.

Como pensa um psicanalista?

Como mencionei, proponho aqui considerações acerca da metapsicologia do analista do ponto de vista tópico, dinâmico e genético. Já há alguns anos tenho estudado temas que hoje entendo como referidos às dimensões dinâmica e genética (ainda que nunca tivesse pensado neles nesses termos); já a dimensão tópica da metapsicologia do analista me preocupa há muito menos tempo e se organizou como questão apenas no contexto da pesquisa que deu origem a esta obra – mais precisamente, passei a me ocupar disso quando formulei para mim mesmo a questão "como pensa um psicanalista?". É claro que as questões com que me debatia quando pensava nas questões associadas à angústia de influência e ao que chamei de "paciente *princeps*"[2] já estavam ligadas a esse

---

2 Chegaremos nesses temas mais à frente, no contexto da dimensão genética de nossas investigações.

campo mas, como disse, não enquadrava meus estudos dessa forma, não os percebia assim.

A questão "como pensa um psicanalista?" não me chegou como ideia minha: encontrei-a pela primeira vez na programação de um centro de estudos de psicanálise paulistano, intitulando a fala de uma psicanalista de destaque na cidade. No mesmo dia, descobri que ela faria uma palestra com o mesmo título num congresso a que eu compareceria no mês seguinte; empolguei-me com a perspectiva e aguardei pela ocasião.

Ainda antes disso, na verdade, já estava havia alguns meses com esse mote mais ou menos organizado em meus pensamentos, "pronto" para receber formulação nessas palavras. Isso porque certo dia, enquanto pesquisava em uma biblioteca, descobri por acaso um livro intitulado *How doctors think*, de Kathryn Montgomery (2006); pesquisando a respeito do livro, descobri outro com o mesmo título, de autoria de Jerome Groopman (2007). Os dois livros me estimularam bastante, permitindo pensar a pesquisa de forma mais viva e instigante, e por isso, quando deparei com o título da fala daquela psicanalista, tomei a questão como (também) minha: como pensa um psicanalista?

Finalmente chegou o dia da tal palestra, "Como pensa um psicanalista?", realizada num evento de psicanálise. A fala apresentava a construção de um pensamento psicanalítico acerca de cenas cotidianas – numa delas, uma pessoa comentava não ter prosseguido análise porque "não foi com a cara" da analista com quem fez entrevista; na outra, a pessoa comentava que não conseguia se aproximar da menina por quem se interessava porque ela era "muita areia para seu caminhãozinho". Pois bem, na fala a palestrante mostrava como o psicanalista trabalharia a partir dessas considerações, ou seja: como "receberia" essas colocações construindo um cenário interpretativo hipotético, e como isso poderia levá-lo a compreender melhor (junto com o analisando, evidentemente) o que esses pequenos relatos portavam consigo em termos de significação emocional latente.

A despeito da clareza da exposição, da elegância de sua construção e da sofisticação dos quadros interpretativos que a palestrante compartilhava com a plateia, senti uma ponta de decepção. A decepção, claro, se devia às minhas expectativas, e não à palestrante: achei a palestra ótima, mas já tinha construído ao redor do título a expectativa de um tipo de apresentação diferente daquela que veio a acontecer, e por isso me decepcionei.

Creio que o melhor modo de esclarecer a natureza do desencontro que ali se passou seja recorrendo a um curta-metragem de animação intitulado *Garra Rufa (Doctor Fish)* (Dai et al., 2009-2010),[3] que retrata uma passagem na vida de um terapeuta (aparentemente um psicanalista). Estão na sala o terapeuta e o paciente (cada um em seu papel: o paciente falando e o terapeuta ouvindo), quando sai de dentro do ouvido do analista um escafandrista (um mergulhador, desses antigos, em roupas de ferro) que vai nadando em direção ao paciente; o escafandrista então vai buscar, em meio à fala do paciente, um peixe, com a expressão triste e de uma coloração escura, que ele pega pelo rabo e leva de volta para dentro do ouvido do analista. Lá dentro ("dentro de sua cabeça", por assim dizer), encontra-se uma espécie de oficina com uma mesa ao centro; o escafandrista posiciona o peixe sobre a mesa, tira o capacete (nessa altura vemos que ele é o analista em miniatura) e saca um martelo, com o qual começa a "trabalhar" o peixe, até que de um salto o peixe assume uma coloração viva e uma expressão contente, saindo agitado da oficina, nadando. Voltamos às cenas "externas", então, e vemos o analista "falando" o peixe alegre e colorido, que

---

3 A animação pode ser encontrada no YouTube na íntegra, no endereço https://youtu.be/vdNghrAeks0.

sai de sua boca e chega aos ouvidos da paciente, que se mostra contente e satisfeita com a chegada/retorno do peixe alegre a si.

Voltemos ao "desencontro" entre minhas expectativas e a palestra: entendo que o que a palestrante apresentou foi, justa e precisamente, "como pensa um psicanalista", não havendo nenhuma parcialidade ou distorção; acontece que ela mostrou "como pensa um psicanalista" como essa animação, *Garra Rufa*: o "peixe" chega ao psicanalista, o psicanalista "trabalha" o peixe e devolve, à pessoa em questão, o peixe "transformado" pelo "trabalho" do analista. Parece-me preciso o título: mostra-se que, segundo o autor, é assim que o psicanalista pensa. A razão de minha frustração é que eu imaginava outro tipo de apresentação, em que se apresentasse não esse encadeamento em si, mas a forma como se constrói, por assim dizer, a oficina onde o psicanalista trabalha. Ou seja: "como pensa um psicanalista" passou a significar para mim a proposta de compreender o modo de construção do "espaço" cognitivo onde o psicanalista atua, e não a proposta de ver o "espaço" já montado e operante.[4]

Entendi, então, que a expressão "como pensa um psicanalista" pode ser entendida num sentido demonstrativo e performativo, mas que eu me interessava por um sentido analítico, talvez mesmo genético: o que um psicanalista faz para chegar a pensar como ele pensa? Essa era, mais especificamente, minha questão (que não exclui, pelo que entendo, a outra, mas que interroga o fenômeno a partir do cruzamento da dimensão sincrônica, performática, à diacrônica, analítico-desenvolvimentista).

---

4 Se me for permitida mais uma imagem: a proposta da palestrante foi da ordem do "conheça nossa cozinha", onde a pessoa pode ver a preparação dos pratos e a disposição das pessoas e equipamentos; o que eu estava esperando, em contraste, era um "aprenda conosco a montar sua cozinha", em que se falaria dos preparativos, cuidados, processos e elementos constitutivos de uma "cozinha psicanalítica".

Ainda na ocasião da palestra eu, inquieto com minha insatisfação, decidi compartilhar meu interesse com a palestrante quando se abriu o microfone para perguntas, falando da diferença nos usos da expressão "como pensa um psicanalista" e perguntando o que ela tinha a dizer sobre aquilo. Pois bem: ela comentou que concordava com a diferença, e disse que, no que tangia ao meu interesse, o que ela tinha a dizer era que uns quinze anos de estudos teóricos, supervisão e análise pessoal seriam suficientes para "montar a cozinha" (garantindo amplas risadas à plateia).

Nesse ponto, é preciso dizer, discordo da posição dela. Entendo que quinze anos sob o "tripé analítico" (análise pessoal, estudos teóricos e prática clínica supervisionada) provavelmente condicionam uma formação adequada à pessoa, que passa então a pensar como um analista; e entendo seu movimento argumentativo, na medida em que meu modo de compreender a significação da expressão nos remete inexoravelmente ao campo da formação do analista. Minha discordância, no entanto, é que a proposição de quinze anos de formação parece ter um efeito mais retórico e protocolar do que propriamente elucidativo – afinal, digamos que quinze anos de formação sob o tripé garantissem a "montagem da cozinha" (o que não me parece o caso, mas sigamos, para efeitos hipotéticos): pois bem, o que isso explica? Ou seja: se quinze anos garantem, como isso acontece? Isso aconteceria em quatorze anos? Dezesseis seria demais? Por quê? Como as coisas se articulam nessa montagem? O que se passa ao longo desses quinze anos?

Para complicar ainda mais a questão, como já disse, há de se ter em consideração que quinze anos de formação não dariam conta de esgotar o problema – isso porque quinze anos de formação não *garantem* a montagem da cozinha (penso, por sinal, que quinze anos de formação como protocolo resultariam em uma catástrofe para a psicanálise em todos os sentidos imagináveis).

Abandonando a hipérbole dos quinze anos, o ponto em causa aqui é que os protocolos de formação previstos por instituições (sejam ou não ligadas à International Psychoanalytical Association) não respondem à questão "como se faz para pensar como um psicanalista" – esse ponto está em pauta desde os anos 1920, quando Ferenczi apresentou pela primeira vez suas críticas à hipocrisia médica (Ferenczi, 1992), e foi retomado de forma nítida pelo menos duas vezes, a partir de Balint (Balint, 1948) e a partir de Lacan (a partir de toda a "performance da excomunhão" quando de seu descredenciamento do quadro de didatas). Não estou, então, propondo uma questão crítica nova: já há algum tempo se sabe que "faça sua análise, estude a teoria, atenda sob supervisão adequada" não respondem à questão. Se a proposição "como pensa um psicanalista" diz respeito à demonstração de como o psicanalista ocupa um espaço de pensamento, podemos perceber aqui que a dimensão tópica por si só não ajuda a entender grande coisa, dependendo, portanto, de um aporte dinâmico e genético que lhe ofereça poder elucidativo efetivo.

Crucial aqui é o ponto de que os protocolos de formação podem eventualmente lançar mão de uma concepção acerca de como se procede à "montagem de uma cozinha", mas eles não nos ajudam a vislumbrar o modo como seus elementos constitutivos se compõem na efetivação de sua práxis cotidiana. Para usar termos alheios à psicanálise, o ponto central na pergunta "como pensa um psicanalista?" é uma questão de metacognição, ou seja, é compreender como se constituem os esquemas cognitivos ("de pensamento") a que o psicanalista recorre em sua práxis. Por mais que um termo com "cheiro de neurociências" como metacognição possa incomodar a muitos psicanalistas, não se trata, a meu ver, de nenhuma heresia: afinal, a metacognição pode ser tão útil à psicanálise quanto a metapsicologia, e é igualmente passível de articulação em regimes que incluem o inconsciente e a pulsão.[5] Assim, a ideia de uma metapsicologia do analista, da forma como a estou propondo, diz respeito mais especificamente à compreensão da constituição do aparato metacognitivo do psicanalista em sua práxis clínica – e por "constituição" aqui estou me referindo a uma articulação das dimensões tópica (onde pensa o psicanalista), dinâmica (por onde passa o pensamento do psicanalista) e genética (como se constitui o espaço de pensamento do psicanalista). Essa articulação é necessária porque é apenas pela compreensão internamente articulada desses aspectos da constituição da metacognição clínica psicanalítica que se pode efetivamente avançar no propósito de compreendê-la (uma investigação apenas tópica, ou dinâmica, ou genética, correria excessivo risco de distorção e desvio).

A formalização da clínica e seus limites

Uma manifestação relativamente comum de estudos de ordem tópica acerca do pensamento clínico é aquela presente em esforços de formalização, ou seja: na composição de topologias, topografias, sistemas ou metateorias. Esse tipo de formalização oferece grande potencial de *insights*, particularmente para o clínico. Uma das razões para isso é sem dúvida o fato de esse tipo de abordagem depurar elementos compreendidos como básicos e determinantes – como se o autor buscasse mostrar "o que não pode faltar" na oficina de um clínico (ponto que, como o leitor deve lembrar, me parece crucial). Um exemplo básico, de tipo topológico, pode ser encontrado em Dunker, que apresenta em seu colossal *Estrutura e*

---

5 Contanto, é claro, que não se estabeleça uma relação de dependência entre a cognição e a consciência – e não há nenhum motivo razoável para estabelecer essa dependência.

constituição da clínica psicanalítica (2011, p. 421) um modelo gráfico para o que ele chama de "estrutura da clínica clássica":

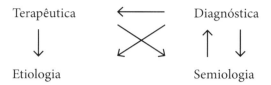

Figura 7.1 *Representação gráfica da "estrutura clínica clássica" segundo Dunker (2011).*[6]

Pois bem, nessa "estrutura da clínica clássica" teríamos, num esquema, a representação do processo ou etapas a partir dos quais o pensamento clínico se processa. Teríamos que imaginar, assim, que o paciente entra na sala do médico pela parte inferior direita do quadro (logo abaixo da semiologia); começaria dali o movimento que parte da semiologia em direção à diagnóstica e à terapêutica, alimentando retroativamente a semiologia e avançando progressivamente em direção a um clareamento etiológico (no pensamento clínico "clássico" o clareamento etiológico é, em linhas gerais, a linha de chegada da corrida do pensamento clínico).[7]

---

6 O modelo apresentado será tomado por Dunker como plataforma básica para a proposição de uma estrutura do pensamento clínico psicanalítico (no caso de Dunker, "psicanalítico" significa "lacaniano"), que encerra o capítulo em que esse modelo aparece; para nossos propósitos aqui, interessa mais esse modelo "básico".

7 Omitido no esquema (e no texto de Dunker em geral), provavelmente por ter sido considerado elemento pressuposto e por isso tácito, estaria a acumulação de conhecimentos básicos, chamada normalmente de "propedêutica". Para os fins da presente investigação, convém ainda substituir o elemento "etiologia", que não apresenta função estratégica decisiva para a práxis clínica, pela prognóstica, que diz respeito à avaliação prospectiva das possibilidades interventivas diante de uma avaliação clínica preliminar. Com isso (somando a isso, evidentemente, a ética médica ou deontologia médica, que viria regular toda a

Sabe-se, de forma geral, que esse tipo de "estrutura" organiza o próprio processo de ensino da clínica – não só a "médica clássica", mas toda a clínica. Assim, por exemplo, ver-se-á uma "estrutura" de base organizando a formação em medicina: propedêutica (formação básica: anatomia, fisiologia, metabolismo, princípios de farmacologia etc.), semiologia, diagnóstica, terapêutica e deontologia (ética) são os elementos centrais por trás da formação médica contemporânea. No contexto da psicanálise, como sabemos, a formação enfatiza o chamado "tripé" que concilia a formação teórica (tratada em geral assim, de forma ampla e genérica), a prática clínica supervisionada e a análise pessoal. Quando Figueiredo avança uma metapsicologia do cuidado (2009) ou uma teoria geral acerca do cuidar (2014), está de alguma maneira tentando abordar esse tipo de problemática "tópica" – ainda que não o faça de forma topológica, como "sob Lacan", mas sim "em busca dos fundamentos".

Pois bem, formalizações da clínica como essas são em geral o caminho mais percorrido quando se trata de pensar "como pensa um psicanalista" (pudemos ver, na anedota que relatei acerca da conferência sobre o tema, como a palestrante recorreu justamente ao tripé psicanalítico para responder à minha pergunta). O grande problema aqui é, no entanto, que esse tipo de movimento não dá conta do recado.

Um motivo simples para isso, que me parece particularmente presente no contexto da psicanálise, é o fato de as formalizações serem normalmente "capturadas" pelos jogos de poder entre as autorias canônicas – de forma que os esforços de formalização de Dunker serão inscritos no contexto do lacanismo, e os de Figueiredo no contexto da "escola pós-escolas", por exemplo. Isso faz com

---

estrutura a partir de cima, e a etiologia que subtraímos de seu lugar no quadro em benefício da prognóstica), teríamos uma estrutura básica do conhecimento clínico.

que as formalizações sejam, quando muito, explicitações de uma espécie de exegese local da obra canônica que regula as relações sob a guarda daquele "ismo" – e assim a formalização de Dunker, por exemplo, jamais servirá como recurso no entendimento de como a clínica psicanalítica opera: primeiro porque "psicanálise é muita gente", e sua obra diz respeito apenas a um tipo de lacanismo, e segundo porque ela fica submetida à lógica autoral canônica e, como já disse, entendo que essa lógica distorce as possibilidades de entendimento acerca do pensamento clínico como ele se dá na práxis. Isso significa que, na prática, ninguém pensa de acordo com o esquema que Dunker propõe ao final de seu capítulo: há quem tome aquilo como ideal, porque aquilo representa o "espírito" de Lacan (segundo a escola a que Dunker se vincula), mas ninguém consegue fazer *só* aquilo (e é bom que não consiga, pois se trataria sem dúvida de uma clínica iatrogênica, na medida em que seria apenas a múmia de uma clínica). A questão, obviamente, não se refere ao sucesso ou não de Dunker, mas à possibilidade de a formalização ser bem-sucedida em formalizar a práxis clínica em si – dessa forma, pode-se dizer que o mesmo tipo de reserva pode ser previsto diante de qualquer outra tentativa de formalização do pensamento clínico psicanalítico *em ato*, independente do autor canônico a que se remeta.[8]

Não sugeriria, de minha parte, que o caminho para estudar "como pensa o psicanalista" passe por encontrar um caminho "alheio" às influências autorais – como já disse, o que tenho

---

8   Essas questões, inclusive, não são privilégio da psicanálise. Há escolas mesmo dentro do ensino da medicina, supostamente "científico" e "baseado em evidências". O manual de clínica médica Oxford (Warrell, Cox e Firth, 2005), por exemplo, é nitidamente mais "humanista" que o da Faculdade de Medicina da USP (Martins et al., 2016), que é notavelmente asséptico e técnico, e certamente nenhum dos dois "explica" como um médico pensa, independentemente de ele se sentir contemplado pelo pendor humanista ou "baseado em evidências" do profissional que se refira a eles.

chamado de "caminho pelas montanhas/floresta" não implica um abandono da questão autoral e da busca por um caminho verdadeiro, mas sim da busca por um atravessamento estratégico que relegue as disputas autorais a um lugar secundário em benefício de questões alheias às hegemonias autorais. Meu ponto de referência para a proposição de uma estratégia como essa é a perspectiva pós-colonial de autores como Said (particularmente a partir de sua noção de "leitura em contraponto", 2011) e Bhabha (2013). De maneira geral, pode-se dizer que em todo meio humano há disputas e jogos de poder, e nada disso parece em vias de ser superado enquanto houver humanos sobre a Terra – o ponto aqui será reconhecer esses jogos, posicionar-se criticamente em relação a eles e promover plataformas de trabalho que tenham por objetivo desequilibrar os vícios, as arapucas e as soluções de compromisso que regulam o "funcionamento normal" de qualquer disciplina na maior parte de seu devir histórico.

Voltando ao pensamento clínico: vimos que as perspectivas para sua formalização ocupam um lugar de destaque no contexto do pensamento médico, considerando que os cursos de formação em medicina em geral se pautam pela "estrutura" do pensamento clínico conforme depreendida justamente por esses esforços de formalização. Nesse sentido, parece que os jogos de poder na formação médica ainda não deformaram as trajetórias de formação a ponto de "quebrar" a medicina em tradições antagônicas regulamentadas por cânones específicos; uma das razões prováveis para isso é a robustez (bastante criticável) do trabalho corporativo da classe médica, mas ainda assim o ponto é que parece possível discutir a formação médica a partir de um certo lastro de pensamento compartilhado – dentro do campo do ensino médico eu consigo, no mínimo, apresentar minhas divergências em relação a um determinado modelo usando um jargão e uma estruturação de raciocínio que meus interlocutores compreenderão.

Um exemplo bastante interessante desse tipo de pensamento crítico pode ser encontrado nos dois livros intitulados *Como pensam os médicos* a que já me referi antes – um de autoria de Kathryn Montgomery (2005), outro de Jerome Groopman (2007). Os dois livros propõem uma abordagem crítica acerca da formação médica, e acerca de como o pensamento clínico (médico) pode ser compreendido de forma mais dinâmica. Ambos os autores, além disso, afirmam com clareza haver uma composição entre o recurso a elementos dogmáticos e sistemáticos, elementos diferenciais ou estratégicos (elementos "basculantes", por assim dizer, levando de uma parte a outra de um algoritmo altamente complexo) e elementos afetivos, inconscientes ou de "saber prático" (*phronesis*) no pensamento clínico. Considero essa composição altamente instrutiva no contexto de um estudo sobre a metacognição acerca do pensamento clínico psicanalítico – mas farei um esforço deliberado para me manter próximo dos autores nos parágrafos que seguem e, portanto, estaremos falando da área de atuação médica antes de passar ao campo específico da psicanálise.

É bom que se aponte de partida que, para além das semelhanças, há diferenças notáveis entre os trabalhos. O livro de Montgomery é mais focado nas questões ligadas à formação e apresenta um encaminhamento mais próximo ao acadêmico (ainda que não seja acadêmico, é fruto de pesquisas da autora, que é professora universitária em cursos de medicina nos Estados Unidos). Já o livro de Groopman é mais comercial, focado na relação do médico com o paciente (propõe-se a ajudar médicos e pacientes a interagirem melhor) e completamente adequado à retórica típica dos livros de autoajuda norte-americanos. Em vista dessa perspectiva, privilegiarei o trabalho de Montgomery, aportando contribuições pontuais de Groopman quando convierem e mantendo-o como apoio tácito ou reforço ao longo do trabalho.

Há um argumento central no trabalho de Montgomery que organiza todas as outras considerações: a clínica médica e a própria medicina não são uma ciência, mas sim um *saber prático* que lança mão de conhecimentos científicos como forma de garantir maior efetividade. A expressão "saber prático" é retirada do grego *phronesis*, empregado por Aristóteles para definir o saber mobilizado por aqueles ofícios que não são eminentemente teóricos, ou seja: para definir o tipo de saber que não se esgota sob a lógica da *episteme*, enquanto saber teórico. Há espaço para aquisição e acúmulo de conhecimentos no que diz respeito à medicina, mas apenas no campo da *preparação* do arcabouço de elementos a que o médico vai ter de recorrer por ocasião de seu trabalho; quando se trata de atuar medicamente, todo preparo cede espaço a um trabalho de ordem prática, conciliando aspectos judicativos, afetivos e disposicionais (ou seja: não regulados pelo saber teórico). Isso não significa que a prática clínica não seja rigorosamente racional: ela pode ser rigorosamente racional, mas mesmo nesse caso ela terá tido que contar com posicionamentos e juízos por parte do médico.

Esse é o esquema básico por trás do trabalho de Montgomery. Há três campos a que a autora imputa importância no sentido de municiar o profissional clínico em seu trabalho: 1. os conhecimentos básicos (transmitidos ao longo dos primeiros anos de formação, passados sobretudo em sala de aula, no ensino tradicional); 2. os axiomas, máximas e ditos transmitidos como cultura ancestral corporativa; e 3. os conhecimentos acumulados a partir da própria experiência ou da literatura. O primeiro campo, dos conhecimentos básicos, é preparatório e deverá ser minuciosamente apreendido para que possa estar à pronta disposição do clínico, que não pode se dar ao luxo de recapitular deliberadamente esses elementos quando vier a precisar deles; o terceiro, dos conhecimentos acumulados, servirá como base de ponderação e é aquele ao qual o profissional clínico mais claramente recorre – esses dois campos são provavelmente os que o clínico vai compartilhar com o paciente se for o caso, e nos quais ele vai se basear se tiver de se justificar perante algum supervisor ou auditoria ou apresentar um caso clínico em congresso.

Já o segundo campo, aquele dos axiomas e saberes "culturais" (folclóricos), opera como báscula, como ponto de passagem na organização da disposição atencional do clínico – é o que "faz as engrenagens engatarem", a partir do que elas se colocarão em movimento em função do trabalho clínico. Na segunda parte, como se pode ver, recai o trabalho diferencial, mais singular e imprevisível, e é a ele que devotaremos maior atenção. Antes de passarmos a ele convém notar, inicialmente e de passagem, que é sobre a terceira parte que atuará o movimento da chamada "medicina baseada em evidências", e a autora deixa bem claro que entende que esse movimento pode, sim, contribuir para o progresso da clínica médica, mas que é necessário reconhecer o local restrito que ocupa dentro da constituição do raciocínio clínico em sua complexidade – supor que a medicina baseada em evidências tornará a prática clínica uma prática "positivista" é, do ponto de vista da autora, um erro e uma ameaça ao entendimento honesto do que a clínica efetivamente faz (esse, por sinal, parece ser um dos principais enfoques da autora e uma das "razões" por trás do livro). Nas palavras da autora, "a medicina baseada em evidências promete refinar o conhecimento e sua aplicação, mas não oferecer informações completas para cada paciente em cada fase de qualquer condição" (Montgomery, 2007, p. 34).[9]

De qualquer forma, o ponto mais inovador na montagem de Montgomery é o dos "aforismos e máximas": expressões como

---

9 No original: "Evidence-based medicine promises to refine knowledge and its application but not to supply complete information for every patient in each phase of any condition".

"[quando ouvir um trotar] não pense em zebras [pense em cavalos (porque é o mais provável)]", "a explicação mais simples prevalece" (derivado da navalha de Occam) e outras. Trata-se de um saber de tipo ancestral-folclórico, transmitido de forma dogmática e concentrado ao redor de expressões, palavras de força e ditos espirituosos. Montgomery nota que essas fórmulas ocupam um lugar estratégico crucial no processo de pensamento clínico, porque: 1. remontam ao aprendizado "prático", transmitido pelos mestres como o "segredo" por trás da práxis; 2. conduzem o pensamento clínico em direção a espaços delimitados, "organizando" o campo atencional e os elementos constelados no complexo clínico sob olhar do profissional; 3. apesar de dogmáticos, são flexíveis o suficiente para resistir ao teste da experiência e do tempo, porque são "calibrados" e "regulados" uns pelos outros – o que a autora põe em foco aqui é o fato de expressões contraditórias coexistirem e de algumas fórmulas poderem ser usadas em ocasiões contraditórias, permitindo com isso maior "flexibilidade" ao lugar que elas ocuparão no "aparato" de pensamento clínico (um dos exemplos usados por ela é a relação de "calibragem recíproca" entre o imperativo terapêutico que impõe que o clínico faça tudo o que estiver à sua disposição e o imperativo ético do *primum non nocere*, ou seja, antes de mais nada, evitar fazer o mal; outros exemplos incluem "evite o anedótico" *versus* "preste atenção aos detalhes" e "estudos mostram" *versus* "na minha experiência"). A autora sinaliza, ainda nesse contexto, que os casos clínicos ocupam um lugar destacado na consolidação desse ponto "bascular" na formação médica, na medida em que (como as máximas) condensam elementos propedêuticos articulados a um saber folclórico e dispõem esses elementos ao redor de uma espécie de "conto de fadas".[10]

---

10 Montgomery é autora de um outro livro (*Doctors' stories: the narrative structure of medical knowledge*), o qual aproxima justamente os casos clínicos no ensino médico aos contos de fadas na infância, em função da forma como am-

A ideia, portanto, é que a prática clínica não é uma ciência nem uma tecnologia, mas um saber prático, que lança mão de conhecimentos básicos, de pesquisas e experimentos tecnológicos e de experiência acumulada e transmitida de forma oral/tradicional. O conhecimento em anatomia, fisiologia, patologia etc. é pressuposto, o conhecimento acerca dos avanços em pesquisas e tecnologias diagnósticas e terapêuticas é imprescindível, mas eles serão mobilizados em virtude da maneira como o clínico "montar" a cena clínica, e para essa montagem concorrem elementos frequentemente desprezados – representados de maneira mais notável pelos axiomas, e especificamente pelo caráter autocontraditório dos axiomas e sua "calibragem recíproca". Como diz a autora, "clínicos possuem 'metarregras', e em conjunto essas generalizações servem como uma teoria *ad hoc* de conhecimento clínico... Tomadas em conjunto, essas metarregras são a teoria do conhecimento da medicina na prática: não uma epistemologia, mas uma *fronesiologia* da clínica médica" (Montgomery, 2007, p. 122, grifo meu).[11]

Da fronesiologia como modelo possível para pensar a práxis clínica

Jerome Groopman (autor do segundo livro *How doctors think*) inicia seu livro relatando uma história – a história de seu primeiro dia de trabalho enquanto interno em um hospital. Caracteriza a si mesmo como um jovem médico, tentando conciliar sua confiança

---

bas as narrativas articulam o universal, o singular e o alegórico (Montgomery, 1993).

11 No original: "clinicians, however, do have some metarules, and together these generalizations serve as an ad hoc theory of clinical knowing... taken together, these metarules are medicine's theory of knowing in practice: not an epistemology but a phronesiology of clinical medicine".

e orgulho pelo bom desempenho na faculdade com a insegurança e ansiedade de quem está iniciando (e se sentindo na "prova de fogo") na carreira. Em sua primeira ronda profissional conversa com um paciente, William Morgan, que dialoga abertamente e coopera prontamente, respondendo a todas as perguntas e atendendo a todas as orientações de Groopman. Subitamente, quando já se despedia, Groopman vê o jovem senhor se sentar à cama, os olhos esbugalhados, desesperadamente buscando ar. Groopman está paralisado. Tenta recuperar as instruções de sua formação, tenta construir um protocolo de ação às pressas. Em vão. Eis que entra na sala um homem, rápido como uma bala, alcança o estetoscópio no bolso de Groopman e, em poucos segundos, volta-se a Groopman, dizendo algo como "este senhor rompeu sua válvula aorta, e necessita de uma cirurgia imediatamente". Só então diz seu nome (John Burnside) e explica que também é médico, fez seu internato naquele hospital alguns anos antes e estava de passagem, visitando velhos amigos da equipe. Era cardiologista.

Groopman recupera essa história em seu livro para ilustrar um ponto que será central em sua argumentação: o modo de pensamento do profissional clínico é muito distinto do modo analítico progressivo que é usado como base para o ensino da medicina nos cursos de faculdade, e mesmo nos estágios supervisionados. O que ele sugere, na verdade, é que, no momento de decisão clínica (particularmente em situação de emergência),

> *Não se vê, sendo usada aqui, absolutamente nenhuma forma de "raciocínio". Estudos mostram que, enquanto normalmente se leva de vinte a trinta minutos em um exercício didático para que o professor e os alunos cheguem a um diagnóstico operatório, um clínico experiente normalmente forma uma noção acerca do que se passa com o paciente em até vinte segundos. . . . Se*

> *eu perguntasse a John Burnside [o médico visitante que "salvou" o caso na cena relatada] o que ele estava pensando, ele certamente teria dificuldade para descrevê-lo – aconteceu simplesmente rápido demais* (Groopman, 2007, p. 47).[12]

Isso significa que os médicos desenvolvem em sua prática um modo de raciocínio sobre o qual não têm muita consciência – porque se eles precisarem explicitar seu raciocínio, eles tenderão a recorrer ao modo como o raciocínio clínico lhes foi ensinado em sala de aula, e, como vimos, não é esse modo de raciocínio que os conduz. O argumento de Groopman é de que o raciocínio clínico médico colige reconhecimento de padrões, teste indutivo de hipóteses e recurso a "esquemas" de raciocínio inculcados ao longo do internato ("dicas", máximas, aforismos etc.). A prática clínica ajudará o médico a equilibrar esses recursos cognitivos de forma ponderada, construindo um raciocínio ao mesmo tempo crítico, minucioso e ágil. Essas considerações dizem respeito, acima de tudo, ao exercício diagnóstico, que é um pivô central no pensamento clínico em medicina, mas abrange também questões terapêuticas (como a ponderação entre estratégias distintas e o cálculo de relações entre custo e benefício na adoção de determinadas linhas de conduta) e éticas/deontológicas (o compartilhamento ou não de um diagnóstico incurável e o modo de fazê-lo, o melhor modo de apresentar uma proposta terapêutica de risco etc.). Num resumo grosseiro, no entanto, pode-se dizer que Groopman trabalha sobre a mesma

---

12 No original: "It is not evident that any 'reasoning' is being used at all. Studies show that while it usually takes twenty to thirty minutes in a didactic exercise for the senior doctor and students to arrive at a working diagnosis, an expert clinician typically forms a notion of what is wrong with a patient within twenty seconds . . . If I had asked John Burnside what was going on in his head, he would have been hard-pressed to describe it. It simply happened too fast".

base que Montgomery: o pensamento clínico depende de uma boa formação, mas depende acima de tudo de recursos de pensamento que não são transmitidos formal e conceitualmente, ainda que sejam esses recursos que farão a práxis clínica "girar".

Pois bem, um ponto bastante notável nas formalizações tradicionais dos elementos constituintes da clínica – como aquela de Dunker que mencionamos no item anterior – é que não há nenhuma menção à "fronesiologia" de Montgomery. Podemos encontrar indícios dela – a partir de uma apresentação das máximas e aforismos que amparam o pensamento fronesiológico no modelo da autora – como elementos organizadores de alguns capítulos ou textos de ética/deontologia médica, como afirma Camargo Junior (2005) e exemplifica Monte (2014), mas nunca uma ponderação explícita acerca da influência dessa fronesiologia na composição da estrutura.

Parece-me claro, nesse contexto, que qualquer tentativa de incluir a tal fronesiologia como um elemento compondo um esquema estrutural, topológico, analítico ou o que for estará fadada ao fracasso – não parece haver espaço para incluir esse pensamento "fronesiológico" como um dos elementos compondo o jogo de setas da "clínica clássica" do esquema de Dunker, por exemplo. E por isso uma das opções para lidar com isso, que é a opção adotada nos casos que pude aferir, é não a incluir, "esquecendo dela" ou considerando-a um ruído ou elemento secundário no processo – como se o recurso do clínico a máximas e aforismos aprendidos na residência ou nas "rondas" com médicos mais experientes fosse um elemento superficial, suplementar, supérfluo ou mesmo um desvio e no limite um erro.[13]

---

13 A partir desse ponto, espero que fique claro ao leitor que estarei tomando a fronesiologia, proposta por Montgomery, como ocasião para pensar a práxis clínica (em seu sentido estrito, de acontecimento).

Corre-se o risco, nesse caso, de "esquecer" que esse tipo de movimento de pensamento está sempre lá, e por conta desse esquecimento torna-se mais fácil acreditar então que a clínica pode ser uma ciência "*hard*", ou pode ser praticada de forma científica – já que os demais elementos em jogo na estrutura típica a retratar o pensamento clínico podem ser "domesticados" e postos sob supervisão e controle. Esse é exatamente o risco que Montgomery aponta: um "mal-entendido" que faria com que a medicina baseada em evidências fosse tomada como garantia de cientificidade para a clínica médica, coisa que ela não tem condições de garantir.

Queremos, então, incluir a fronesiologia na avaliação da estrutura do pensamento clínico – porque não queremos supor que o processo de pensamento clínico é analítico, sistemático e "científico",[14] porque sabemos que ele não o é. Mas sabemos que não se pode incluir a fronesiologia em nenhum lugar específico num quadro como aquele sugerido por Dunker, porque ela não parece se enquadrar num modelo topológico-estrutural como esse, e por isso voltamos à questão de "onde encaixar" a *phronesis*. Poderíamos supor que a fronesiologia está presente em toda parte, e por isso ausente do quadro (como a ética e a propedêutica, que também não figuram nos quadros). Diferentemente da ética e da propedêutica, no entanto, a fronesiologia não pode ser considerada um elemento estruturante preliminar, porque ela é importante justamente na implementação do pensamento e precisa, portanto,

---

14 Sabe-se há algum tempo, inclusive, que o próprio pensamento científico não se organiza de acordo com a vulgata, de modo metódico-progressivo, a teoria organizando a hipótese que dispõe o experimento que confirma ou refuta a hipótese. Grmek (1981), por exemplo, afirma claramente que os elementos estruturais do pensamento científico também se determinam e influenciam de forma recíproca e que o mito da cientificidade controlada é apenas esquemático, e não reflete honestamente o que se passa nas pesquisas.

fazer parte do "jogo de flechinhas", e não ocupar um lugar de "anteparo":

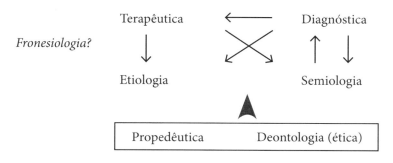

Figura 7.2 Representação gráfica das proposições avançadas a partir do modelo de "clínica clássica" apresentado por Dunker (2011, p. 421) – veem-se incluídas a propedêutica e a deontologia como condicionantes, antecedendo a montagem do esquema, e a prognóstica substituindo a etiologia. A fronesiologia, no entanto, segue sem lugar.

Nessa proposta não incluiríamos a fronesiologia em um lugar específico da estrutura, porque ela não está *na* estrutura: ela é justamente o elemento a partir do qual se pode considerar essa estrutura como relativa à prática clínica – é a fronesiologia que rebate a estrutura (estática) em práxis (dinâmica). Essa localização estratégica fica clara a partir da própria definição de fronesiologia fornecida por Montgomery:

> *"Fronesiologia" deriva da distinção aristotélica entre* episteme *e* phronesis, *que são duas formas de virtude intelectual, para designar o conhecimento prático que difere da "epistemologia", uma teoria de conhecimento científico. A fronesiologia, em contraste, é aquilo que sabemos sobre a racionalidade em circunstâncias situadas e contingentes, como ponderações morais e*

> *doenças. Leis universais e abrangentes podem ser desenvolvidas para as ciências, mas em outros campos, mais dependentes do contexto, essas leis tendem a ser redundantes ou inúteis. Assim, o objetivo da* phronesis *ou conhecimento prático não é determinar as respostas universais que se aplicarão a todos os casos como esses, mas sim decidir, de forma ponderada, a melhor coisa a se fazer nessa circunstância particular (Montgomery, 2007, p. 125).*[15]

A "estrutura da clínica clássica" de Dunker, como as demais estruturas do pensamento médico, são voltadas à epistemologia da clínica, e por isso não poderiam mesmo se dedicar ou tomar sob consideração a *phronesis* como parte de sua montagem. Em nosso exame, em contraste, a fronesiologia ocuparia um lugar de destaque, na medida em que estamos tentando compreender, justamente, como um psicanalista pensa – e nesse sentido, para a montagem do sistema metacognitivo que nos interessa, a *phronesis* parece ocupar um lugar crucial.

A melhor palavra para definir esse lugar, no entanto, pode ser "crucial", mas talvez seja melhor tratada como "um lugar-chave" ou "um lugar de virada". O que tenho em mente aqui é que um

---

15 No original: "'Phronesiology' draws on Aristotle's distinction between episteme and phronesis, two kinds of intellectual virtue, to designate a theory of practical knowing that is different from 'epistemology,' a theory of scientific knowing. Phronesiology, by contrast, is what we know about rationality in situated, contingent circumstances like moral quandaries or illness. Covering, universal laws can be generated for the sciences, but in other, more context-dependent fields such laws tend to be trivial or useless. Thus, the goal of phronesis or practical reason is not to determine a law-like answer that will apply to all such cases but to decide, on balance, the best thing to do in this particular circumstance".

lugar crucial é um lugar "da cruz", ou seja, um cruzamento, um ponto de decisão, mas também é frequentemente entendido como um ponto central (apesar de não haver lastro etimológico para isso), e com isso poderíamos imaginar que a tal *phronesis* fica no centro das estruturas da clínica conforme são retratadas – e aí estaríamos incorrendo em engano. Afinal, o que teríamos num caso como esse seria um quadro como o apresentado por Dunker, contendo, no entanto, "fronesiologia" bem ao centro, no cruzamento das setas diagonais.

O ponto aqui é que esse não é, em absoluto, o lugar a ser ocupado pela fronesiologia e, por isso, a expressão "crucial" me parece enganosa. A fronesiologia ocuparia, em meu entendimento, o lugar de "tirar" o bloco estrutural de sua dimensão epistemológica e torná-lo anteparo para o posicionamento do clínico, no ato clínico, enquanto práxis. A *phronesis*, então, é esse ponto de giro que faz a estrutura epistemológica organizadora da clínica ser o anteparo de um *ato*. Além disso, evidentemente, cada ato do clínico repercutirá na situação em que ele se inscreve e fará com que ele proceda a retificações constantes de sua "estrutura clínica" de base, aperfeiçoando seu modo de proceder semiológica, diagnóstica, terapêutica e prognosticamente. Isso significa, em resumo, que a *phronesis* é justamente o pensar a clínica em sua dimensão diacrônica e, nesse sentido, a fronesiologia permite que a estrutura do raciocínio clínico – que é uma representação sincrônica, estanque ou atemporal – seja representante de uma atividade inscrita no tempo e, portanto, diacrônica.

O modelo proposto aqui é semelhante àquele apresentado por Maniglier (2008) como "bicicleta de Lévi-Strauss":[16] contra a ideia

---

16 Além do modelo de Maniglier, acredito que me inspiro na proposição de Pommier (2009) de uma "placa giratória" – no caso dele se trata da fobia como placa giratória do gozo no registro da neurose, mas não é disso, obviamente,

de pensar um modelo estrutural como condenado a se referir a algo estanque, sincrônico e destituído de poder heurístico diacrônico e histórico, Maniglier propõe vislumbrar os modelos estruturais como catracas de uma corrente de bicicleta, ou seja, como suportes de um movimento que se sustenta mas não se esgota nelas. A ideia sugerida aqui é a de que os modelos estruturais da clínica se assemelham às catracas de bicicleta de Maniglier – a *phronesis* é o encaixe da corrente (que é o devir histórico do sujeito-clínico em situação) nessa catraca, garantindo o movimento.

Acredito ser necessário complicar esse esquema. Os modelos topológicos ou estruturais de descrição da práxis clínica pautam-se pela correta apreciação dos elementos teoricamente decisivos, ou seja: aqueles que aparecem como sendo cruciais numa análise e numa esquematização do saber-fazer clínico; a partir da indicação de Montgomery incluí a propedêutica e a ética como elementos preliminares (mas ainda esquemáticos), e a *phronesis* como elemento desestabilizador das retratações teóricas, topológicas e estruturais. Pela inviabilidade de incluir a *phronesis* no registro gráfico dos esquemas topológicos, sugeri que ela fosse contemplada como o elemento basculante, como no modelo da catraca e da corrente de uma bicicleta (aproveitando a imagem sugerida por Patrice Maniglier).

Acontece que essa inclusão faz com que deparemos com um novo risco: o de supor uma dinâmica quando tudo que fizemos foi compor um cenário de *stop-motion*, em que modelos estanques vão se compondo sequencialmente. O ponto é que, como sabemos, o movimento clínico não é de oscilação entre pensamento, ação, ponderação reflexiva e revisão do modelo de pensamento – esse

---

que se trata aqui; é bom lembrar que tanto Maniglier quanto Pommier se baseiam em elementos da vida cotidiana, e eu estou me referindo a eles porque efetivamente foi de onde as ideias me vieram, até onde posso perceber.

seria um retrato excessivamente esquemático e destituído de toda a vitalidade que marca e caracteriza a clínica enquanto práxis. Por isso, para que possamos apreciar devidamente o papel da *phronesis* na composição do pensamento clínico em sua dimensão de práxis, será necessário voltarmo-nos em direção aos aspectos dinâmico e genético do pensamento clínico – temas dos próximos capítulos.

8. Do ponto de vista tópico ao dinâmico

O espaço de pensamento "padrão"

Jerome Groopman (2007), discutindo o modo como os médicos pensam, refere-se a estudos que demonstraram que exercícios diagnóstico racionais, analíticos e progressivos levam cerca de trinta minutos para chegar a uma hipótese, ao passo que condutas clínicas (particularmente em situações de emergência) conciliam avaliação clínica, hipotetização diagnóstica, cálculo prognóstico e intervenção terapêutica em um espaço de poucos segundos; ademais, se o clínico em ação fosse questionado acerca do arrazoado que está pautando suas ações naqueles poucos segundos, o mais provável é que ele não fosse saber responder, ou fosse precisar parar para organizar seus pensamentos – o que indica que a resposta que eventualmente desse é, na melhor das hipóteses, a racionalização de uma forma de pensamento inexprimível, e, na pior das hipóteses, uma fabricação *a posteriori* inteiramente desconectada dos pensamentos que de fato pautaram sua práxis (além disso, claro, se ele tivesse que parar o que está fazendo para apresentar os motivos de sua ação, a vida do paciente estaria ainda mais ameaçada).

Um dos elementos interessantes articulados a isso é a percepção de que a clínica médica apresenta algumas aproximações com o pensamento clínico que pauta a práxis psicanalítica. Isso porque, como sabemos, no contexto da psicanálise o pensamento clínico é amparado naquilo que Freud denominou "princípio da atenção equiflutuante" ("*Prinzip der gleichschwebenden Aufmerksamkeit*") (Freud, 1912/1996b), a famosa "atenção flutuante", e uma das características principais que Freud imputa a esse modo de atenção é que ele não se detém sobre nada em específico, pondo-se, pelo contrário, "à disposição" para ser capturado pelos elementos que emerjam na situação analítica. Podemos supor que, em termos gerais, o modo de atenção a que os médicos recorrem em sua práxis clínica implica um certo tipo de "atenção equiflutuante", disponível para ser capturada por aqueles elementos que toquem os padrões de reconhecimentos, as disposições, o treinamento de "escuta" do médico. O bom clínico, nesse contexto, seria aquele que consegue manter sua atenção disponível para ser tocada tanto pelos pequenos detalhes, como uma atenção minuciosa, quanto pelos elementos formais e gerais, como uma atenção intelectualista, quanto pelos elementos que sugiram limitações às "escolhas" (diagnósticas, terapêuticas e prognósticas) em curso, como uma atenção responsiva.

Fugiria completamente aos nossos propósitos comparar de forma mais minuciosa essa aproximação – convém notar apenas que as considerações de Groopman a respeito do pensamento clínico no contexto médico ajudam a pensar também no contexto clínico psicanalítico. Afinal, também na clínica psicanalítica será necessário evitar a reprodução mecânica de esquemas teóricos aprendidos, evitar o exercício diagnóstico e terapêutico "frio", desvitalizado – não só pelo tempo consumido por esses modos de pensamento, como na consideração de Groopman, mas também porque esse modo de pensamento *não permite pensar clinicamente*.

Comecemos pelo óbvio: é crucial que o clínico psicanalítico não tenha a teoria muito presente em seus pensamentos, na medida em que essa situação obturaria sua disponibilidade de escuta (lembremos aqui do médico que leva muito mais tempo para formular suas hipóteses racional e *teoricamente* do que ele *pode levar* para pensar *clinicamente*). Ele precisa ter domínio suficiente de uma teoria que ampare seu trabalho, evidentemente – mas a teoria ocupará apenas um lugar específico na consolidação de seu espaço de pensamento clínico, e não poderá operar como um "gabarito", amputando o discurso do paciente com vistas a uma melhor adequação deste a ela. Por conta disso, precisaremos criar recursos para compreender melhor que lugar é esse em que o psicanalista pensa – sabemos que esse espaço não é a teoria, mas sabemos que a teoria ocupa um lugar; pois bem: que lugar cabe à teoria, e que lugar é esse em que o psicanalista pensa?

Todo psicanalista, quando pensa psicanaliticamente, ocupa um lugar. Não me refiro, evidentemente, a um lugar físico, mas sim ao lugar *de pensamento* ocupado pelo psicanalista. Na definição de Figueiredo, por exemplo, o enclave de que ele fala é um espaço de pensamento (é óbvio que ele não se refere a um enclave no sentido do estatuto geográfico do consultório); de modo análogo, a evocação e a contenção de elementos da vida selvagem e das fantasias primitivas dos pacientes também não são elementos concretos, mas elementos *de pensamento*.

Freud dá algumas indicações acerca do lugar ocupado pelo psicanalista em seus textos sobre a técnica; ele, na verdade, sugere um esquema bastante simples para compor o cenário por meio do qual a experiência psicanalítica se desdobra: trata-se da *regra fundamental* – que prevê associação livre ao paciente e a já referida atenção equiflutuante ao analista – e do estabelecimento de um contrato de trabalho (frequência, duração das sessões, valor da consulta, férias etc.); esses termos simples acolherão as manifestações do inconsciente (lapsos, atos falhos, sonhos etc.) e, acima de tudo, acolherão a transferência e sua contraparte, a resistência, que são o motor do processo analítico.

Assim, pode-se dizer que o contrato pauta a regra fundamental, e esses dois elementos operam juntos para conter o trabalho analítico. Esses determinantes básicos constituem uma espécie de solo, um campo a partir do qual o trabalho se desenvolverá. A teoria que ampara a escuta do analista será, previsivelmente, um elemento componente de sua atenção equiflutuante; a relação da teoria com outros elementos que amparam essa escuta será objeto de nossa atenção no capítulo seguinte.

Voltemos nossa atenção, nesse momento, à dimensão mais ampla da constituição do espaço, aquilo que Freud trata como contrato de trabalho. Será necessário nos determos nisso porque, como o leitor deve saber, essa dimensão acabou se articulando ao imaginário de base da clínica psicanalítica de modo íntimo por meio das discussões acerca do *enquadramento* da clínica. É comum que se refira à dimensão estruturante do solo ocupado pelo psicanalista em seu trabalho (a composição do contrato como condicionante e salvaguarda para a regra fundamental) como o *setting*, ou o *enquadre*;[1] também é comum que se indique um papel pronunciado de Winnicott e/ou de Bleger na constituição de um pensamento sobre

---

[1] Pode-se dizer, em linhas gerais, que o enquadre é o *espaço* onde o *processo* ocorre – espaço, nesse caso, não só físico, mas dizendo respeito aos contornos do encontro (ao que não muda na temporalidade do encontro, ao que a emoldura). Pauto-me basicamente nas considerações de Green (2000 e 2008), e Etchegoyen (1999, particularmente os capítulos 6, 36, 37 e 38), para o mapeamento do campo ligado ao conceito – remeto o leitor interessado a esses textos para eventual aprofundamento, apontando que o argumento desses autores é

o *setting*; e, por fim, é comum que se indique que há um enquadre padrão, constituído ao redor da clínica psicanalítica clássica, e há os enquadres *adaptados* em função da constituição de uma clínica voltada a patologias e circunstâncias diversas daquelas clássicas.

Nesse contexto, semelhantemente ao que se passou em outros, parece-me adequado suspeitar da clareza da distinção entre o "clássico" e o "adaptado".[2] O que quero apontar com isso é que o enquadre dito "clássico" não é *exatamente* o enquadre proposto por Freud nos textos sobre a técnica, nem aquele exercido por Freud em sua práxis, mas sim o enquadre conforme estabelecido pela International Psychoanalytical Association (IPA) quando da normalização da formação de psicanalistas, a partir da primeira metade dos anos 1920 (que a normalização tenha tomado como parâmetro as indicações de Freud nos textos sobre a técnica pouco muda a esse respeito). E o que quero propor com esse apontamento é que, assim como "psicanálise é muita gente" ("psicanálise" como um conjunto homogêneo ou coerente sendo nada mais que uma abstração ou tipo ideal), "enquadre clássico" me parece o ponto de articulação de um conjunto de jogos de situação e deslocamentos de poder, referidos – como de hábito – à sombra de Freud. Uma colocação como essa complica consideravelmente a questão dos

---

bem distinto do meu (eu adoto suas perspectivas de mapeamento como guia, mas não sigo as análises que derivam desses mapeamentos).

2 Lembraria, a esse respeito, das sabidas e recorrentes "adaptações" que Freud fazia em seu *setting* (conduzindo análises ao longo de caminhadas em parques, durante jogos de xadrez e viagens, por exemplo), das discrepâncias notáveis entre o caráter "clássico" da análise do Homem dos Ratos de acordo com o relato de Freud e o caráter pouco "clássico" daquilo que se depreende a partir do diário mantido por Freud a respeito desse mesmo caso (cf., a esse respeito, Mahony, 1991) e, por fim, lembraria das razoáveis dúvidas acerca da correção do diagnóstico do Homem dos Lobos por Freud (num tratamento que, por sinal, recorreu a expedientes nada "clássicos" – ver, a esse respeito, Gardiner, 1973).

contornos da práxis psicanalítica – e eu entendo que essa complicação é, de fato, procedente, e sua abordagem necessária.

O grande público pouco sabia sobre a forma como Freud trabalhava, e como ele entendia seu trabalho, até a publicação dos ditos "textos sobre a técnica". Esses textos foram publicados basicamente entre 1912 e 1914, às vésperas da Primeira Guerra Mundial e em pleno curso do que estou chamando de "retorno transferencial a Freud" (sendo que esse retorno transferencial se passa no contexto das "primeiras controvérsias" no meio psicanalítico, opondo Freud aos "detratores" Rank e Jung); uma de suas funções era, ao que me parece, consolidar um imaginário forte acerca do que a psicanálise é e deve ser, de forma que se pode associar a publicação dos textos sobre a técnica a esse mesmo contexto do "retorno transferencial". Quando de sua publicação esses textos serviram, então, como um fundo de referência no estabelecimento de um mínimo de coerência entre os praticantes "legítimos" de psicanálise, consolidando um *corpus* dogmático a organizar como deve se dar uma psicanálise digna desse nome (ainda que, enquanto *corpus* dogmático, se tratasse de um texto notavelmente aberto e relativo).

Mas, como dito, parece-me que não é daí que se retiram os principais determinantes para a constituição do imaginário de um enquadre clássico, e sim das proposições que regem a análise de formação prevista pela IPA como condição para a formação de analistas; essa história é contada em algum detalhe por Kupermann (1996), Grosskurth (1992) e Danto (2007); esquematicamente, pode-se dizer que é o próprio Freud quem "levanta a bola" da normalização, quando aponta em *Linhas de progresso na terapia psicanalítica* (1919/1996l) que a psicanálise deveria se conduzir a uma oferta mais sistemática e a uma população mais ampla – sua sugestão de um investimento filantrópico na criação de institutos de formação será levada à letra na constituição da Policlínica de

Berlim, e é daí que se origina o fio que conduz as normalizações da práxis de formação e de reconhecimento do psicanalista formado.

As diferenças entre o modelo proposto por Freud e o modelo adotado pela IPA, até onde posso ver, não são tão grandes (Freud é bastante claro quanto à frequência, ao pagamento, ao uso do divã, à diferenciação entre entrevistas e análise propriamente dita, tudo isso é estabelecido de forma bastante clara em seus textos técnicos), mas a consolidação de uma práxis normalizada pela IPA parece ter conferido uma espécie de hipernitidez,[3] um calcamento profundo nos contornos, que os textos de Freud não parecem veicular. Isso significa que os elementos que compõem o cenário não são diferentes, mas a impressão que eles causam é diferente – Freud estabelece lugares claros para os elementos porque precisa dessa clareza relativa para trabalhar com aquilo que realmente lhe importa, que é a técnica psicanalítica. O imaginário usual, herdeiro da hipernitidez "regulada" pela IPA, toma os lugares claros conferidos por Freud como condicionantes da clareza do trabalho ela mesma, e situa tudo o que não se conforma a isso como enquadre *adaptado*. O risco com isso é, primeiro, o de uma idealização opressiva do que seria "normal", e, segundo, o de uma hipertrofia na avaliação do que é adaptação, com a consequente hipertrofia retroativa na avaliação das razões pelas quais a adaptação se teria feito necessária.

Qual é o ponto aqui? O ponto é que os textos sobre a técnica em Freud parecem pretender explicitar o modo por meio do qual o analista consegue consolidar e pôr em movimento as condições básicas para que a análise aconteça, ao passo que o enquadre clássico

---

3   O que chamo aqui de "hipernitidez" é basicamente homólogo ao que Freud descreve como "ultranitidez" no horizonte das lembranças encobridoras (Freud, 1899/1996p) – mas não gostaria de extrapolar a aproximação a uma "análise selvagem" da institucionalidade psicanalítica.

consolidado pela IPA trata *daquilo que configura ou não uma psicanálise*. Esquematizando (um pouco demais), pode-se dizer que os textos de Freud têm um caráter *orientador* acerca do imaginário de um enquadre, ao passo que o enquadre decalcado pela normalização ipeísta assume um caráter *prescritivo*. A diferença, nesse caso, é toda: os textos de Freud teriam por propósito ajudar o profissional a constituir condições favoráveis ao acontecimento de uma psicanálise em sua práxis, ao passo que o imaginário normalista teria por propósito julgar se o que se passa naquele cenário é ou não é psicanálise. Um exemplo ilustrativo pode ser encontrado no divã, essa peça de mobília tão associada à práxis psicanalítica.

Freud é tão direto quanto possível quando chega a esse ponto no texto "Sobre o início do tratamento" (1913/1996d): há um motivo histórico, um pessoal e algumas decorrências técnicas em relação ao uso do divã. O motivo histórico é que o divã é um remanescente do método hipnótico de que a psicanálise deriva; o pessoal é que Freud não suportaria ser encarado fixamente por tanto tempo e por tanta gente; quanto às decorrências, é bom que tenhamos calma. Freud diz, de partida, que a posição impede que os pacientes vejam as expressões faciais que ele faz, pois isso daria ao paciente material para interpretação ou o influenciariam; diz ainda que alguns pacientes se incomodam com a posição e resistem, mas ele insiste, dizendo a esses pacientes que "seu propósito e resultado são impedir que a transferência se misture imperceptivelmente às associações do paciente, isolar a transferência e permitir-lhe que apareça, no devido tempo, nitidamente definida como resistência" (p. 149). E por fim sinaliza: "sei que muitos analistas trabalham de modo diferente, mas não sei se esta variação se deve mais a um anseio de agir diferentemente ou a alguma vantagem que pensem obter dela" (p. 149).

Note-se que o único ponto em que Freud justifica o divã por questões técnicas gerais ou abrangentes é quando responde a uma crítica do paciente – como se ele não dissesse ao leitor, como se a colocação viesse casualmente; seria, de qualquer maneira, uma justificação técnica diretamente ligada às questões "pessoais" que Freud aventa: afinal, seu incômodo ao ser encarado fixamente ou sua cara de quem está "dando livre curso aos seus pensamentos" (sua cara de quem está pensando em outra coisa) seria exatamente a tal "associação do paciente" que ele não quer que apareça – ou melhor: que ele só quer que apareça *no devido tempo* e como *resistência*. Isso significa, basicamente, que Freud não quer que o paciente faça associações a respeito de sua distração ou de sua cara de enfado no tempo indevido (que é quando Freud efetivamente faz cara de enfado ou distração); o tempo devido é (Freud é claro a esse respeito) aquele em que essa associação por parte do paciente poderá ser interpretada como resistência.

É bom que se note que minha leitura da passagem de Freud sobre o divã não se propõe como crítica – pelo contrário, entendo que há uma grande coerência interna nas considerações de Freud. Meu ponto é que um dos grandes méritos de Freud reside justamente em sua aptidão e precisão ao articular suas propensões e pendores pessoais à exposição de uma técnica em que esses pendores se constelam em benefício de sua práxis: ele não defende o divã como um universal ou como um inquestionável, mas como algo que veio de algum lugar, serve a ele (Freud) e, por meio dele, serve ao seu trabalho enquanto psicanalista. Em vista disso, sua consideração final acerca dos outros psicanalistas (e ele não os chama de hereges ou detratores ou charlatães que se promovem como psicanalistas – ele os chama, direta e simplesmente, de analistas) que trabalham de outra maneira ganha cores mais claras: afinal percebemos que não se trata de uma ponderação crítica veiculada de forma irônica, mas de uma dúvida efetiva. Ou seja: ele de fato não sabe se eles abrem mão do divã porque querem fazer diferente ou se o fazem porque obtêm alguma vantagem dessa mudança. Ele não é *contra* as mudanças: ele não sabe.

Pois bem, é notável a distância entre esse ambiente que emana das considerações de Freud acerca do divã e as considerações a seguir, formuladas por Etchegoyen a respeito do mesmo tema em seu famoso manual sobre a técnica:

> *Algumas das recomendações de Freud, que ele considera eminentemente pessoais – como pedir aos pacientes que deitem para que não tenha de suportar ser encarado por eles – se tornaram indispensáveis para as nossas técnicas. Claramente, o que Freud introduz aqui como sendo parte de seu estilo é, sem reservas, uma regra técnica universal (Etchegoyen, 1999, p. 63).*[4]

Na sequência dessa passagem, Etchegoyen relata os esforços de Fairbairn para teorizar seu abandono do divã,[5] finalizando com o seguinte comentário: "para alguém como eu, que gosta de Fairbairn e o respeita, essas especificações evocam um discreto sorriso"

---

4 Na versão em inglês consultada: "Some of Freud's recommendations, which he considers as being eminently personal – such as asking patients to lie down so he does not have to endure being stared at – have become indispensable to our techniques. Clearly what Freud introduces here as something that is part of his style is entirely a universal technical rule".

5 Fairbairn criticou o modelo do divã e propôs um outro modo de compor a sala, em que ele se sentava em uma cadeira, tendo diante de si uma escrivaninha em que tomava notas, e seus pacientes se sentavam em uma poltrona que não estava diante dele (como num consultório médico comum dos dias de hoje) mas na diagonal (ainda, portanto, dentro de seu campo de visão, mas apenas obliquamente).

(Etchegoyen, 1999, p. 63).[6] Aqui não parece haver espaço para dúvida: se o tom de Freud em relação a colegas que não usam o divã é de um ceticismo benevolente, o ceticismo de Etchegoyen em relação a Fairbairn é nitidamente maldoso: ele desqualifica a iniciativa de Fairbairn (e qualquer outra) que questione o divã, porque o divã é um universal.

O mais notável nisso é que Etchegoyen não se propõe a explicar por que o divã se tornou uma regra universal, e meu ponto nesse sentido é bastante simples: diferentemente de Etchegoyen, não vejo motivo em desqualificar de forma universal os esforços de um analista nesse sentido ou em qualquer outro. Etchegoyen tece uma série de considerações altamente interessantes acerca do uso do divã ao longo de seu manual, e vê-se como ele pode ajudar analistas a compreender o potencial associado ao uso do divã e a forma como ele pode compor de maneira interessante o enquadre – mas ele articula essas suas considerações a uma tomada de partido *a priori*, como se o divã fosse um universal inquestionável, e com isso consolida o tal padrão hipernítido contra o qual se irão decalcar as psicanálises "adaptadas" (que não são psicanálises "de verdade") e as psicoterapias; essa distinção guarda consigo uma distinção de valor, e ela induz a pensar que o divã é condição *sine qua non* para que se possa chamar de psicanálise o que ali se passa, e nesse ponto Etchegoyen rompe com a lógica do pensamento de Freud sobre a técnica (porque toma o contrato como *a priori*, e não como plataforma para a constituição de um pensamento clínico).

A questão aqui – que fique claro – não é o divã em si. Eu mesmo, em minha prática, uso o divã (não como uma regra, e não como um universal, mas existe um divã em minha sala e eu não tenho nada contra ele); meu ponto é que a diferença proposta entre

---

6 Na edição em inglês consultada: "For someone like me, who likes and respects Fairbairn, these specifications evoke a slight smile".

os universais e os variáveis e, no prolongamento, entre o clássico e o adaptado, não parece resolver a problemática do reconhecimento da topografia característica, peculiar à práxis psicanalítica. Não vejo razoabilidade em distinções categóricas entre a psicanálise e a psicoterapia psicanalítica (como Green faz na passagem que trabalharemos no item a seguir), ou na promulgação categórica de regras como o uso do divã (como Etchegoyen na passagem discutida), porque me parece que elas tentam normalizar uma psicanálise a partir da hipernitidez, que ofusca em virtude de seu caráter excessivo. Assim, entendo que *a hipernitidez das proposições universais acerca da psicanálise normal obtura o espaço de pensamento do psicanalista.*

O espaço de pensamento "adaptado" e sua relação com os limites do pensamento

Estivemos tratando, até aqui, daquilo que diz respeito ao enquadre supostamente "normal" ou "padrão". Quanto às variantes em relação ao padrão, entendo que há um movimento duplo definindo o lugar que ele ocupa no contexto do pensamento e das proposições acerca da formação psicanalítica e do pensamento clínico em psicanálise. Compreendo que:

1. por um lado, a psicanálise "adaptada" se deve ao trabalho de psicanalistas com pacientes com características distintas daquelas previstas por Freud para o tratamento psicanalítico, trazendo consigo exigências distintas daquelas que o *setting* "clássico" (no modelo Freud) dava conta de acolher; e

2. por outro lado, esse tipo de atuação "adaptada" imprimia uma reconfiguração do entendimento que esses analistas

faziam acerca do trabalho "clássico"; a partir desse tipo de reconfiguração, a psicanálise como um todo acaba mudando, e isso faz com que ela progrida, segundo expressão de Pontalis, sempre "pelas bordas" (Pontalis, 2005).

Exemplos bastante claros a respeito dessa dinâmica são Ferenczi, Klein e Winnicott: nos três casos temos práticas clínicas abertas a casos distintos dos "clássicos", e nos três casos assistimos a uma revisão da função mesma do *setting*. Isso significa, esquematicamente, que uma vez aceitos casos alheios ao que Freud previa como "indicações" para análise (quando da redação dos textos sobre a técnica), uma vez que se passe a tratar desses casos adaptando o modelo padrão, o que se passa dentro desse modelo repercutirá, numa espécie de ricochete, sobre aquilo que se pensa no contexto do *setting* padrão – e assim nos vemos remetidos às proposições inovadoras de Ferenczi, Klein e Winnicott acerca da psicanálise "normal".

Retomemos, rapidamente, as indicações de Freud que pautaram o que seria, para ele, a psicanálise "normal" (que difere, como já disse, da psicanálise "normal" após normalização pela IPA nos anos 1920): nos textos sobre a técnica, ele indica que a psicanálise é adequada a casos de neurose (neurose obsessiva, histeria, fobias), nos quais não haja inibição das faculdades de pensamento e fala, nas camadas média e alta da população e entre pessoas de caráter e instrução adequados para o trabalho (Freud, 1912/1996b, 1913/1996c, 1915/1996g).[7] Quando o clínico percebe que um caso recebido se enquadra nessas determinações, trata-se de uma situação adequada e para a qual a psicanálise apresentou (segundo

---

7 As determinações de caráter são elencadas mais cedo em sua obra, no texto "Sobre psicoterapia", mas ele endossa essas restrições nos textos sobre a técnica – essas curiosas indicações podem ser, portanto, encontradas em Freud (1905[1895]/1996a).

Freud) méritos comprovados. Casos que se afastem desses impõem ao clínico uma escolha: ele pode recusá-los por não ter comprovações da eficácia do método, ou pode aceitá-los em caráter experimental. Freud afirma, em "Sobre o início do tratamento", que aceitou tratamentos gratuitos (o que ele não recomenda) dentro desse espírito experimental, e ele tinha consciência de trabalhos desenvolvidos por Jung em Burghölzli e por Ferenczi (o famoso "clínico dos casos difíceis") que se afastavam dessas normas, sem que isso parecesse um problema – pelo contrário, isso indicava frentes de pesquisa e de trabalho inovador, de onde a psicanálise poderia esperar confirmações, refutações, um melhor ajuste do escopo de sua atuação etc.

Pois bem, a grande questão aqui é que o avanço dessas práticas não normais levaria à reconfiguração do campo normal, por conta de transformações no modo de pensamento do próprio psicanalista e no modo de entendimento acerca dos fundamentos da práxis clínica em causa ali.

Aqui talvez seja útil retomar, a título de clareamento do argumento, as ideias associadas por Ian Hacking ao que ele chama de "nominalismo dinâmico": um sujeito diagnosticado com personalidade múltipla será afetado por esse diagnóstico, e a simples existência desse diagnóstico no imaginário social repercutirá sobre o modo como as pessoas sentem, percebem e lidam com seus próprios pensamentos e disposições (esse foi o ponto demonstrado por Hacking em seu estudo histórico [2000]); temos nesse contexto um exemplo de influência retroativa da confecção de um termo ao efeito que ele tem sobre o conjunto de pessoas afetadas pelo termo (o termo não só ajudará a nomear quem porta sintomas compatíveis, mas induzirá a organização de quadros compatíveis com o diagnóstico, e induzirá clínicos a organizarem quadros de forma a que se compatibilizem com ele). Apoiado nessas ideias, eu sugeri há pouco que algo análogo acontece a psicanalistas acolhidos como "winnicottianos" na comunidade: eles serão influenciados em seus modos de pensar, circular e, em geral, nos seus modos de *ser* por conta desse acontecimento (psicanalistas podem passar por um processo de "winnicottianização", foi assim que formulei a questão). Pois bem, o que estou sugerindo aqui a respeito das redefinições do enquadre "adaptado" é que o estabelecimento de um enquadre-não-padrão e o desenvolvimento de um trabalho por um psicanalista num enquadre-não-padrão repercutirão no que aquele psicanalista faz em seu trabalho padrão, em seu enquadre padrão; mais: essa nova compreensão, *a posteriori*, levará a que se perceba o padrão de uma forma renovada, e essa forma renovada provavelmente terá consequências para o círculo de influência daquele profissional, o que fará com que o padrão vá se reconfigurando.

É claro que o ponto em causa aqui não é devido apenas ao que Hacking estuda como nominalismo dinâmico – não é por se chamar ou não padrão que o enquadre muda; o fato, no entanto, é que as adaptações nos modelos de atenção em função da constituição de modulações no que é ou não é clássico e no que acontece ou não fora dele, esse tipo de adaptação reconfigurará retroativamente todo o campo. Pontalis propõe justamente essa questão em seu artigo "Bordas ou confins": o trabalho psicanalítico que não se submete passivamente às prescrições de trabalho "normal" ver-se-á remetido continuamente a situações desafiadoras, nos limites do pensamento do psicanalista, e talvez isso ajude a pensar a proliferação de categorias diagnósticas de extração psicanalítica referidas a esse tipo de disposição topográfica (*borderlines*, não neuróticos, *as if* etc.) (Pontalis, 2005). Lembremos que o próprio Freud consolidou a psicanálise associando a histeria ao "impensável" da clínica médica de seu tempo e estabelecendo que a psicanálise prometia progresso onde a medicina usual fracassava.

Esse tipo de compreensão da questão, no entanto, confere ao campo do enquadre (e do enquadre "normal") um contorno paradoxal e um tanto perturbador: a ultrapassagem das condições prescritas por Freud, ou pela IPA, reconfigura as imposições de enquadre adequadas à condução do trabalho naquele caso, mas a reconfiguração naquele caso leva à reorganização retroativa do modo de pensar daquele psicanalista em relação a todos os seus casos, e as proposições de *setting* renovadas por esse trânsito levarão à reconfiguração do que é (e para que serve) o enquadre clássico naquela comunidade, o que reconfigurará, por fim, o entendimento acerca das características diagnósticas e patológicas dos sujeitos atendidos ali, reconfigurando (e aqui recomeçamos o ciclo) as imposições de enquadre adequadas ao trabalho normal.[8] Pois bem, espero que esteja ficando claro que a questão crítica preliminar aqui diz respeito às relações entre a proposição de um imaginário "normal" e a exterioridade que essa proposição funda. Passemos, então, à consequência mais significativa a partir desse quadro.

Os textos de Freud sobre a técnica forneceram as bases para o estabelecimento de um parâmetro de análise "normal", que seria o parâmetro adequado para se garantir que o que se passa naquele encontro é efetivamente uma análise. Parece-me claro que as

---

8 Duas ilustrações desse processo podem ajudar a entender o ponto: Ferenczi dizia ter o hábito de, quando descobria novos elementos teóricos e técnicos, chamar de volta pacientes que ele declarara curados, por entender que eles poderiam se beneficiar desse aprofundamento (em contratempo, digamos) do tratamento – esse é um exemplo (um relato dessa prática pode ser encontrado em Stanton, 1991); o outro chegou a mim por meio de um colega em processo de formação em uma instituição de "psicanálise winnicottiana" (porque isso existe, aparentemente) que foi informado por sua supervisora que "todo paciente em psicanálise é um caso de falso *self*, e o trabalho portanto deve ser a busca por uma comunicação verdadeira conectada ao seu verdadeiro *self*". Entendo que temos aqui dois casos de reconfiguração do campo normal, e do enquadre normal, a partir da reavaliação retroativa acerca do que se passou naquele encontro.

proposições de Freud já tinham, quando de sua formulação, bastante clareza e especificidade – mas Freud pôde conciliar, como era seu hábito, essa clareza e especificidade com uma maleabilidade formal e de pensamento assustadoramente altas; sugeri que o ponto de Freud não era fornecer instruções para o estabelecimento de um "cenário" psicanalítico, mas sim fornecer orientações para que o analista soubesse discriminar, por contraste, o material clínico psicanalítico quando ele emergisse no encontro (e para isso ele forneceu exemplos ilustrativos acerca da forma como ele, Freud, compôs o seu mobiliário). O devir institucional do movimento psicanalítico acabou, por fim, por inverter a valia dos elementos em jogo: a especificidade no cenário passou a ser condicionante para que se pudesse discriminar o material clínico que emergisse no encontro.

Um exemplo notável acerca dessa inversão e de suas consequências se depreende de uma formulação de Green (2008), que nos convém abordar em detalhe. De partida, ele sugere chamarmos de "matriz ativa" a regra fundamental (a associação livre, a atenção flutuante e a regra da abstinência) e de "estojo" o enquadre; chega, assim, ao *slogan* "a matriz ativa é a joia que o estojo contém" (Green, 2008, p. 54).

Isso significa, basicamente, que o enquadre serve para conter a regra fundamental, que é quem faz o trabalho acontecer (até aí nada de novo – reencontramos Freud). Sabemos ainda, como nos lembra Green, que o enquadre ("estojo") deverá se adequar, caso haja necessidade, de forma a acolher devidamente a "joia" em causa (é para isso que o estojo serve, afinal) quando ela não "couber" no enquadre "normal". Acontece que, de forma surpreendente, Green propõe que o "estojo" normal (de acordo com a frequência, a duração etc. prescritos pela IPA) é o que deve ser chamado de psicanálise, e que qualquer outro "estojo" deverá ser chamado de psicoterapia psicanalítica! Ainda mais notável é que Green afirma enfaticamente que não há diferença de valor entre a psicoterapia psicanalítica e a psicanálise "propriamente dita" – por que, então, chamar uma de psicanálise e a outra não?

Pois bem, o que entendo aqui é que Green nos dá um exemplo do caráter arbitrário da separação tão comum no recenseamento da clínica psicanalítica: considera-se psicanálise aquilo que respeita a uma determinada *forma*, e se sugere que o que não se enquadra àquela *forma* deve ser chamado por qualquer outro nome; acontece que esse tipo de expediente é estranho à própria teorização acerca do que caracteriza a psicanálise, tanto em Freud quanto nos autores que empreendem essas demarcações![9] É por isso que estou sugerindo que o conjunto de protocolos associado à psicanálise padrão (a partir e recorrendo aos "textos sobre a técnica" como marco fundador) seja hipernítido: porque ele promove uma aparente nitidez, recortes claros e objetos bem definidos, à custa de um comprometimento no próprio entendimento da questão, no obscurecimento das minúcias e promovendo distorções na compreensão do campo em causa. De acordo com minha hipótese aqui, o que se passa é que os textos sobre a técnica publicados por Freud comporão o "totem" freudiano consagrado como centro de referência do "retorno transferencial", e as leituras empreendidas posteriormente na história do movimento psicanalítico tentarão "atualizar" esses textos "totêmicos" imprimindo neles um caráter normativo que eles *não portam consigo* – por força dos "deslizamentos" que os arcontes (os psicanalistas eméritos, burocratas e/

---

9   Digo isso no plural porque usei aqui o exemplo de Green, por ser-nos útil, mas entendo que o mesmo processo crítico se aplique às distinções que Winnicott impõe entre a psicanálise, a psicoterapia, as consultas terapêuticas etc.; seu tom *clownesco* e despachado ao tratar dessas distinções torna tudo menos incômodo e até cômico, mas parece-me que ainda assim ele retoma o mesmo tipo de separação arbitrária feita por Green no caso que abordei.

ou candidatos a cânones) impõem ao lugar de Freud no movimento, e por força do apelo afetivo que lastreia a obra de Freud no coração da fratria parricida psicanalítica.

Se há enquadre interno quando há enquadre "externo"

De qualquer forma – voltando à discussão de Green acerca do "estojo" e da "matriz ativa" – Green dirá, de forma bastante coerente, que os casos daquilo que ele chama de psicoterapia psicanalítica dependerão de uma "interiorização do enquadre" por parte do psicanalista. Isso porque a adequação no "estojo" (que é o que faz com que se trate de psicoterapia, e não de psicanálise "de verdade") fará com que o analista perca a estabilidade do enquadre a partir do qual ele promove seu trabalho psicanalítico, e para que isso não se torne um empecilho em seu trabalho ele dependerá de uma presença desse enquadre *dentro de si*, a que ele possa recorrer como fonte de organização (um "estojo interno", digamos) para localizá-lo em seu processo. O enquadre interno, portanto, será aquele recurso internalizado pelo psicanalista que lhe permitirá manter um quadro de referências sobre o qual poderá pautar sua modalidade de presença clínica, de forma a poder construir sua práxis de forma procedente.

Pois bem, trago à baila dois pontos de ordem em relação a isso:

1. entendo que o enquadre interno seja necessário quando se trata de "estojos" adaptados, mas não entendo por que não se deva falar no enquadre interno quando se trata de psicanálise *em geral*. Afinal, o enquadre é o estojo que acolhe a joia, mas só se pode propor e sustentar um estojo assim se houver clareza *a priori* acerca de como ele deve

ser proposto, e isso depende de uma internalização prévia de (ao menos) uma imagem dele. Assim, entendo que a distinção entre a psicanálise e a psicoterapia psicanalítica não muda nada no que diz respeito ao enquadre interno, que é necessário à análise, mas sim no que diz respeito ao enquadre "externo", por se supor que o enquadre "externo" só estará presente em casos de psicanálise "de verdade";

2. tendo alcançado esse ponto, acho importante que retomemos a proposição crítica preliminar anteriormente apresentada a esse respeito, qual seja: não vejo sentido em estabelecer essa distinção, que me parece arbitrária, entre o enquadre padrão e o enquadre adaptado. Acredito que, quando isso é feito por Green, isso se deve a um respeito (uma inibição) diante dos traços protocolares estabelecidos pelo imaginário ipeísta do que uma análise deve ser, que se propõe a definir se o acontecimento clínico merece ou não o nome de psicanálise *em função de sua forma*. Diferentemente disso, compreendo que a distinção entre o que é e o que não é psicanálise dependerá, a meu ver, da possibilidade de o clínico se *apropriar* dos elementos avançados por Freud como decisivos para o desenvolvimento de uma práxis clínica psicanalítica – independentemente de ele ter se adequado aos protocolos oferecidos por Freud, pela IPA ou por quem quer que seja.

Em vista do que estou propondo, entendo que Green (2000, 2008) oferece um caminho interessante e potente para pensar esse ponto (da "apropriação" dos elementos fundamentais por parte do psicanalista) quando trata da *interiorização* do enquadre; ele infelizmente abre mão de se aprofundar nesse caminho, na medida em que determina que este só deve ser pensado no contexto da psicoterapia psicanalítica, e não no da psicanálise. Imagino que ele faça essa rarefação e essa curva contraintuitiva em sua argumentação por conta da discordância evidente que haveria entre ele e a IPA (de que foi membro durante toda sua vida) se ele enfatizasse o enquadre interno em detrimento do enquadre "externo". E minha questão em relação a isso é que essa divisão, como todas as outras, não deveria ser uma divisão estanque: afinal, a interiorização do enquadre, se ela se dá, é *a partir* da relação com um enquadre externo, que seria a partir de então *interiorizado*; ou seja: se há um "estojo interno", e se é ele que contém a "joia", esse estojo só é constituído a partir da relação do analista com os outros tantos "estojos" que acolheram sua relação com a psicanálise – seu "estojo interno" é uma coleção das joias que encontrou ao longo de seu percurso, é uma apropriação dessas joias como constitutivas de um estojo potencial que se manifesta a cada encontro desse psicanalista com uma situação que o evoque.

9. Do dinâmico ao genético
ou
Enfim um começo

O enquadre interno

O enquadre interno é justamente o espaço de pensamento do psicanalista de que estivemos falando. É nesse espaço, por exemplo, que se dá a modulação entre implicação e reserva proposta por Figueiredo (2008a), já que é nesse espaço que se configura a presença do psicanalista; outros conceitos voltados à disposição topográfica da práxis psicanalítica, como o terceiro analítico de Ogden (2003), o espaço de brincar compartilhado em Winnicott (1991) e mesmo a "sala de análise" de Ferro (1998) ocupam esse espaço.

É importante notar que não se trata, rigorosamente falando, de um espaço "interno" ao analista, mas de um enquadre que o analista porta consigo e que se manifesta quando do encontro dele com uma situação que o evoque; isso significa que o enquadre interno será vivido na práxis clínica como um espaço transobjetivo, fundante das relações intersubjetivas e determinantes para os acontecimentos intrapsíquicos deflagrados pela experiência de análise. Na medida em que ele diz respeito ao pensamento clínico do psicanalista, no entanto, convém reter a expressão "enquadre interno", já que ela nos ajuda a pensar como o espaço de pensamento clínico do psicanalista se configura.

Na palestra "Como pensa um psicanalista", a que já me referi, a autora recorre a um exemplo acerca dos modos de pensamento das pessoas, e de como eles "transpiram" suas formações específicas, que convém retomar aqui. A autora relata que convidara uma amiga, artista plástica, para jantar. Chegando à sala de jantar a amiga comenta, "imediatamente", a disposição da mesa, a composição de cores, a relação das formas dos utensílios em relação aos quadros da sala, esse tipo de coisa. A psicanalista e anfitriã, ainda que lisonjeada pelos comentários, confessa que não tinha *visto* nada daquilo. De forma semelhante, como seguirá seu argumento, haverá coisas que o psicanalista vai ver e pensar "imediatamente", sem que se trate de uma disposição intencional, de um foco deliberado – quando dá seus exemplos acerca da "psicopatologia da vida cotidiana", sobre lapsos e comunicações inconscientes, a psicanalista conta que é assim que um psicanalista vê, e ouve, e sente: não há um esforço deliberado para "interpretar" ditos e vistos de acordo com a teoria, as interpretações ocorrem ao psicanalista "imediatamente", como pensamentos. Isso significa, seguindo Minerbo (2016), que um psicanalista tem a teoria *encarnada* – a teoria conforma a própria percepção do sujeito.

É fácil articular esse ponto a dois outros campos a que já nos referimos. Por um lado, é fácil perceber como essa "teoria encarnada" é o que opera no pensamento clínico efetivo do médico (particularmente em situações de urgência) – como o médico que salvou a pele de Jerome Groopman em seu primeiro dia de plantão profissional, de que tratamos no Capítulo 7; naquela situação o cardiologista viu a cena e já estava vendo, ali, em situação, o que precisava fazer, e já estava fazendo – é "orgânico", porque é *encarnado* naquele profissional. Por outro lado, é fácil perceber como essa encarnação de um certo modo de saber e pensar é consequência da consolidação de um treinamento, que é justamente o que organiza o saber esotérico dos especialistas, no jargão de Ludwik Fleck, e é o que organiza a ciência normal em uma disciplina conforme abordada por Thomas Kuhn;[1] o que isso significa é que se conforma ali um sistema disposicional que organiza os perceptos de acordo com padrões de pensamento – seguindo uma dinâmica flexível o suficiente para evitar enrijecimento e cristalização de pensamentos, nos casos de formação bem-sucedida, mas firme o suficiente para promover, de todo modo, *trilhas* de pensamento.

O ponto em que a coisa se complica, e em que nos afastamos de todos esses modelos, é que o que é encarnado aqui não é simplesmente uma teoria: é *todo um enquadre* que é internalizado; ainda que esse enquadre inclua uma teoria e um modo de alocá-la, ele não é tão somente uma teoria. O que estou dizendo é que, ainda que eu concorde com Minerbo ao considerar que é necessário ter a teoria encarnada, suponho ser necessário ir além, já que não pode ser apenas a teoria que precisa estar encarnada, mas todo um espaço de pensamento, todo um enquadre que acolhe e mobiliza a teoria.

Sabemos que Freud compreendia a psicanálise como uma teoria sobre o homem, um método de tratamento e uma forma de investigação e pesquisa; sabemos também que para ele essa tríplice determinação da psicanálise era indissociável, no sentido em que só quando se articulavam essas três dimensões se estaria trabalhando em psicanálise. É justamente por isso que nunca se pôde

---

1 Ver discussão a esse respeito nas pp. 57-58. A analogia aqui busca mostrar que a percepção "imediata" da artista e da psicanalista não seriam "imediatas", mas mediadas por esse tipo de treinamento perceptivo (elas seriam "treinadas" a ver cartas "anômalas", por assim dizer).

supor que o mero estudo da teoria psicanalítica bastasse para formar um psicanalista – afinal, a pessoa precisava ter "visto" como o inconsciente se manifesta, e precisava encontrar o tipo de convicção no processo e em sua efetividade que só a experiência de análise poderia portar consigo.

Pois bem, minha proposição acerca da interiorização do enquadre é que o sujeito interioriza não só a teoria (como na ideia de uma *teoria encarnada*), mas *todo um enquadre*,[2] composto a partir de elementos imaginários e afetivos que ele recolhe em suas experiências de análise, de supervisão, de leitura, de circulação institucional e de atendimento clínico supervisionado; é essa interiorização, compondo todas essas experiências em um único complexo (um nó), o que garante ao clínico as condições de trabalho psicanalítico. As três dimensões da psicanálise e os três componentes do tripé analítico são mobilizados pelo psicanalista em sua práxis porque ele os internalizou, e é a partir dessa internalização que se compõe o enquadre interno do analista.

Considerar e pôr em destaque a dimensão afetiva da relação do sujeito com a psicanálise é fundamental para compreendermos como se dá esse processo. Entendo que os elementos de um primeiro investimento afetivo por parte da pessoa em direção ao projeto de tornar-se psicanalista serão endereçados aos captadores materiais e imagéticos desse investimento: o analista que ele procura, os autores que ele passa a ler, as aulas a que começa a assistir etc. Ali ele começa a formar os primeiros traços de imagos, depositárias das idealizações que inevitavelmente medeiam seu primeiro "encanto" pela psicanálise: esse ideal irá se depositar não só nos traços mais óbvios de uma transferência (ao autor, aos textos, ao analista, ao professor), mas também em todo o *enquadramento* dessas

---

2 Na realidade esse enquadre é não todo ou mais-que-todo – chegaremos a isso mais adiante.

relações iniciais, como os trejeitos de seu analista, o mobiliário de seu consultório, irá se associar à imago afetiva dos primeiros textos que ele lê, ao próprio espaço físico da instituição que frequenta, e daí por diante.

Nesse primeiro momento, no entanto, a relação dessa pessoa com esses elementos e com o investimento afetivo depositado neles é mediada pela consciência e pelos processos secundários. Se tudo se mantivesse desse jeito – ou seja, se essa pessoa não se visse afetivamente engajada de forma descentrada em sua práxis clínica, se sua análise pessoal não pusesse essa montagem consciente e, portanto, defensiva, em desajuste, se o supervisor não percebesse o engajamento não psicanalítico dessa pessoa com seu tripé em construção, se seus professores e interlocutores teóricos não pusessem em xeque a relação racionalista dessa pessoa com a psicanálise – se tudo se mantivesse aí, enfim, não se trataria de um processo de internalização do enquadre, o enquadre não se endereçaria à carne e aos ossos do analista em formação; tratar-se-ia, isso sim, da memorização de um conjunto de protocolos e disposições, da mentalização de um repertório e de uma *mimesis* que *defende* aquela pessoa de tudo o que a psicanálise poderia promover. Tratar-se-ia, segundo a feliz expressão de Figueiredo (2008b), de "psicanálise morta" – não porque ela é teórica e não está nos consultórios, mas sim porque, independente de estar ou não nos consultórios, ela é racional e consciente e está, portanto, desligada da *instalação psicossomática* (a *encarnação*) de que a psicanálise depende para existir.

Há uma diferença crucial, então, entre a mentalização do enquadre, ou a construção mental de uma imago de psicanálise, e a interiorização do enquadre. Para que se trate efetivamente de uma interiorização do enquadre será necessário que haja a superação das grades compreensivas conscientes, ou seja: será necessário que o contato com as dimensões da psicanálise (na teoria, na análise pessoal, na práxis clínica supervisionada) mobilize no sujeito as angústias que tornarão necessário o luto das imagos idealizadas – estanques e mortificantes –, e ao cabo desse luto poder-se-á supor que houve, aí sim, interiorização encarnada de um enquadre. É claro que a internalização do enquadre recorre e se beneficia da construção mental e racional de uma relação afetiva com a psicanálise, que essa relação consciente não é um entrave em si – o que é um entrave é quando essa construção consciente se enrijece e passa a ser sustentada como se fosse suficiente.

Em alguma medida, portanto, a constituição do enquadre interno depende de (pelo menos) um momento de crise na relação afetiva do sujeito com a psicanálise. Isso é necessário, assim como é necessário ao clínico médico perceber que tudo aquilo que ele aprendeu em sua formação básica não será suficiente, e nem ocupará lugar de destaque em seus pensamentos, em sua práxis clínica efetiva (Montgomery, 2006, Groopman, 2007). Mais ou menos como acontece quando se aprende a dirigir, será necessário aprender toda uma série de movimentos, aprender a fazê-los de forma racional, consciente, ponderada e deliberada, até que se tenham repetido esses movimentos o suficiente para que eles se tornem de alguma forma parte de si, como se fosse seu braço, e não você, quem muda de marcha. Isso é necessário quando se quer dirigir, porque libera seus pensamentos para aquilo que realmente requer sua atenção, aquilo em que realmente é importante pensar quando dirigimos; mais que isso, ainda, é necessário ter esses comandos e movimentos "nos ossos" porque com isso se pode contar que eles serão acionados "independentemente de você" em uma situação de urgência, como quando surge um carro na contramão ou coisa do gênero.

Recorrendo uma vez mais ao exemplo da medicina: o estudante se mata de estudar anatomia, fisiologia, semiologia, diagnóstico, estuda casos e mais casos de diagnóstico diferencial, e quando chega o momento de pôr aquilo em prática percebe que a presença daquilo em seus pensamentos o atrapalha: ele vai precisar esquecer aquilo tudo na hora de trabalhar, ou melhor, ele vai precisar poder saber aquilo *em outro lugar* que não em sua consciência. Se ele tiver tudo aquilo que aprendeu logo diante de seus olhos, ele não vai ver o que se passa na situação clínica. Isso acontece mesmo no contexto de profissionais clínicos experimentados: há o exemplo notável relatado por Ayres (2004) de um caso atendido por ele havia anos sem nenhum sucesso aparente, caso que só pôde retomar vitalidade e sentido quando ele, irritado, fechou o prontuário e perguntou à paciente: "o que você quer?"; para além da eventual grosseria em causa no gesto, o ponto aqui é que o acúmulo de material teórico e técnico no campo de consciência do clínico obtura suas possibilidades de pensamento clínico, sua possibilidade de implementar a práxis.

E aqui nos aproximamos da outra comparação recorrente no meio da psicanálise: aquela entre o pensamento clínico psicanalítico e a execução artística de um instrumento musical. Winnicott (1984),[3] por exemplo, refere-se ao violino: quem quer aprender a tocar o violino precisa exercitar-se até que possa tocá-lo sem pensar nos movimentos, e precisa conhecer uma peça até que possa esquecê-la ao tocá-la; só então se poderá dizer que ele faz música quando toca aquela peça ao violino. O que é importante percebermos, aqui, é que, se esse músico tiver conseguido realizar esse percurso, quando da execução da música ele estará habitando um espaço investido afetivamente por ele, espaço de acolhimento às

---

3 Segundo Cláudio Castelo Filho (comunicação pessoal), essa mesma comparação é avançada por Bion, mas infelizmente não pude encontrá-la antes do fechamento deste trabalho.

imagos de seus autores de referência, às suas experiências fundadoras com a música, aos seus ideais e mitos pessoais. Ele provavelmente não discrimina esses elementos conscientemente (e é importante que ele não os discrimine), mas é dessa habitação, de sua possibilidade de regredir à habitação desses elementos afetivos em um lugar psicossomaticamente recolhido dentro de si, é dali que ele retira o prazer de tocar (e é por ele estar ali que a audiência vive o prazer de ouvi-lo tocar).

Caso-tipo de internalização do enquadre: idealização, estranhamento e luto

É segundo algo dessa ordem que se passa a internalização do enquadre, condição para o exercício da práxis psicanalítica. Gostaria de propor alguns apontamentos de ordem genética (na medida em que remetem à *gênese* desses fenômenos) sobre a constituição desse espaço, algumas indicações acerca de como acredito que esse processo se desenvolva. Esses apontamentos se referem a uma concatenação específica de fatores e se baseiam acima de tudo na minha experiência e na de colegas com quem falei sobre o assunto. É possível imaginar variantes, como aquelas, por exemplo, em que o ponto de partida do processo é uma experiência de análise pessoal, deflagrada por um sofrimento, em vez de ser uma aproximação inicial teórica. A dispersão dessas variações, contudo, constitui meras derivações lógicas, impondo apenas ajustes secundários em relação aos pontos principais do esquema que estou propondo aqui. Vamos, então, a esse caso-tipo.

Inicialmente, a psicanálise, travestida em seus autores e teorias e motivos e imagos, se oferecerá ao sujeito como objeto de estudo consciente, sistemático, analítico. O progresso de seus estudos, de seu treinamento, levará à consolidação de imagos, organizadas em geral em torno de autores e de representantes ou porta-vozes desses autores (professores, em geral). Nesse caso, a imago autoral canônica (de Winnicott, ou Lacan, ou quem for) organiza um complexo de remissões conscientes do sujeito à psicanálise: os textos do autor canônico e de seus comentadores se associam aos professores que o ensinam, às experiências de saber que ele vive no contexto do contato com esse campo e do prazer derivado da idealização dos elementos articulados ao redor da imago. Esse complexo (articulado ao redor da imago) poderá assumir um papel defensivo: o sujeito entende que já entendeu o que a psicanálise é, entendeu que já sabe o que precisa saber, entende que o saber passa por investir aquele complexo.[4]

Para que a formação daquela pessoa enquanto psicanalista ocorra, será necessário que esse complexo entre em crise. Nesse contexto, é provável que a análise pessoal ou a práxis clínica ocupem um lugar, já que a clínica é pródiga em produzir crises – mas isso não me parece necessário, apenas provável. A eclosão de uma crise nesse sistema de saber será ocasião para a inclusão de um espaço de não saber que estará, de alguma forma, inscrito nesse complexo (por isso uma crise). A experiência dessa crise por parte desse sujeito remete inexoravelmente ao campo do estranho, como definido por Freud. O caráter inexorável dessa crise se deve ao fato de que o complexo associado à imago é construído como uma idealização – não necessariamente porque o autor canônico é tomado como o Super-Homem ou como Deus, mas porque o complexo é considerado como um *todo*, como um sistema robusto

---

4 O fato de esse complexo defensivo incluir uma concepção de inconsciente e de não saber não muda essa situação em nada – ou, se muda, é apenas no sentido de torná-la um pouco mais complexa e traiçoeira, na medida em que retorce a questão: afinal, um saber sobre o não saber não é um contato com o não saber, e pode ser o exato oposto, uma recusa do não saber.

e consistente, dando conta de lastrear de forma segura e suficiente o pensamento da pessoa. Acontece que, ainda que isso seja verdade, é necessário que isso seja verdade a partir de uma outra forma de integrá-lo – o sistema organizado ao redor do autor pode até ser um condutor do pensamento, mas ele precisa falhar para que seja possível pensar por meio dele (do contrário, o que se passa não é pensamento, mas um uso do sistema como uma forma de não pensar). Lembrando uma vez mais de nosso violinista, podemos imaginar que ele praticará os movimentos de seus dedos até que comece a estranhá-los, porque percebe que *ou os movimentos não são seus ou eles não parecem funcionar*; ele precisa estranhar seus dedos, precisa vê-los tocando a partir de um lugar que ele não conhece, e nesse momento ele vê que seu preparo técnico não é o que faz com que seus dedos toquem (ainda que seja, ao menos do ponto de vista de um observador externo).

O campo fenomênico em jogo aqui é o campo do duplo, e é a partir dele que se pode compreender o estranhamento necessário no processo de interiorização do enquadre. Isso porque, como o situa Freud,

> *originalmente o duplo era uma garantia [Versicherung] contra a destruição do ego, uma "enérgica negação do poder da morte", como afirma Rank; e, provavelmente, a alma "imortal" foi o primeiro "duplo" do corpo . . . Tais ideias, no entanto, brotaram do solo do amor-próprio ilimitado, do narcisismo primário que domina a mente da criança e do homem primitivo. Entretanto, quando essa etapa está superada, o "duplo" inverte seu aspecto. Depois de haver sido uma garantia de [continuidade da vida], transforma-se em estranho*

anunciador da morte (Freud, 1919/1996m, p. 252, tradução modificada).

Pois bem, entendo que o complexo organizado ao redor da imago autoral canônica será inicialmente *idealizado* por parte do sujeito em formação: ele tenderá a acreditar que aquele conjunto de ideias, conceitos, teorias, autores, pessoas e afetos organiza, responde e protege – ele se sentirá *em casa* sob a guarda daquele complexo. Nesse momento, portanto, a imago autoral canônica cumprirá a função de garantia e de segurança (os dois sentidos de *Versicherung*) de que Freud fala na passagem citada (o papel atribuído ao duplo "originalmente"). Pois bem, essa idealização atualiza justamente uma relação narcísica do sujeito *consigo mesmo*, e funciona nessa medida como plataforma para uma relação regressiva – porque infantil, idealizada, acrítica e onipotente (ainda que de maneira inconsciente). Para que isso deixe de ocorrer será necessário que esse complexo seja desestabilizado pela percepção de *elementos estranhos* que possam habitar essa dimensão da vida do sujeito e desestabilizar a aparente integridade do conjunto: pouco importa se isso é ocasionado por uma vivência intelectual, profissional, em análise pessoal, em supervisão ou onde for, contanto que a exposição a essa percepção inscreva no horizonte da relação afetiva do sujeito com o complexo a crise narcísica necessária.[5]

---

5 Deve ficar claro ao leitor que, em maior ou menor grau, o processo reativa temas edípicos, assim como reativa temas de constituição narcísica – e acredito que seja justamente esse caráter regressivo, associado à consolidação do complexo que, em função do atravessamento do processo de luto necessário, permita entronizar aquilo que operará como enquadre interno (e o enquadre interno é o espaço de pensamento do psicanalista). Noto ainda que essa crise é absolutamente inevitável no contexto psicanalítico por conta da relação entre o teórico e o clínico, que é justamente o ponto que nos toca aqui. Em saberes eminentemente pragmáticos, como as engenharias, ou naqueles eminentemente teóricos, como são as filosofias, os processos de interação entre o sujeito

E nesse contexto entra em jogo o trabalho de luto na relação do sujeito com a psicanálise. O luto estará aqui associado à idealização articulada com a imago – como se sabe, o luto diz respeito a um trabalho do sujeito com o representante mental do objeto perdido, e nesse caso o que entra em processo de luto é a relação do sujeito com a imago-ideal como objeto perdido. O que quero dizer com isso é que o luto não implica um abandono do objeto, nem um esquecimento do objeto – fazer o luto da imago autoral de Winnicott, por exemplo, não implica deixar de se referir à obra e à imago de Winnicott, mas elaborar a vivência de que a imago autoral canônica "Winnicott" é não toda: ela não responde tudo, ela não é toda, ela não é minha... e é preciso passar por esse processo para que ela seja, *em algum lugar*, minha.

Derrida (1989; Gaston, 2006) colabora para compreendermos esse ponto ao levantar a questão do "luto impossível": a questão de Derrida seria que o "sucesso" do trabalho de luto leva à interiorização do objeto, à sua desidealização e ao seu esquecimento, quando sabemos que o movimento em direção ao objeto perdido tende a cristalizar, em maior ou menor grau, um certo ideário que é afetivamente sustentado e resguardado pelo enlutado, uma insistência em não esquecer, uma insistência em manter o outro enquanto outro, em si, como parte de si, para que se possa respeitá-lo, lembrar dele. Isso significa que nenhum luto se completa, porque o sucesso do luto significa o esquecimento e a canibalização do objeto perdido; pensaríamos então que num bom luto os objetos não se perdem, o luto nunca se completa, o objeto está o tempo todo convocando a uma retomada do luto, e com isso o luto deixa de ser um trabalho de luto, passando a ser, isso sim, uma certa forma de cultivo de alteridade no seio de si. Na direção contrária, mas no mesmo

---

cognoscente e a matéria a ser conhecida provavelmente podem se oferecer sob outras formas (embora eu mesmo não tenha nem condições nem interesse em me aprofundar nesse tema).

movimento e de forma igualmente aporética, Derrida sugere que a única maneira de se relacionar com qualquer tipo de outro é a partir do trabalho de luto – já que é só pelo sobreinvestimento do outro e pela consequente metabolização de sua alteridade, tornando-o eu, que se passa a poder pensar com o objeto.

O ponto mais difícil no contexto do luto do complexo autoral canônico idealizado é que há uma dimensão de elaboração melancólica inevitável articulada a ele. Isso porque a grande diferença entre o luto e a melancolia, segundo Freud, é o "recaimento da sombra do objeto sobre o eu" no caso da melancolia, e esse tipo de recaimento é inevitável na apropriação e idealização de um complexo autoral por parte de um sujeito em processo de formação enquanto psicanalista. Se o sujeito está estudando Lacan, tentando entender Lacan, acompanhando aulas (seminários) que versam sobre Lacan, circulando por uma instituição lacaniana, se está fazendo uma análise com um psicanalista de orientação lacaniana, se tudo isso está acontecendo, então é inevitável que aquele complexo autoral canônico (lacaniano) se torne um espaço privilegiado de habitação identitária por parte do sujeito; é inevitável que ele se torne lacaniano, se identifique a Lacan – afinal, como já vimos, é quase inevitável passar por alguma "-ização" na própria trajetória psicanalítica.

Na medida em que o sujeito em formação constela um complexo afetivo-identitário a operar como depositário de idealizações, o que temos é um sistema defensivo – não um espaço de psicanálise, mas um cisto psicanalítico que funciona como defesa e como forma de não pensamento. O caminho para que o sujeito siga em sua formação enquanto psicanalista é que esse complexo seja posto em movimento – e para isso o caminho provável é o surgimento de uma crise, uma fratura no complexo que permita que o investimento afetivo leve a uma elaboração, e essa elaboração é o que permitirá a encarnação dos motivos e da dinâmica articulada ao complexo em um contexto encarnado (e, portanto, móvel e promotor de liberdade, como a relação pós-estranhamento do violinista com seus dedos que tocam a música).

Abordei a crise que imagino necessária nesse momento crucial da formação do psicanalista num texto chamado "O paciente *princeps*" (Franco, 2015), em que contava e discutia como essa crise se passou em minha trajetória pessoal de formação. Em meu caso, de fato, uma experiência em um contexto de atendimento em consultório deflagrou a angústia a partir da qual fui forçado a ver como se integravam em minha trajetória os elementos teóricos, a supervisão, minha práxis clínica e (naquele contexto) meu ponto cego de escuta; a partir dali acredito que pude metabolizar a forma como minha trajetória de formação até então tinha contribuído para favorecer a constituição de um certo "espaço de pensamento" clínico (que chamei no texto de "espaço de associatividade", inspirado por Ogden). Um ponto crucial naquele contexto foi a possibilidade de perceber meus movimentos destrutivos e minhas idealizações endereçadas a minhas figuras de influência, e foi só a partir daí que pude trabalhar a partir da ancoragem emocional pessoal que movia meu modo de pensamento psicanalítico (nesse momento já se tratava, em meu entendimento, de um modo de pensamento psicanalítico).

Retomemos, então, o processo de luto – havíamos parado na percepção de que o complexo articulado ao redor do autor canônico precisará entrar em crise, e que essa crise deflagrará um processo de luto. Pois bem, o que Freud (1917/1996j) espera de um luto é que o sujeito inicialmente enfoque esse seu espaço de pensamento (afinal, há uma crise), retirando para isso a energia de outros elementos do mundo externo; o sujeito passa, então, a sobreinvestir cada elemento componente daquele espaço – porque ele está tentando "entender" o que se passou, e por isso precisa resgatar a história, vasculhar os cantos, prestar atenção nos detalhes: "como isso pôde acontecer?". Se tudo vai bem (dentro do possível), o sujeito vai aos poucos, efetivamente, "entendendo" o que aconteceu, ou seja: vai reconstruindo seus canais de investimento àquele "espaço", reconfigurando-os de forma a acondicionar esse vínculo no contexto de um descaminho, abandonando-o enquanto relacionamento objetal, e com tempo e sorte passa a habitar outros "espaços" (investir outros objetos) e/ou poder habitar esse "espaço" sem estar submetido ao estrangulamento afetivo causado pela perda. É importante que se note que essa "perda", tendo sido metabolizada, se transformará em algo diferente, mas não será transformada em nada – basicamente se pode dizer que ela será *internalizada* pelo sujeito a partir desse trabalho de luto, instalando-se em outro lugar que não a consciência e o investimento objetal mediado pela representação consciente do objeto: o objeto perdido (ou, nesse caso, o complexo metabolizado) é internalizado e passa a fazer parte do sujeito, lá onde ele não se (re)conhece. Esse é, em linhas gerais, o processo de um luto: fragilizar-se, passar por um processo de trabalho árduo (e de luta interna), e ao cabo dele ver-se, uma vez mais, vivo; no contexto de nossa discussão, esse mesmo processo terá como objetivo a constituição de um espaço de pensamento vivo a ser ocupado pelo psicanalista em sua práxis clínica.

Fédida aponta para essa mesma percepção de um lugar de destaque ocupado pelo luto na consolidação de um modo de pensamento psicanalítico. O que ele indica é que

> *a análise pessoal procederá necessariamente ao questionamento do lugar da teoria na vida afetiva do sujeito, e por isso qualquer projeto teórico que anteceda e persista* à *análise pode ser compreendido como modo*

> *de resistência e como formação substitutiva, como depósito substitutivo de reservas onipotentes enraizadas no narcisismo primário (Fédida, 1978, pp. 263-264, grifo meu).*[6]

A única diferença notável entre a perspectiva apresentada nessa passagem e a que estou avançando aqui é que não me parece imprescindível que a crise que leva ao questionamento emerja da análise pessoal – entendo que ela deve vir de onde quer que seja, *contanto que ela venha*.

Espero que tenham ficado claros os lugares relativos que atribuo à consolidação de um complexo identitário preliminar, enraizado em idealizações e em investimentos narcísicos, bem como à crise nesse complexo e ao luto que essa crise deflagra. Meu entendimento é que esse é justamente o processo a partir do qual se constitui em uma dada pessoa o que chamei de espaço de pensamento psicanalítico, que será mobilizado (de forma *encarnada* e em geral de forma não consciente) por essa pessoa e que será o anteparo (o enquadre interno) a partir do qual ela se posiciona em sua práxis clínica.

A queda do enquadre (vida longa ao enquadre)

É bom ressaltar, uma vez mais, que esse espaço de pensamento habitado pelo psicanalista não é teórico – ele congrega um aporte teórico, organizado[7] sob uma determinada imago, a

---

6 Parece-me oportuno indicar aqui minha dívida para com esse texto de Fédida e com os textos de Pavanelli (2007) e Munhoz (2015), que sem dúvida inspiraram parte significativa do trabalho que apresento aqui.

7 Essa organização não precisa, evidentemente, ser clara e formalizada sob uma identidade única – conheço uma psicanalista, por exemplo, que con-

elementos técnicos e a outros elementos menos formalizados, como trejeitos, hábitos e traços peculiares encarnados por aqueles que contribuíram para a formação daquele psicanalista. Pode-se supor que elementos mais formalizados, ainda que não sejam teóricos, operam *como* teoria – aspectos técnicos sobre a regressão trabalhados por Winnicott, por exemplo, operam como teoria na formação de um sujeito formado psicanalista sob a sombra de cânones winnicottianos, o mesmo valendo para outros autores e para cânones não autorais (como a "escola pós-escolas", por exemplo). É claro que, ainda que esses elementos técnicos compareçam como teoria na medida em que ocupam um estatuto de composição de conjunto com pretensão à robustez e à consistência, eles tenderão a não comparecer na inspiração de montagens metapsicológicas ou na configuração de entendimentos de caso; digo isso porque elementos técnicos colhidos durante o estudo de uma obra consolidada são herdados como teoria, mas não funcionam como "a bruxa" que é a metapsicologia, não *animam* a casa que é o enquadre interno. Isso significa que elementos da técnica operam como intermediários entre os elementos teóricos e os elementos imagéticos mais peculiares, como os já referidos trejeitos de analista, supervisor etc.

Havia me referido anteriormente, ao longo da Parte 4, à metáfora de uma espécie de "oficina de pensamento" que é veiculada no curta-metragem *Garra Rufa* (Dai, 2009-2010); acompanhamos no item *A queda do enquadre (vida longa ao enquadre)* como o

---

grega autores diversos e dispersos, mais ou menos organizados sob uma tradição argentina de leitura de Klein e Lacan a uma tradição winnicottiana representada como psicanálise contemporânea e ainda um ou outro aporte suplementar; se essas influências não compõem uma *imago* com um rosto, elas compõem, ainda assim, uma certa matriz discernível sob uma imagética harmônica/totalizada veiculada por essa psicanalista em seu discurso psicanalítico e sua práxis.

psicanalista constitui essa "oficina" no decorrer de sua formação, inscreve-a em seus modos de pensar e perceber e articula-a a um modo de habitar a experiência clínica, como um elemento estruturante de sua *phronesis* (práxis clínica); vimos também como essa "oficina" se relaciona com os esforços topológicos e metateóricos, como a dinâmica própria à estrutura de pensamento clínico se relaciona com o enquadre, como o enquadre se refere dinamicamente ao enquadre interno – que é, no fim das contas, o referente dinâmico principal na práxis –, e enfim vimos como se pode vislumbrar o desenvolvimento genético dessa aparelhagem na experiência de formação de cada analista em sua trajetória singular.

Tenho claro para mim que esses elementos são afetados de maneira decisiva pela sociologia da psicanálise, ou seja, pelos meandros institucionais e pelas políticas de formação de psicanalistas; tenho claro para mim, igualmente, que a exposição que fiz aqui, mesmo no caso de ser procedente e instigante a quem leia, não oferece em si mesma recursos ou indicações para reposicionar a formação de psicanalistas nos contextos nos quais isso se dá. Ou seja: não acho que as propostas avançadas aqui possam ser utilizadas como grade de referência para o estabelecimento de programas de formação e coisas do gênero (não podem ser mecanizadas ou institucionalizadas).

Uma das coisas que tinha em vista era, em conformidade com o quadro maior deste trabalho, sugerir perspectivas de habitação para questões recorrentes no meio psicanalítico, perspectivas que promovam desestabilização na forma de usualmente endereçá-las; ou seja: queria favorecer estranhamentos, procurar fissuras e, com alguma sorte, contribuir para encontrarmos os "caminhos pelas florestas/montanhas" que nos permitiriam evadir aos truncamentos e soluções de compromisso, abrindo o horizonte para novas paragens (ou, no mínimo, novos ângulos para cair nas mesmas velhas paragens – o que já seria alguma coisa). Ou seja: minha expectativa mais otimista é que as ideias expostas ajudem a pensar.

Outro ponto que tinha em vista era constituir uma espécie de metaimago – a que já aludi, de passagem, quando comparei o "espaço de pensamento" do psicanalista à "casa de Usher" de que fala Edgar Allan Poe no conto *A queda da casa de Usher* (Poe, 1979). O conto trata, como muitos leitores hão de saber, de uma velha mansão habitada por um velho decrépito e sua irmã, visitada por um amigo de infância da família (o protagonista) devido a um pedido do velho, que estava então crescentemente tomado por sofrimentos inomináveis; a mansão, o velho e sua irmã denotam a derrocada da família, já que não há herdeiros e o fim se aproxima – fim simbolizado pela decadência da saúde física e mental dos derradeiros habitantes e por uma discreta fissura que atravessa toda a fachada da mansão, desde o topo do telhado até a base. Durante a estada do protagonista, a irmã morre e o velho decide enterrá-la na própria casa, apenas para descobrir algum tempo depois que a enterrou ainda viva. Ela se liberta em meio a sons metálicos, rangidos e uivos de dor e desespero; o protagonista assiste atônito à vítima buscando, em seus últimos suspiros, o irmão, e é assim que ambos falecem, ele junto a ela, no momento desse ataque vertido em derradeiro abraço. O protagonista foge da cena em desespero, mas, quando consegue finalmente olhar para trás, nota que a fissura da mansão se tornara uma imensa rachadura, crescendo a olhos vistos, e assim o protagonista testemunha, diante de seus olhos, a queda da casa de Usher.

Pois bem, acredito que podemos tomar esse breve resumo do conto como uma espécie de alegoria acerca de toda a primeira série de eventos ligados à constituição da "oficina" de pensamento do psicanalista. Nesse sentido, entendo que:

- a irmã de Usher é a "bruxa" metapsicológica, a habitação fantasmática da teoria como modo de interrogação criativa;

- a mansão em ruínas é a transmissão cristalizada e rígida da teoria a partir dos mantras de professores e mandarins, de mandachuvas e profetas;

- o velho decrépito é a submissão à cristalização, o medo do não saber, a luta defensiva contra a mudança e o pensamento;

- e o protagonista-ingênuo, por fim, é o impulso afetivo-destrutivo do aprendiz de psicanálise, seu encontro com a mansão, com o velho e, com sorte, a libertação da donzela e a ruína do velho que permitirão a derrocada desse sistema.

O que acontece, então, é que o "neófito" psicanalista que entra em contato com a teoria vai vendo como os elementos se organizam, como a paisagem da casa acolhe a casa, e a casa acolhe seus habitantes, que simbolizam a casa, e tudo faz sentido. O tom sombrio da narrativa de Poe não é o costumeiro nesse sentido: o usual é que o "neófito" se encante com esse aspecto consistente e organizado do edifício psicanalítico. "Tudo faz sentido", e o sujeito sente que consegue entender a si mesmo e aos outros – a casa de Usher é a casa do saber sobre si, sobre sua história, é o centro a partir do qual o mundo todo faz sentido. Apesar da discrepância aparente na tonalidade afetiva subjacente ao relato, parece-me que o clima sombrio que conduz a narrativa de Poe se presta, sim, aos nossos propósitos aqui: por um lado porque, como aponta Pavanelli (2007), é fácil supor que a euforia do neófito com o aspecto total e "onisciente" de sua teoria de apoio recobre (defensivamente) uma relação melancólica; por outro (e de forma mais significativa para nós) porque, como estivemos indicando, esse "encantamento" com (um)a teoria e com (um)a psicanálise pode operar, na prática, como maldição, confinamento e ensimesmamento.

Pois bem, entendo esse momento "inicial" (que, evidentemente, pode durar muitos anos, e mesmo uma vida inteira) como necessário, mas sugeri e defendo que ele não basta – se o indivíduo se encanta pela psicanálise, encontra nela a chave para entender o mundo, passa a operar a partir daí e não passa pelo momento de crise narcísica, acredito que o que ele faz sob a alcunha de psicanálise tem muito pouco a ver com o que eu acredito que seja uma psicanálise viva e criativa (uma psicanálise digna do nome).

Daqui em diante, de qualquer forma, precisaremos "modelar" o conto de Poe. No caso da história original, o protagonista foge e vê, por fim, que a casa de Usher caiu. Entendo que, com esse final, a parábola represente aqueles que "saíram" da casa quando viveram suas crises na relação com ela – desde Jung e Adler houve muitos, e haverá muitos ainda. Creio que esse seja um encaminhamento normal para qualquer ofício emocionalmente exigente (e a psicanálise é um ofício emocionalmente *muito* exigente).

Há outro final possível para essa história, bastante recorrente e infeliz, em que o protagonista *não vê* as falhas estruturais e a falência inexorável da casa, *não vê* o fim da linha geracional, e passa a viver ali, como um novo membro da família Usher; esse sujeito idealiza a psicanálise, tanto no sentido de lidar com uma psicanálise idealizada quanto no sentido de associá-la a um certo ideário, a uma certa imagética, e, nessa medida, aprisioná-la num modo de relação consciente (e, portanto, defensivo). Dentro desse grupo haveria, evidentemente, aqueles que eventualmente veem relances de decadência, veem algo que lembra uma falha estrutural, mas vivem aquilo como um fenômeno estranho que não se aprofunda em seus modos de relação com a psicanálise (e consigo mesmos).

O que estive sugerindo aqui, o modelo que acredito ser o mais interessante nos termos da discussão que pauta nosso percurso, é aquele em que o protagonista entende a crise, entende a derrocada da casa de Usher, e *justamente por isso* fica, assiste à queda e sobrevive a ela.⁸ Isso aconteceria, no caso, porque ele percebeu que ele é um Usher, e que a crise que ele vê é a crise dele próprio; ele percebe, então, que a queda da casa é o começo de sua história como casa, pois a partir daquela queda ele portará consigo a casa.

A queda da casa, nessa leitura, seria como o momento de crise que organiza os ritos de passagem, seria o momento que retratei como associado ao "paciente *princeps*" num outro texto já mencionado aqui (Franco, 2015). O que se passa aqui, basicamente, é a *encarnação* da psicanálise pelo analista de que falam Winnicott (1984), Minerbo (2016), Kupermann (2017) e tantos outros. É por tê-la encarnada que o psicanalista pode ter sua atenção flutuante, e é a partir daí que ele poderá contar com seu enquadre interno, pedra fundamental de seu enquadre "externo".

A crise narcísica que dispõe a queda da casa faz com que a escuta daquele profissional passe a se amparar naquilo que Freud chamou (seguindo Stekel) de *ponto cego*: Freud entende que, para que o psicanalista possa dispor de seu próprio inconsciente como anteparo de escuta para o inconsciente do paciente, ele deve ter podido "purificar" a si mesmo, de forma a poder "usar" seu inconsciente sem ter sua escuta perturbada por pontos cegos (Freud, 1912/1996b). Diferentemente de Freud, eu acredito que não seja possível "purificar" a relação do psicanalista com seu inconsciente; acredito, no entanto, que seja possível derrubar um modo de relação defensivo com a psicanálise, fazendo com que a escuta psicanalítica possa proceder *a partir* do ponto cego. O que sugiro, assim, é que o ponto cego pode ser apropriado pelo psicanalista – como

---

8 Para os interesses da argumentação, tudo de que precisamos é que o protagonista fique lá, e a casa caia. Se ele estará dentro da casa, ou se ele assistirá postado diante dela, ou se ele entende e então volta, nada disso importa muito em nosso contexto – e o leitor fica livre para "dirigir a cena" de acordo com seu gosto particular.

se a rachadura estrutural da casa de Usher pudesse conduzir o caminho em direção à apropriação da falha fundamental que *organiza* a casa; de acordo com esse modelo, o ponto cego na escuta do analista passa a funcionar como o ponto de fuga nos desenhos em perspectiva, e como o umbigo do sonho no contexto da interpretação de sonhos.

O ponto principal aqui é, de qualquer forma, a articulação entre a consolidação de um modo psicanalítico de pensar e um luto necessário em relação às transmissões conscientes, dogmáticas e identitárias. Sem que haja essa crise, ainda que o profissional tenha um grande domínio teórico e ainda que ele consiga promover associações conceituais e montar hipóteses elaboradas acerca de descrições de caso, parece-me que ele não poderá habitar a psicanálise em seu contato com os pacientes – e por isso me parece que ele não estará, no fim das contas, fazendo isso que chamei de psicanálise. Acredito que uma parte da pujança dos autores canônicos em seu papel organizador em relação ao pensamento em psicanálise se deve ao fato de que eles operam como escoras na manutenção de uma relação defensiva dos psicanalistas com a psicanálise – como se constituíssem uma tentativa de manter de pé a casa de Usher. E minha ideia aqui é que a casa tem que cair: não no sentido de que seja necessário abdicar da psicanálise, mas de que ela precisa ser elaborada (por meio de um luto) para que se possa tê-la em si, e é só quando ela é interiorizada que ela realmente existe enquanto psicanálise.

Encaminhamentos

When I close my eyes I remember why I smile
Under my umbrella I'm an accomplished exile

These eyes are not your eyes
and these eyes are not the color that your arid eyes might be
No, I was not around
when those eyes of yours decided so
I refuse to kneel before the sights you choose to see

If this is right, I'd rather be wrong
If this is sight, I'd rather be blind
Incubus, "Under my umbrella"

Encontrei a noção de "lugares", que figura no título e organiza todo o trabalho do texto, na obra *O local da cultura*, de Homi Bhabha.[1] "Lugar", para ele, é o conjunto de disputas que regula a

---

1 Optei pela tradução "lugar" em vez de "local" para "*location*", empregado por

inscrição de um dado elemento cultural na cultura que o acolhe. Quando trato dos lugares da psicanálise, então, é nisso que estou pensando.

Outro conceito que emprestei de Bhaba, e que encontrei em Bion sendo aplicado no contexto da clínica psicanalítica, é o conceito de cesura.[2] A cesura é a linha do corte, é a separação enquanto espaço a se habitar, é a borda. A ideia, nas palavras de Bion, é "investigar a cesura: não o analista; não o analisando; não o inconsciente; não o consciente; não a sanidade; não a insanidade. Mas a cesura: a ligação, a sinapse, a contratransferência, o ambiente transitivo-intransitivo" (Bion, 1975/2014, p. 49).[3] Bhabha estuda o "local da cultura" a partir da cesura – sua ideia, no contexto dos estudos pós-colonialistas, é pôr sob suspeita a ideia de um "resgate" da cultura ancestral pré-dominação, pôr sob suspeita a oposição mesma entre uma cultura dominante e uma cultura dominada: em seu entendimento, precisaríamos de uma máquina do tempo para acessar essa oposição, porque hoje ela não existe mais, e tudo o que podemos fazer é habitar a cesura como o local onde o jogo de forças se dá, e isso com vistas a um redimensionamento do espaço de pensamento insubmisso, com vistas à luta pela liberdade de pensamento (Bhabha, 2013). A força motriz deste trabalho foi fazer algo semelhante no registro da psicanálise.

Tratamos então de bordas, margens, cesura, sempre pensando nesse tipo de habitação, no espaço que esse tipo de pensamento ocupa, e no ato que é poder pensar a partir desse espaço. Trata-se

---

Bhabha, porque me parece mais adequado ao português corrente e não me parece onerar a precisão no emprego.

2 Agradeço a Denise Salomão Goldfajn por ter indicado o texto de Bion.

3 No original: "investigate the caesura; not the analyst; not the analysand; not the unconscious; not the conscious; not sanity; not insanity. But the caesura, the link, the synapse, the counter-transference, the transitive-intransitive mood".

sem dúvida de um espaço paradoxal em termos de topografia, e por isso trata-se de um espaço bem afeito à conceitologia winnicottiana; é também um espaço ligado ao pensamento de Derrida, ao pensamento da *différance*. A presença de Derrida aqui diz respeito, acima de tudo, a isto: a esse trabalho que ampara a possibilidade de se habitar a cesura, de fazer com que essa habitação seja condição para o desenvolvimento do trabalho. Num seminário tardio de Derrida, ministrado em 2001 e publicado em 2008, por exemplo, pode-se ler:

> *Tende-se a supor que um limiar, como um limite, é indivisível. Imagina-se que tenha a forma de uma linha posta que se possa franquear de um passo num instante pontual (como se sai, ou se entra, em uma prisão); supô-lo, no entanto, é fazer-se estar em local fechado (uma família, uma cidade, um país), sob uma arquitetura estável ou sob a solidez de um solo. Mas pode-se (deve-se) duvidar da existência de um limite desse gênero digno desse nome* (Derrida, 2008b, p. 412).

Por algum tempo pensei em remeter a disposição estratégica deste texto ao imaginário do "espectro", conforme conjurado por Derrida em *Espectros de Marx* (1994). O espectro é o rastro, no sentido da *différance*: é a presença do impresente, é o resíduo do estranhamento que ampara a sutura do estofo. A lógica do espectral esteve cada vez mais presente no pensamento de Derrida nos anos 1990 e 2000, e Peeters chega a dizer que as ideias de espectralidade e de "obsidiologia" (um tensionamento do pensamento filosófico ligado à ontologia, ao ser atravessado pela lógica do espectral) substituem o lugar ocupado pela *différance* e pela gramatologia nas décadas anteriores (Peeters, 2013).

Pois bem, por algum tempo a ideia de espectro me serviu como plataforma, como catapulta para articular a lógica que subjaz a este texto; acabei optando por devolver o espectro ao espaço subliminar, que é afinal onde ele brilha mais, mas acredito que toda a lógica do espectral continua permeando as linhas que compõem o texto (permeia, acima de tudo, os espaços em branco entre elas, onde espero que o trabalho mais relevante aconteça).

Toda a minha ideia foi percorrer itinerários que denotassem as questões oriundas das presenças espectrais a determinar a inscrição da psicanálise em nosso meio: os espectros da psicanálise nos consultórios, na saúde, na política, os espectros na formação psicanalítica e na transmissão da psicanálise. Não associo essas questões a um mal-estar, nem mesmo a uma série de mal-estares, não é por aí que penso. Penso, isso sim, em "desfiar" a ideia mesma de "uma" psicanálise que correria como um fio vermelho, penso em destituir os marcos identitários de suas pretensões totalizantes; afinal, penso em habitar o estranho, em habitar a cesura. Isso significa que tomei a psicanálise como pauta, mas ao mesmo tempo tomei essa pauta como questão. Ou seja: tratamos de psicanálise, sim, mas, ora, *o que é psicanálise?*

Psicanálise é muita coisa. Psicanálise é muita gente. Tomei como princípio que todas as asserções identitárias são provisórias, relativas, são jogos de poder e de perspectiva – psicanálise não é, em si, subversiva, nem conservadora, nem revolucionária, nem "normal", não é altamente eficiente nem altamente ineficiente, não é de esquerda nem de direita.

Definições axiomáticas da psicanálise em geral fixam pontos de referência que têm um valor apenas local, e esse valor local é subtraído da enunciação, promovendo dialetos pretensamente universais, mutuamente incompreensíveis, eventualmente cegos a seus próprios pontos cegos e à existência mesma de um ponto cego. O que tentei fazer foi inverter essa lógica: o esquecimento é primeiro, o rastro é o primeiro traço, o resto é o fundamental. Essa lógica é profundamente inspirada pelo tal pensamento do espectral em Derrida – a articulação dessa lógica como plataforma para pôr sob suspeita as filiações mais inquestionadas, por sinal, nem é minha, mas do próprio Derrida: foi assim que Derrida trabalhou quando Michael Sprinker organizou num livro algumas das respostas (críticas) de marxistas a *Espectros de Marx* (Derrida, 1994), convidando Derrida a redigir uma tréplica (Sprinker, 2007). Nesse texto, intitulado *Marx e filhos* (Derrida, 2007), Derrida vai apontar como os críticos mobilizam uma lógica de fidelidade e de um entendimento "correto" do texto do autor que acabam por pasteurizar o campo afetado por este, "salgando a terra" para a apropriação criativa e efetivamente produtiva que incorporaria a obra de referência pelo espírito, e não pela letra. O que sugiro é que algo semelhante se passa no campo psicanalítico: os autores canônicos são dispostos como organizadores de grades de entendimento correto, estabelecendo-se então um modo de habitar o pensamento psicanalítico que reduz à dimensão de repetição correta ou desvio improcedente tudo que se passa sob seus domínios. Num contexto como esse, a possibilidade de rearticulação do potencial crítico e de pensamento criativo a partir da psicanálise passaria justamente pela possibilidade de poder esquecer, e de poder destruir, essas grades de referência – não para agir como se elas nunca tivessem existido, mas para poder portá-las em si e, assim, poder pensar de forma encarnada, amparar o pensamento como práxis que se alimenta tanto do anteparo "esquecido" quanto do encontro com o potencial.

É com essa proposta em vista que articulei as hipóteses "afirmativas" que apresentei aqui: não como o ponto de chegada desejado, mas como a disposição em uma imago organizada dos pontos críticos que são, em meu entendimento, as principais contribuições potenciais desta obra.

Lembro-me de uma pergunta que me foi feita em 2012 por Flávio Ferraz, durante a defesa de minha dissertação de mestrado; ele perguntou, então: "você afirma que a submissão aos autores canônicos não oferece lastro para pensarmos a clínica psicanalítica [eu já afirmava isso na dissertação]; pois bem, o que você sugere? Como podemos pensar, senão a partir dos autores?". Guardei comigo essa pergunta, e penso que ela esteve comigo, dispondo meus esforços, pautando meu trabalho: talvez o que eu queria quando me propus a escrever este texto era responder a essa pergunta que me foi feita em 2012.

Na verdade, trata-se de algo ainda um pouco mais arrojado que isso: meu ponto não é apenas oferecer outra forma de pensar, que nos dê liberdade relativa – meu ponto é mostrar que a forma de pensar que não conquista essa liberdade relativa precisa ser vista com suspeita. Meu ponto não é que "é possível uma formação não '-ista'" ("-ista", no caso, é "lacanista", "winnicottista", o que queira "-ista"): minha questão é que o "ismo" é um ponto de captura, é uma formação defensiva, no caminho de um espaço de pensamento psicanalítico afetivamente livre.

Penso, inclusive, que a plataforma que ofereci serve acima de tudo para propor questões relativamente à dimensão política do pensamento clínico e institucional em psicanálise (quero dizer, com isso, que as proposições são mais técnicas e sociais que heurísticas). A razão principal para isso é que temos que supor que é possível, ao cabo de um processo de "derrocada formativa" como aquele que retratei nos últimos capítulos, que reste uma forma de pensamento que faça recurso privilegiado aos ditos e escritos de um dado autor; isso, por sua vez, implica dizer que é possível haver predileção ou fidelidade a um dado sistema de pensamento sem que isso implique "-ismo". É por conta disso que, do ponto de vista heurístico, as proposições afirmativas são menos retumbantes que as refutações – não se pode julgar a partir das proposições que avancei se houve ou não uma formação adequada a partir da relação retórica do sujeito com as autorias, e com isso perde-se qualquer expectativa de que esse trabalho paute uma proposta de formação melhor, mais efetiva ou eficiente ou o que seja; não se pode criar expectativa nenhuma quanto a algum "relato de luto" ligado ao processo de formação da forma como o tratei aqui, que seria tão falho e limitado como o "relato de passe" lacaniano e as formações protocolares de inspiração ipeísta. É bom que fique claro, no entanto, que a questão não é que elas não funcionam para que analistas se formem, mas sim que elas não funcionam para formar analistas. Ou seja: protocolos podem ser usados "de baixo", como alavanca numa trajetória singular de formação, mas não "de cima", como forma de controle. Se a palestrante do "Como pensa um analista?" entende que quinze anos de formação formam um analista, o ponto aqui é que quinze anos não garantem nada por si, por mais que possam ser uma boa ocasião para quem quer saber de um bom caminho a seguir. Nesse contexto, vale dizer, estou longe de querer criar controle – tudo o que quis foi mostrar como há uma dimensão decisiva da formação que escapa ao pendor preditivo dos processos e fluxos institucionais: o prédio psicanalítico precisa ser demolido a cada vez que alguém se dispõe a habitá-lo. Isso não nega o valor das instituições, mas as confronta, e confronta a todos nós, com o fato de que instituições não bastam – há de haver coragem para habitar aquilo que não cessa de não se instituir; até porque é aí (na cesura) que provavelmente encontraremos os melhores lugares para a psicanálise.

Referências

Abram, J. (1997). *The language of Winnicott: a dictionary and guide to understand his work*. Northvale: J. Aronson.

Agamben, G. (2007). *Profanações*. São Paulo: Boitempo.

Anderson, B. (2008). *Comunidades imaginadas: reflexões sobre a origem e a difusão do nacionalismo*. São Paulo: Companhia das Letras.

Andersson, O. (2000). *Freud precursor de Freud: estudos sobre a pré-história da psicanálise*. São Paulo: Casa do Psicólogo.

Appignanesi, L. (2017). Freud's clay feet. *The New York Review of Books*, 26 out. 2017. Disponível em: http://www.nybooks.com/articles/2017/10/26/freuds-clay-feet/. Acesso em: 2 jul. 2019.

Aquino, J. G. (2011). A escrita como modo de vida. *Educação e Pesquisa, 37*(3), 641-656.

Aulagnier, P. (1989). *O aprendiz de historiador e o mestre feiticeiro*. São Paulo: Escuta.

Ayres, J. R. C. M. (2004). O cuidado, os modos de ser (do) humano e as práticas de saúde. *Saúde e Sociedade, 13*(3), pp. 16-29.

Balint, M. (1948). On the psycho-analytic training system. *International Journal of Psychoanalysis, 29.*

Beardsworth, R. (1996). *Derrida & the political.* London: Routledge, 1996.

Bechdel, A. (2013). *Você é minha mãe?* São Paulo: Quadrinhos na Companhia.

Beckett, S. (2006). The unnamable. In Beckett, S. *The Grove Centenary Edition* (Vol. II: Novels). New York: Grove Press.

Beer, P. (2017). *Psicanálise e ciência: um debate necessário.* São Paulo: Blucher.

Bennington, G. (1993). *Jacques Derrida.* Chicago: The University of Chicago Press.

Bercherie, P. (1985). *Genèse des concepts freudiens.* Paris: Navarin.

Berrios, G. E.; Porter, R. (2012). *Uma história da psiquiatria clínica* (3 Vols.). São Paulo: Escuta.

Bettelheim, B. (1983). *Freud e a alma humana.* São Paulo: Culturix.

Bezerra Jr., B.; Ortega, F. (orgs.). (2007). *Winnicott e seus interlocutores.* Rio de Janeiro: Relume Dumará.

Bhabha, H. (2013). *O local da cultura.* Belo Horizonte: Editora UFMG.

Biagioli. M. (org.). (1999). *The science studies reader.* London: Routledge.

Bion, W. R. (2014). Caesura. In *The complete works of W. R. Bion* (Vol. 10). London: Karnac.

Bloom, H. (2002). *A angústia de influência: uma teoria da poesia.* Rio de Janeiro: Imago.

Borges, J. L. (2007). *Outras inquisições.* São Paulo: Companhia das Letras.

Bosseur, C. (1976). *Introdução à antipsiquiatria.* Rio de Janeiro: Zahar.

Bruner, J. S.; Postman, L. (1949). On the perception of incongruity: a paradigm. *Journal of Personality, 18*, 206-223. Disponível em: http://psychclassics.yorku.ca/Bruner/Cards/. Acesso em: 2 jul. 2019.

Bynum, W. (2008). *History of medicine: a very short introduction.* Oxford: Oxford University Press.

Bynum, W. (2012). *A little history of science.* London: Yale University Press.

Calvino, I. (1990). *Cidades invisíveis.* São Paulo: Companhia das Letras.

Camargo Jr., K. R. (2005a). Epistemologia numa hora dessas? In Pinheiro, R.; Mattos, R.A. (orgs.). *Cuidado: as fronteiras da integralidade.* Rio de Janeiro: CEPESC/UERJ, Abrasco.

Camargo Jr., K. R. (2005b). A biomedicina. *Physis, 15*, supl., 177-201. Disponível em: http://www.scielo.br/scielo.php?script=sci_arttext&pid=S0103-73312005000300009&lng=en&nrm=iso. Acesso em: 2 jul. 2019.

Caputo, J. (1997). *Deconstruction in a nutshell: a conversation with Jacques Derrida.* New York: Fordham University Press.

Cassin, B. (2005). *O efeito sofístico.* São Paulo: Editora 34.

Cazeto, S. (2001). *A constituição do inconsciente em práticas clínicas na França do século XIX.* São Paulo: Escuta.

Cohen, S. (1999). Reading science studies writing. In M. Biagioli (org.), *The science studies reader* (pp. 67-83). London: Routledge.

Crews, F. (2017). *Freud: the making of an illusion.* New York: Metropolitan Books.

Dai, C. (Animation Supervisor) (2009-2010). *Garra Rufa (Doctor Fish)* (curta animação). Sheridan group film produced by 12 individuals. Traditional 2D animation. Mentor: Tony Tarantini; Animation Supervisor: Chang Dai; Story Supervisor: Hyein Park; Layout Supervisor: Timothy Chan; Background Supervisor: Seo Kim; Production Manager: Eunice Hwang. Disponível em https://www.youtube.com/watch?v=vdNghrAeks0. Acesso em: 2 jul. 2019.

Danto, E. A. (2007). *Freud's free clinics: psychoanalysis and social justice 1918-1938.* Columbia: Columbia University Press.

Deleuze, G.; Guattari, F. (2007). *O que é a filosofia?* São Paulo: Editora 34.

Derrida, J. (1982). Différance. In J. Derrida, *Margins – of philosophy.* Brighton: The Harvester Press.

Derrida, J. (1989). *Memoires for Paul de Man.* New York: Columbia University Press.

Derrida, J. (1994). *Espectros de Marx: o estado da dívida, o trabalho do luto e a nova internacional.* Rio de Janeiro: Relume Dumará.

Derrida, J. (2001). *Mal de arquivo: uma impressão freudiana.* Rio de Janeiro: Relume Dumará.

Derrida, J. (2008a). Letter to a Japanese friend. In J. Derrida, *Psyche: inventions of the other* (Vol. 2). Stanford: Stanford University Press.

Derrida, J. (2008b). *Séminaire 2001-2002: La bête et le souverain* (Vol. 1). Paris: Éditions Galilée.

Derrida, J. (2013). *Gramatologia.* São Paulo: Perspectiva.

Dunker, C. (2011). *Estrutura e constituição da clínica psicanalítica: uma arqueologia das práticas de cura, psicoterapia e tratamento.* São Paulo: Annablume.

Dunker, C. (2018). Nova biografia investe violentamente contra imagem de Freud. *Revista Cult*, 9 mar. Disponível em: http://revistacult.uol.com.br/home/dunker-biografia-freud/. Acesso em: 2 jul. 2019.

Eco, U. (2005). *Como se faz uma tese.* São Paulo: Perspectiva.

Eliot, T. S. (1921). Tradition and individual talent (1919). In T. S. Eliot, *The Sacred Wood.* New York: Alfred A. Knopf. Disponível em http://www.bartleby.com/200/sw4.html. Acesso em: 2 jul. 2019.

Ellenberger, H. (1966). Ola Andersson. Studies in the prehistory of psychoanalysis. Stockholm, Norstedts, 1962, p. 237. *Journal of the history of the behavioral sciences, 2*(1), 98-100, jan.

Ellenberger, H. (1970). *The discovery of the unconscious: the history and evolution of dynamic psychiatry.* New York: Basic Books.

Ellenberger, H. (1995). La conférence de Freud sur l'hystérie masculine (Vienne, le 15 octobre 1886). In H. Ellenberger, *Médecines de l'âme: essais d'histoire de la folie et des guérisons psychiques.* Paris: Fayard.

Etchegoyen, H. (1999). *Fundamentals of psychoanalytic technique.* London: Karnac Books.

Falzeder, E. (2005-2006). Psychoanalytic filiations. *Cabinet Magazine, 20.* Disponível em: http://www.cabinetmagazine.org/issues/20/falzeder.php. Acesso em: 2 jul. 2019.

Fédida, P. (1978). Topiques de la théorie. In: P. Fédida, *L'absence.* Paris: Gallimard.

Ferenczi, S. (1992). Confusão de línguas entre os adultos e a criança. In *Psicanálise IV*. São Paulo: Martins Fontes.

Ferro, A. (1998). *Na sala de análise*. Rio de Janeiro: Imago.

Feyerabend, P. (2016). *Ciência, um monstro: lições trentinas*. Belo Horizonte: Autêntica.

Feyerabend, P. (2011). *Contra o método*. São Paulo: Editora Unesp.

Figueira, S. (coord.) (1978). *Sociedade e doença mental*. Rio de Janeiro: Campus.

Figueiredo, L. C. (1994). A fabricação do estranho: notas sobre uma hermenêutica "negativa". *Boletim de Novidades – Pulsional, 57,* 17-22.

Figueiredo, L. C. (2002a). A ética da pesquisa acadêmica e a ética da clínica em psicanálise: o encontro possível na pesquisa psicanalítica. In E. F. Queiroz; A. R. R. Silva (orgs.), *Pesquisa em psicopatologia fundamental*. São Paulo: Escuta.

Figueiredo, L. C. (2002b). O tempo na pesquisa dos processos de singularização. *Psicologia Clínica, 14*(2), 15-33.

Figueiredo, L. C. (2003). Para além das matrizes: a psicanálise como enclave da modernidade. *Revista de Psicologia, 21*(1/2), 103-110, jan.-dez.

Figueiredo, L. C. (2008a). Presença, implicação e reserva. In L. C. Figueiredo; N. Coelho Jr., *Ética e técnica em psicanálise*. São Paulo: Escuta.

Figueiredo, L. C. (2008b). Escuta psicanalítica, hospitalidade e violência. Fala de abertura das atividades do III Congresso Internacional de Psicopatologia Fundamental.

Figueiredo, L. C. (2009). *As diversas faces do cuidar: novos ensaios de psicanálise contemporânea*. São Paulo: Escuta.

Figueiredo, L. C. (2014). *Cuidado, saúde e cultura: trabalhos psíquicos e criatividade na situação analisante*. São Paulo: Escuta.

Fleck, L. (2010). *Gênese e desenvolvimento de um fato científico: introdução à doutrina do estilo de pensamento e do coletivo de pensamento*. Belo Horizonte: Fabrefactum.

Forrester, J. (1997). *Dispatches from the Freud wars: psychoanalysis and its passions*. London: Harvard University Press.

Foucault, M. (2001). Qu'est-ce qu'un auteur? In M. Foucault, *Dits et écrits* (Vol. I, pp. 1954-1975). Paris: Gallimard.

Foucault, M. (2004). *A ordem do discurso*. Aula inaugural no Collège de France, pronunciada em 2 de dezembro de 1970. São Paulo: Edições Loyola.

Foucault, M. (2006). Os intelectuais e o poder. In M. Foucault (org. e seleção de textos: M. B. Motta). *Ditos e escritos* (Vol. IV: Estratégia, poder-saber). Rio de Janeiro: Forense Universitária. (Trabalho original publicado em 1972).

Franco, W. (2014). *Autorização e angústia de influência em Winnicott*. São Paulo: Casa do Psicólogo.

Franco, W. (2015). O paciente princeps. In R. A. Lima, *Clinicidade: a psicanálise entre gerações*. Curitiba: Juruá.

Franco, W. (2016). A inscrição política da clínica a partir de sua relação com o selvagem. In VII Congresso Internacional de Psicopatologia Fundamental e XIII Congresso Brasileiro de Psicopatologia Fundamental, 2016, João Pessoa. *Anais do VII Congresso Internacional de Psicopatologia Fundamental e XIII Congresso Brasileiro de Psicopatologia Fundamental*, 1, pp. 1-7. Disponível em: http://www.psicopatologiafundamental.org/uploads/files/VII%20CONGRESSO/ANAIS/Mesas%20redondas/34.1.pdf. Acesso em: 8 jan. 2020.

Freud, A. (1978). Difficultés survenant sur le chemin de la psychanalyse. In *Nouvelle Revue de Psychanalyse* (Vol. 10). Paris: Gallimard.

Freud, S. Sobre a psicoterapia (1996a). In S. Freud, *Edição Standard Brasileira das Obras Psicológicas Completas de Sigmund Freud* (Vol. 7). Rio de Janeiro: Imago. (Trabalho original publicado em 1905 e escrito em 1895)

Freud, S. (1996b). Recomendações aos médicos que exercem a psicanálise. In S. Freud, *Edição Standard Brasileira das Obras Psicológicas Completas de Sigmund Freud* (Vol. 12). Rio de Janeiro: Imago, 1996. (Trabalho original publicado em 1912)

Freud, S. (1996c). Totem e tabu. In S. Freud, *Edição Standard Brasileira das Obras Psicológicas Completas de Sigmund Freud* (Vol. 13). Rio de Janeiro: Imago, 1996. (Trabalho original publicado em 1913)

Freud, S. (1996d). Sobre o início do tratamento (novas recomendações sobre a técnica da psicanálise I). In S. Freud, *Edição Standard Brasileira das Obras Psicológicas Completas de Sigmund Freud* (Vol. 12). Rio de Janeiro: Imago. (Trabalho original publicado em 1913)

Freud, S. (1996e). A história do movimento psicanalítico. In S. Freud, *Edição Standard Brasileira das Obras Psicológicas Completas de Sigmund Freud* (Vol. 14). Rio de Janeiro: Imago. (Trabalho original publicado em 1914a)

Freud, S. (1996f). Sobre o narcisismo: uma introdução. In S. Freud, *Edição Standard Brasileira das Obras Psicológicas Completas de Sigmund Freud* (Vol. 14). Rio de Janeiro: Imago. (Trabalho original publicado em 1914)

Freud, S. (1996g). Observações sobre o amor transferencial (Novas recomendações sobre a técnica da psicanálise III). In S. Freud,

Edição Standard Brasileira das Obras Psicológicas Completas de Sigmund Freud (Vol. 12). Rio de Janeiro: Imago. (Trabalho original publicado em 1915)

Freud, S. (1996h). Psicanálise e psiquiatria, Conferências introdutórias sobre psicanálise, parte III. Teoria geral das neuroses. In S. Freud, *Edição Standard Brasileira das Obras Psicológicas Completas de Sigmund Freud* (Vol. 16). Rio de Janeiro: Imago. (Trabalho original publicado em 1917)

Freud, S. (1996i). Uma dificuldade no caminho da psicanálise. In S. Freud, *Edição Standard Brasileira das Obras Psicológicas Completas de Sigmund Freud* (Vol. 17). Rio de Janeiro: Imago, 1996. (Trabalho original publicado em 1917)

Freud, S. (1996j). Luto e melancolia. In S. Freud, *Edição Standard Brasileira das Obras Psicológicas Completas de Sigmund Freud* (Vol. 14). Rio de Janeiro: Imago. (Trabalho original publicado em 1917)

Freud, S. (1996k). História de uma neurose infantil. In S. Freud, *Edição Standard Brasileira das Obras Psicológicas Completas de Sigmund Freud* (Vol. 17). Rio de Janeiro: Imago. (Trabalho original publicado em 1918)

Freud, S. (1996l). Linhas de progresso na terapia psicanalítica. In S. Freud, *Edição Standard Brasileira das Obras Psicológicas Completas de Sigmund Freud* (Vol. 17). Rio de Janeiro: Imago. (Trabalho original publicado em 1919)

Freud, S. (1996m). O estranho. In S. Freud, *Edição Standard Brasileira das Obras Psicológicas Completas de Sigmund Freud* (Vol. 17). Rio de Janeiro: Imago. (Trabalho original publicado em 1919)

Freud, S. (1996n). Um estudo autobiográfico. In S. Freud, *Edição Standard Brasileira das Obras Psicológicas Completas de Sig-*

mund Freud (Vol. 20). Rio de Janeiro: Imago. (Trabalho original publicado em 1925)

Freud, S. (1996o). Análise terminável e interminável. In S. Freud, *Edição Standard Brasileira das Obras Psicológicas Completas de Sigmund Freud* (Vol. 23). Rio de Janeiro: Imago. (Trabalho original publicado em 1937)

Freud, S. Lembranças encobridoras (1996p). In S. Freud *Edição Standard Brasileira das Obras Psicológicas Completas de Sigmund Freud* (Vol. 3). Rio de Janeiro: Imago. (Trabalho original publicado em 1899)

Freud, S. (1966). Eine Schwierigkeit der Psychoanalyse. In *Gesammelte Werke chronologisch geordnet. Zwölfter Band (Werke aus den Jahren 1917-1920)*. Hamburg: S. Fischer Verlag. (Trabalho original publicado em 1917)

Freud, S. (1952). *Gesammelte Werke*. London: Imago. Disponível em: http://freud-online.de/index.php?page=445644700&f=1&i=445644700. Acesso em: 2 jul. 2019.

Gardiner, M. (1973). *The Wolf-man and Sigmund Freud*. London: Routledge.

Gaston, S. (2006). *The impossible mourning of Jacques Derrida*. London: Continuum Books.

Gay, P. (1988). *Freud: uma vida para o nosso tempo*. São Paulo: Companhia das Letras.

Goldman, D. (ed.) (1993). *In one's bones: the clinical genius of Winnicott*. London: Jason Aronson.

Goldstein, J. (1987). *Console and classify: the French psychiatric profession in the nineteenth century*. New York: Cambridge University Press.

Green, S. (2000). Le cadre psychanalytique et son intériorisation chez l'analyste. In A. Green; O. Kernberg, *L'avenir d'une désillusion*. Paris: PUF.

Green, A. (2008). *Orientações para uma psicanálise contemporânea*. Rio de Janeiro: Imago.

Grmek, M. (1981). A plea for freeing the history of scientific discoveries from myth. In M. Grmek; R. Cohen; G. Cimino (eds.), *On scientific discovery: The Erice Lectures 1977*. Dordrecht (Holanda): D. Reidel Publishing Company.

Grmek, M. D. (1999). *Histoire de la pensée médicale en Occident* (Vol. 3: Du romantisme à la science moderne). Paris: Éditions du Seuil.

Groopman, J. (2007). *How doctors think*. New York: Houghton-Mifflin Company.

Grosskurth, P. (1992). *O círculo secreto: o círculo íntimo de Freud e a política da psicanálise*. Rio de Janeiro: Imago.

Hacking, I. (1999). Making up people. In M. Biagioli. M. (org.), *The science studies reader*. London: Routledge.

Hacking, I. (2000). *Múltipla personalidade e as ciências da memória*. Lisboa: José Olympio.

Hawking, S. (2015). *Uma breve história do tempo*. Rio de Janeiro: Intrínseca.

Hobsbawm, E. (2013). *Sobre história*. São Paulo: Companhia das Letras.

Hugo, V. (2013). *O corcunda de Notre Dame*. Rio de Janeiro: Zahar.

Huston, J. (1962). *Freud além da alma* (filme). 140 min. Produção: Wolfgang Reinhardt; Roteiro: Wolfgang Reinhardt e Charles Kaufman.

Jones, E. (1989). *A vida e a obra de Sigmund Freud*. Rio de Janeiro: Imago.

Kafka, F. (2005). *O processo*. São Paulo: Companhia das Letras.

King, P.; Steiner, R. (orgs.) (1998). *As controvérsias Freud-Klein 1941-1945*. Rio de Janeiro: Imago.

Köhler, T. (2016). *Freud-bashing*. Berlin: Psychosozial-Verlag.

Koltai, C. (2000). *Política e psicanálise: o estrangeiro*. São Paulo: Escuta.

Kuhn, T. (2013). *A estrutura das revoluções científicas*. São Paulo: Perspectiva.

Kupermann, D. (1996). *Transferências cruzadas: uma história da psicanálise e suas instituições*. Rio de Janeiro: Revan.

Kupermann, D. (2008). *Presença sensível: cuidado e criação na clínica psicanalítica*. Rio de Janeiro: Civilização Brasileira.

Kupermann, D. (2017). *Estilos da clínica: a psicanálise e o traumático*. São Paulo: Zagodoni.

Lacan, J. (1998). *Escritos*. Rio de Janeiro: Zahar.

Lacan, J. (2003). *Outros escritos*. Rio de Janeiro: Zahar.

Lacan, U. (2015). Folclore lacaniano. *Lacuna: uma revista de psicanálise, 0*, 6. Disponível em: https://revistalacuna.com/2015/09/29/folclore-lacaniano/. Acesso em: 2 jul. 2019.

Laing, R. (1978). *A política da experiência e a ave-do-paraíso*. Petrópolis: Vozes.

Landa, F. (1999). *Ensaio sobre a criação teórica em psicanálise: de Ferenczi a Nicolas Abraham e Maria Torok*. São Paulo: Editora Unesp/Fapesp.

Laplanche, J. (1999). La psychanalyse comme anti-herméneutique. In J. Laplanche, *Entre séduction et inspiration: l'homme*. Paris: Quadrige/PUF.

Latour, B. (1994). *Jamais fomos modernos: ensaio de antropologia simétrica*. São Paulo: Editora 34.

Latour, B. (2016). *Cogitamus: seis cartas sobre as humanidades científicas*. São Paulo: Editora 34.

Latour, B. (2017). Bruno Latour, veteran of the science wars, has a new mission. Entrevista a Jop de Vrieze. *Science*, 10 out. Disponível em: http://www.sciencemag.org/news/2017/10/bruno-latour-veteran-science-wars-has-new-mission. Acesso em: 2 jul. 2019.

Latour, B.; Woolgar, S. (1997). *A vida de laboratório: a produção dos fatos científicos*. Rio de Janeiro: Relume-Dumará.

Lima, R. (2015). *Por uma historiografia foucaultiana para a psicanálise: o poder como método*. São Paulo: Via Lettera.

Lispector, C. (1998). *A paixão segundo G.H*. Rio de Janeiro: Rocco.

Loureiro, I. (2002). Sobre algumas disposições metodológicas de inspiração freudiana. In E. F. Queiroz; A. R. R. Silva (orgs.), *Pesquisa em psicopatologia fundamental*. São Paulo: Escuta.

Löwy, M. (2014). *A jaula de aço: Max Weber e o marxismo weberiano*. São Paulo: Boitempo.

Mahony, P. (1991). *Freud e o homem dos ratos*. São Paulo: Escuta.

Maniglier, P. (2008). A bicicleta de Lévi-Strauss. *Cadernos de Campo, 17*(17), 275-292, mar. Disponível em: http://www.revistas.usp.br/cadernosdecampo/article/view/47697. Acesso em: 2 jul. 2019.

Mannoni, M. (1971). *O psiquiatra, seu "louco" e a psicanálise.* Rio de Janeiro: Zahar.

Martins, M. A.; Carrilho, F. J.; Alves, V. A. F.; Castilho, E. C.; Cerri, G. G. (eds.). (2016). *Clínica médica* (HC-FMUSP) (Vol. 1). 2. ed. Barueri: Manole.

Mencacci, P. (2014). *Dagli Hospetalia all'Ospedale: accoglienza e salute pubblica a Lucca attraverso i secoli.* Lucca (Itália): Accademia Lucchese di Scienze, Lettere e Arte.

Mezan, R. (2000). *Freud: a conquista do proibido.* 5. ed. Rio de Janeiro: Brasiliense.

Mezan, R. (2014). *O tronco e os ramos: estudos de história da psicanálise.* São Paulo: Companhia das Letras.

Miéville, C. (2014). *A cidade & a cidade.* São Paulo: Boitempo.

Minerbo, M. (2016). *Diálogos sobre a clínica psicanalítica.* São Paulo: Blucher.

Monte, F. Q. (2014). *As bases do raciocínio médico.* São Paulo: Hucitec/Sobravime.

Montgomery, K. (1993). *Doctors' stories: the narrative structure of medical knowledge.* Princeton: Princeton University Press.

Montgomery, K. (2006). *How doctors think.* New York: Oxford University Press.

Munhoz, C. (2015). *A relação entre o analista e suas teorias.* São Paulo: Escuta.

Ogden, T. (2010). *Esta arte da psicanálise: sonhando sonhos não sonhados e gritos interrompidos.* Porto Alegre: Artmed.

Ogden, T. (2003). *Os sujeitos da psicanálise.* São Paulo: Casa do Psicólogo.

Orwell, G. (1940). Inside the whale. In *Inside the whale and other essays*. London: Victor Gollancz.

Padovan, C.; Franco, W. (2018). Tradução e comentários à conferência de Freud sobre a histeria masculina: uma contribuição à historiografia da psicanálise. *Revista Natureza Humana, 20*(1), 240-272, jan./jul.

Paim, I. (1993). *História da psicopatologia*. São Paulo: E.P.U.

Passos, E.; Kastrup, V.; Escóssia, L. (2015). *Pistas do método da cartografia: pesquisa-intervenção e produção de subjetividade*. Porto Alegre: Sulina.

Passos, E.; Kastrup, V.; Tedesco, S. (2016). *Pistas do método da cartografia: a experiência da pesquisa e o plano comum* (Vol. 2). Porto Alegre: Sulina.

Pavanelli, C. (2007). *A teoria como objeto interno do analista e seus destinos na clínica: luto e melancolia como metáfora*. 139p. Dissertação (mestrado) – Instituto de Psicologia, Universidade de São Paulo, São Paulo.

Peeters, B. (2013). *Derrida: biografia*. Rio de Janeiro: Civilização Brasileira.

Phillips, A. (2007). *Winnicott*. London: Penguin.

Plon, M. (2002). Ordem e subversão no movimento psicanalítico: o fantasma de Jung. *Ágora, 5*(2), 317-328.

Poe, E. A. (1979). The fall of the house of Usher. In E. A. Poe, *Forty-two tales*. London: Octopus Books.

Pommier, G. (2009). *La nevrose infantile de la psychanalyse*. Paris: Eres.

Pontalis, J. B. (2005). *Entre o sonho e a dor*. Aparecida: Idéias & Letras.

Porter, R. (2004). *Das tripas coração: uma breve história da medicina*. Rio de Janeiro: Record.

Prigogine, I.; Stengers, I. (1991). *A nova aliança*. Brasília: Universidade de Brasília.

Principe, L. (2011). *The scientific revolution: a very short introduction*. Oxford: Oxford University Press, 2011.

Pupe, S. (2018). Biografia aponta fraudes de Freud e põe psicanálise em xeque. *Folha de S.Paulo*, Seção Ilustríssima, 25 fev. Disponível em: https://www1.folha.uol.com.br/ilustrissima/2018/02/biografia-aponta-fraudes-de-freud-e-poe-psicanalise-em-xeque.shtml. Acesso em: 2 jul. 2019.

Rodman, F. R. (2003). *Winnicott: life and work*. Cambridge: Da Capo Press.

Roudinesco, E. (1995). *Genealogias*. Rio de Janeiro: Relume Dumará.

Roudinesco, E. (2008). *Jacques Lacan: esboço de uma vida, história de um sistema de pensamento*. São Paulo: Companhia das Letras.

Roudinesco, E.; Plon, M. (1998). *Dicionário de psicanálise*. Rio de Janeiro: Zahar.

Rushdie, S. (1984). Outside the whale. In *Granta 11: Greetings from Prague, Essay and memoir*. Disponível em: https://granta.com/outside-the-whale/. Acesso em: 2 jul. 2019.

Russo, J. (2002). *O mundo psi no Brasil*. Rio de Janeiro: Zahar.

Said, E.W. (1975). *Beginnings: intention and method*. New York: Columbia University Press.

Said, E. W. (2011). *Cultura e imperialismo*. São Paulo: Companhia das Letras.

Said, E. W. (2007). *Orientalismo: o Oriente como invenção do Ocidente*. São Paulo: Companhia das Letras.

Schultz, D. P.; Schultz, S. E. (2013). *História da Psicologia Moderna*. São Paulo: Cengage Learning.

Scull, A. (2011). *Madness: a very short introduction*. Oxford: Oxford University Press.

Silva, J. M. S. (1998). *Visões de uma certa Europa*. Porto Alegre: Edipucrs.

Sprinker, M. (ed.) (2007). *Ghostly demarcations: A symposium on Jacques Derrida's Specters of Marx*. London: Verso.

Spivak, G. (1976). Translator's preface. In J. Derrida, *Of Grammatology*. Maryland: Johns Hopkins University Press.

Stanton, M. (1991). *Ferenczi: reconsidering active intervention*. New Jersey: J. Aronson.

Still, J. (2012). *Derrida and hospitality in theory and practice*. Edinburgh: Edinburgh University Press.

Strachey, J. (1996a). Nota do editor a *Totem e tabu*. In S. Freud, *Edição Standard Brasileira das Obras Psicológicas Completas de Sigmund Freud* (Vol. 13). Rio de Janeiro: Imago.

Strachey, J. (1996b). Nota do editor a *A História do movimento psicanalítico*. In S. Freud, *Edição Standard Brasileira das Obras Psicológicas Completas de Sigmund Freud* (Vol. 14). Rio de Janeiro: Imago.

Warrell, D; Cox, T; Firth, J. (eds.) (2005). *Oxford Textbook of Medicine*, 4. ed. New York: Oxford University Press.

Winnicott, D. W. (1983). Distorção de ego em termos de falso e verdadeiro self. In D. W. Winnicott, *O ambiente e os processos de maturação: estudos sobre a teoria do desenvolvimento emocional*. Porto Alegre: Artmed.

Winnicott, D. W. (1984). *Consultas terapêuticas em psiquiatria infantil*. Rio de Janeiro: Imago.

Winnicott, D. W. (1991). *Playing and reality*. London: Routledge Classics.

Winnicott, D. W. (2000). Desenvolvimento emocional primitivo. In D. W. Winnicott, *Da pediatria à psicanálise: obras escolhidas*. Rio de Janeiro: Imago.

Winnicott, D. W. (2005). *O gesto espontâneo*. São Paulo: Martins Fontes.

Wittels, F. (1925). *Freud: l'homme, la doctrine, l'école*. Paris: F. Alcan.

Zaretski, E. (2004). *Secrets of the soul: a social and cultural history of psychoanalysis*. New York: Vintage Books.

Zygouris, R. (2017). Escola da rua (entrevista). *Vórtice*, ago. Disponível em: http://www.revistavortice.com.br/2017/08/transmissao-escola-da-rua-radmila.html. Acesso em: 2 jul. 2019.

Zygouris, R. (2010). Por uma psicanálise laica (entrevista). *Revista Percurso, 23*(45), 137-159.

Agradecimentos

Tenho a sorte e a alegria de ter muita gente a quem agradecer, de forma que me restrinjo aqui a elencá-las e torcer para não estar esquecendo ninguém (e desde já peço desculpas se eventualmente tiver esquecido!).

Agradeço a Daniel Kupermann, que orientou a pesquisa de doutorado de que este livro deriva.

A Luís Cláudio Figueiredo, pela orientação da pesquisa de mestrado que ainda reverbera nestas páginas.

De novo a LC, e também a Adriana Marcondes, Adriana Pereira, Eduardo Passos, Flávio Ferraz e Sidnei Cazeto, agradeço pela leitura e indicações nas bancas de qualificação e defesa da tese.

À equipe editorial da Blucher e a Flávio Ferraz, coordenador da Série Psicanálise Contemporânea. Aos colegas do grupo de orientação e aos tantos amigos que me ajudam a pensar e a tentar me manter são – e em meio a estes Paulo Beer, Rafael Lima, Caio Padovan, Bartolomeu Vieira, Patrícia Amorim, Ana Brancaleone,

André Nader, Richard Oliveira, Lucas Bulamah, Hugo Lana e Paulo Sérgio de Souza Jr., com quem discuti partes do texto.

A Christian Haritçalde, Ludu Moreira e Rodrigo Alencar, do grupo de discussão clínica, e a Téo Araújo e Daniel Schor, do grupo de discussão sobre práticas de cuidado.

Aos pacientes, alunos, supervisionandos e membros dos grupos de estudos.

A Patrícia Malachowski, João Rodrigo Silva e Jorge Broide, pelas análises, e a Marcelo Soares, pela supervisão.

Ao Instituto de Psicologia da USP, a Stephen Frosh e à Wellcome Library, a Ian Parker e à equipe da revista *Asylum*. Ao convênio Fapesp/Capes por seu auxílio através do processo 2015/02520-7.

À minha família, por tudo desde sempre. Por fim, mas acima de tudo, à Talita Tavares, minha esposa, companheira e amor da minha vida.

Série Psicanálise Contemporânea

Adoecimentos psíquicos e estratégias de cura: matrizes e modelos em psicanálise, de Luís Claudio Figueiredo e Nelson Ernesto Coelho Junior

O brincar na clínica psicanalítica de crianças com autismo, de Talita Arruda Tavares

Budapeste, Viena e Wiesbaden: O percurso do pensamento clínico-teórico de Sándor Ferenczi, de Gustavo Dean-Gomes

Do pensamento clínico ao paradigma contemporâneo: diálogos, de André Green e Fernando Urribarri

Do povo do nevoeiro: psicanálise dos casos difíceis, de Fátima Flórido Cesar

Fernando Pessoa e Freud: diálogos inquietantes, de Nelson da Silva Junior

Heranças invisíveis do abandono afetivo: um estudo psicanalítico sobre as dimensões da experiência traumática, de Daniel Schor

A indisponibilidade sexual da mulher como queixa conjugal: a psicanálise de casal, o sexual e o intersubjetivo, de Sonia Thorstensen

Interculturalidade e vínculos familiares, de Lisette Weissmann

Janelas da psicanálise, de Fernando Rocha

Os lugares da psicanálise na clínica e na cultura, de Wilson Franco

Metapsicologia dos limites, de Camila Junqueira

Nem sapo, nem princesa: terror e fascínio pelo feminino, de Cassandra Pereira França

Neurose e não neurose, 2. ed., de Marion Minerbo

Psicanálise e ciência: um debate necessário, de Paulo Beer

Psicossomática e teoria do corpo, de Christophe Dejours

Relações de objeto, de Decio Gurfinkel

O tempo e os medos: a parábola das estátuas pensantes, de Maria Silvia de Mesquita Bolguese

GRÁFICA PAYM
Tel. [11] 4392-3344
paym@graficapaym.com.br